PALAVRAS QUE ENRIQUECEM

Palavras que enriquecem

1ª edição: Junho 2025

Autor:
Paulo Maccedo

Preparação de texto:
3GB Comunicação

Revisão:
Gabrielle Carvalho
Luciana Moreira

Projeto gráfico:
Jéssica Wendy

Capa:
Dimitry Uziel

Impressão:
Plena Print

DADOS INTERNACIONAIS DE CATALOGAÇÃO NA PUBLICAÇÃO (CIP)

Maccedo, Paulo
Palavras que enriquecem : a linguagem dos milionários revelada / Paulo Maccedo. — Porto Alegre : Citadel, 2025.
400 p.

Bibliografia
ISBN 978-65-5047-643-4

1. Enriquecimento 2. Autoajuda 3. Desenvolvimento profissional I. Título

25-2399 CDD - 158.1

Angélica Ilacqua - Bibliotecária - CRB-8/7057

Produção editorial e distribuição:

CITADEL Grupo Editorial

contato@citadel.com.br
www.citadel.com.br

PAULO MACCEDO
Autor best-seller

PALAVRAS QUE ENRIQUECEM

A linguagem dos milionários revelada

CITADEL
Grupo Editorial
2025

Dedicado à Bianca Macedo.

“Palavras podem acender fogos
na mente dos homens.”

PATRICK ROTHFUSS

“Os limites da minha linguagem
significam os limites do meu mundo.”

LUDWIG WITTGENSTEIN

E se você pudesse acessar os arquivos secretos que decodificam as mentes mais bem-sucedidas do mundo?

E se esses arquivos revelassem o tipo de palavras, pensamentos e estratégias que essas pessoas usaram para chegar aonde estão?

O que você poderia aprender com eles para transformar sua própria vida?

Bem-vindo ao *Palavras que Enriquecem*.

Este não é um livro qualquer. É uma coleção de treze arquivos secretos, cada um repleto de anotações e insights que revelam A Linguagem dos Milionários – como eles falam, como pensam e, o mais importante, como influenciam pessoas.

Esses arquivos contêm o que os mais ricos, influentes e bem-sucedidos do planeta sabem, mas raramente compartilham. São os segredos de como usar palavras para transformar a realidade.

Em cada um desses treze arquivos, você vai aprender:

- Como moldar sua mentalidade para o sucesso e acessar a riqueza dentro de si;
- Como dominar a voz interior e direcionar os esforços para os grandes resultados;
- Como transformar seus pensamentos em planos de ação concretos;
- Como transformar um simples "eu posso" em um mantra de realização;
- As chaves para dominar relações poderosas: como fazer as pessoas ao seu redor se moverem em direção aos seus objetivos;

Por que a verdadeira prosperidade não depende apenas de números na conta bancária, mas de como você se comunica com o mundo;

Os segredos da autossugestão para obter poder, autoconfiança, sucesso, reconhecimento e dinheiro;

Como escrever as coisas certas para alinhar pensamentos, sentimentos e ações;

Como superar o medo e agir como uma pessoa de coragem e determinação;

Formas de ganhar, manter e lidar com seu dinheiro.

E muito mais.

Este livro é para quem está pronto para tomar o controle do seu destino. Cada arquivo contém um pedaço vital do quebra-cabeça do sucesso.

Não ignore nenhum.

Aplique cada ensinamento, e observe como sua linguagem se transforma, seu poder de influência cresce e sua vida dá uma guinada para o próximo nível.

SUMÁRIO

PREFÁCIO DO AUTOR

"A palavra é o meu domínio sobre o mundo."

CLARICE LISPECTOR

Prezado leitor,

Já que você abriu este livro e decidiu folheá-lo, quero lhe propor um desafio. Eu lhe dou uma lista de palavras e você repete essas palavras todos os dias, durante trinta dias. Sem falhas, certo? No final do mês, sua conta bancária terá 1 milhão de dólares. Você topa?

Eu sei o que você está pensando: "Isso é impossível!". Mas... e se eu lhe dissesse que não é algo tão distante assim? Que a linguagem que você usa diariamente, as palavras que você escolhe, têm o poder de moldar sua realidade profissional e financeira de uma forma que você nem imagina?

Agora, vamos inverter a jogada: e se você tivesse apenas trinta dias para transformar sua vida financeira usando somente palavras? Que tipo de vocabulário escolheria?

É no mínimo interessante pensar nisso, concorda?

Este é o ponto deste livro: as palavras que você usa todos os dias afetam sua realidade. O que você fala sobre si mesmo, sobre os outros, sobre a existência, sobre seu trabalho, sobre seu dinheiro, molda quem você é. Essas não são afirmações vazias, mas verdades fundamentais, endossadas tanto pela sabedoria antiga quanto pela ciência moderna.

Pense em como as pessoas bem-sucedidas se expressam. Será que elas falam da mesma maneira que as outras pessoas? Elas ficam repetindo coisas como "não posso" ou "isso é impossível", por exemplo? Não; geralmente falam como se já estivessem no lugar em que querem estar, e agem como se já tivessem conquistado o sucesso que buscam.

Leia a biografia de todos os grandes homens da história – da religião à política, das artes à ciência – e verá o padrão: não importa a área de atuação, o que realmente os distingue nem sempre são as habilidades técnicas ou os conhecimentos adquiridos, mas a maneira como pensam, falam e agem.

Mahatma Gandhi costumava dizer que "Suas crenças se tornam seus pensamentos, seus pensamentos se tornam suas palavras, suas palavras se tornam suas ações, suas ações se tornam seus hábitos, seus hábitos se tornam seus valores, seus valores se tornam seu destino". Certa vez, um jornalista curioso perguntou à esposa do mesmo Gandhi como ele conseguia realizar tantas coisas. "Simples", disse ela. "Ele é coerente na fala, no pensamento e na ação."

É isso que diferencia os grandes realizadores de seus pares.

Pode parecer uma explicação simplória à primeira vista, mas este é exatamente o segredo: as palavras certas, ditas da maneira certa, podem alterar eventos na realidade. E tudo parte de uma crença. A crença gera pensamentos... Os pensamentos geram as palavras... As palavras geram as ações... E as ações geram resultados.

E como isso se relaciona com o sucesso financeiro?

Bem, vamos ser francos… Ser rico significa ter riqueza, o que no capitalismo remete a uma palavra: propriedade. Observe a vida de qualquer pessoa rica e há apenas uma coisa em comum: elas possuem ou controlam algo, e então exercem seu direito de se beneficiar desse algo.

Bill Gates é dono de ações da Microsoft. Donald Trump é dono de metade de Manhattan. J. K. Rowling detém os direitos autorais de Harry Potter. Ray Dalio é dono de um fundo de cobertura. A família Bush controla cargos no conselho corporativo. Elon Musk é dono de patentes. Neymar é dono de sua própria marca. Luciano Hang é proprietário da Havan. Os irmãos Marinho são donos da Globo.

Eles podem ter tomado emprestado, herdado, aproveitado a oportunidade de outra pessoa ou construído tudo honestamente do zero, mas de alguma forma adquiriram e mantiveram a propriedade e o controle de alguns ativos valiosos com fluxo de caixa positivo.

O que você faz pode torná-lo rico por um tempo – negócios, emprego, esporte, atuação, construção, escrita etc. Mas é o que você faz com o material e o capital que você adquire que o tornará rico (ou mais pobre); os grandes investidores sabem disso.

Se a sorte não lhe deu algo para trocar diretamente por dinheiro – rosto bonito, corpo atraente, inteligência acima da média, talento etc. –, então você precisa buscar algo tangível para cultivar, deter e controlar. Aqui está a questão, porém: não importa o que você faça nem como decida ficar rico. Você precisa dominar um tipo de linguagem que 99% de toda a população não domina. Esse é o código invisível da elite do sucesso: **A Linguagem dos Milionários**.

Há algum tempo, um vídeo no estilo motivacional viralizou nas redes. Nele, um jovem gordinho, de dentes tortos, usando um terno visivelmente grande, falava com convicção sobre realização pessoal. "Nada nesse mundo pode mudar a minha certeza de que eu vou crescer. Inclusive, porque eu já cresci… E eu vou muito mais… Nada nesse mundo vai me convencer de que eu não sou capaz de vencer qualquer barreira que surgir na minha frente", afirmava a figura distinta.

Aquele vídeo poderia facilmente ser confundido com o conteúdo clichê e descolado da realidade de mais um aventureiro da internet, se não fosse por um detalhe: foi gravado por alguém que, poucas décadas depois, entraria para a lista dos seletos bilionários brasileiros.

Filmado em 1997, esse vídeo tinha como protagonista ninguém menos que Flávio Augusto da Silva, no auge da sua juventude, com 25 anos. Dois anos antes, ele havia usado R$ 20 mil do cheque especial para fundar sua primeira escola de inglês. Na época da filmagem, já com mais de dez filiais e faturando dezenas de milhões por mês, Flávio **sabia exatamente o que dizia, porque sabia exatamente o que pensava, porque sabia exatamente no que acreditava**. O poder das palavras, do pensamento e da crença inabalável formou os alicerces da sua jornada rumo ao sucesso como empresário.

Esse é um grande exemplo de como as pessoas que alcançam o topo desenvolvem certo tipo de linguagem – e essa linguagem vai muito além de meras frases de efeito. Elas revelam **coerência nas crenças, nos pensamentos e nas atitudes.**

Se este livro fosse escrito há pouco menos de cem anos, certamente seria confundido com mais um *manualzinho de autoajuda barata*. Mas com os avanços da ciência, sobretudo dos estudos de psicologia e neurociência, podemos defender nossa tese: as palavras são ferramentas extremamente poderosas no desenvolvimento pessoal. Elas têm o poder de literalmente nos transformar, alterando a química do nosso corpo, e de determinar muitos dos nossos comportamentos.

Uma explicação rápida...

Tudo passa pelo cérebro. Ele é o responsável por como interpretamos, entendemos e experienciamos o mundo ao nosso redor. A neuroplasticidade – a habilidade do cérebro de se reorganizar e se adaptar – é o motivo pelo qual continuamos a aprender e crescer ao longo da vida. Por meio dela, o tipo de linguagem que usamos todos os dias tem o poder de reestruturar as conexões do nosso cérebro, para o bem ou para o mal.

Assim, as palavras que escolhemos se ligam diretamente à forma como lidamos com o estresse físico e emocional. Não precisamos fazer faculdade para entender que o excesso de estresse pode nos tornar céticos, críticos e negativistas, mas é a ciência que prova que tudo isso pode acelerar o processo de degeneração cerebral. A boa notícia é que usar palavras gentis e positivas tem o poder de nos estimular, nos deixando mais felizes, motivados e otimistas e promover o crescimento neuronal. A mesma ciência atesta isso.

Assim, quanto mais escolhemos usar determinado tipo de linguagem, mais fácil se torna para o cérebro automatizar essa linguagem em qualquer situação. Chamamos isso de "ciência do hábito".[1] De acordo com o renomado psicólogo Dr. Rick Hanson, podemos usar essa ciência a nosso favor e "incorporar a felicidade" em nossas vidas simplesmente escolhendo palavras e expressões positivas com mais frequência. No entanto, isso também significa que, se optarmos pela linguagem negativa, podemos perpetuar hábitos prejudiciais e sofrer as consequências a longo prazo.

Agora vamos refletir: se podemos incorporar a felicidade, a tristeza e outros sentimentos positivos ou negativos, por que não sentimentos e emoções ligados à prosperidade? Se 95% de tudo o que fazemos é resultado dos nossos hábitos, como afirmou Brian Tracy, podemos desenvolver hábitos que levam ao sucesso, praticando repetidamente

1. Napoleon Hill chama de "a força cósmica do hábito", referindo-se ao poder que os hábitos têm de moldar nossas vidas, funcionando como uma força invisível que nos direciona. Associado a isso, temos a lei do ritmo hipnótico: "Qualquer impulso de pensamento que a mente repete várias vezes por hábito forma um ritmo organizado".

comportamentos que propiciam uma vida bem-sucedida, até que esses hábitos se tornem automáticos?

A resposta é... SIM. E agora você compreende a razão de este livro ser escrito: adotar uma linguagem de sucesso faz parte de um conjunto de hábitos de TODAS as pessoas bem-sucedidas.

Claro, um crítico apressado poderia argumentar que a prosperidade exige outras coisas além de pensamentos, emoções e palavras, pois é algo que entra na esfera econômica, política e social. O dinheiro depende de uma série de fatores que, inclusive, não controlamos. A economia pode desmoronar... o país pode adotar políticas que matam a iniciativa privada... o mercado pode atravessar uma crise devastadora, colocando todos de joelhos... Isso é verdade, essas forças estão além do nosso controle. Mas, e se eu lhe dissesse que, mesmo diante desse caos todo, você ainda tem o controle sobre algo muito mais poderoso? Falo do seu estado interior; na linguagem popular, o seu "modo de ser".

Vamos usar um exemplo radical que traz de volta o já citado Gandhi: a autoridade imperialista que mantinha a Índia sob o governo colonial no início do século 20 era desmoralizante para os indianos. Apesar disso, Gandhi acreditava em uma realidade que ainda não estava presente na vida de seu povo. O líder indiano defendia ardentemente os conceitos de igualdade, liberdade e não violência com uma convicção inabalável. Ainda assim, a realidade da tirania e do controle britânico à época era muito diferente.

As crenças convencionais daquele tempo contrastavam com suas esperanças e aspirações. Embora a experiência de liberdade não fosse uma realidade quando Gandhi começou a agir para mudar a Índia, ele não deixou que evidências externas de adversidade o influenciassem a desistir do seu ideal.

Por um longo tempo, a maior parte do retorno do mundo externo não mostrou a Gandhi que ele estava fazendo a diferença, mas raramente ele permitia que as condições do ambiente controlassem seu modo de ser. Ele acreditava em um futuro que ainda não conseguia ver ou experimentar com os sentidos, mas que estava tão vivo em sua mente que ele não conseguia viver de nenhum outro modo.

Gandhi adotou uma nova vida futura enquanto fisicamente vivia na vida presente. Ele entendeu que o modo como pensava, agia e sentia alteraria as condições atuais de seu ambiente. E, por fim, a realidade começou a mudar como resultado de seus esforços.

A neurociência já comprovou que podemos "mudar nosso cérebro" e, portanto, nossos comportamentos, atitudes e crenças simplesmente pensando de modo diferente. Em outras palavras, sem mudar nada em nosso ambiente. Por meio de um ensaio mental, imaginar repetidamente a execução de uma ação, os circuitos cerebrais conseguem se organizar para **refletir nossos objetivos**. Podemos tornar nossos pensamentos tão reais que o cérebro muda para parecer que o evento já se tornou uma realidade física. Podemos mudar o cérebro para que fique à frente de qualquer experiência real em nosso mundo externo.

Quando nosso comportamento reflete nossas intenções, quando nossas ações estão em perfeita sintonia com nossos pensamentos, quando nossa mente e corpo operam em harmonia e nossas palavras e atitudes estão totalmente alinhadas, um poder extraordinário[2] se manifesta em cada um de nós.

No caso de Gandhi, ele não foi influenciado pelo que estava acontecendo em seu mundo exterior (ambiente), não se preocupou com como se sentia e o que aconteceria com ele (corpo), e não se importou com quanto tempo levaria para realizar o sonho da liberdade (tempo). Ele simplesmente sabia que todos esses elementos, mais cedo ou mais tarde, se curvariam às suas intenções.

---

2. Leia sobre isso no APÊNDICE 1.

Se estivéssemos batendo esse papo em um café hoje, enquanto eu rodava a colher na xícara de expresso, eu diria a você agora como abomino o materialismo.[3] Em seguida, porém, argumentaria por que sou tão convicto de que precisamos melhorar materialmente para ver o mundo por outros ângulos. A prosperidade material não pode salvar sua alma, mas a alma pode salvar sua situação material. Um filósofo espanhol no século 20 escreveu:

**"Eu sou eu e minha circunstância,
e se não salvo a ela, não me salvo a mim."**

Eu sei que a realidade de muitos brasileiros hoje é dura. O desemprego, o alto custo de vida, a falta de oportunidades… tudo isso parece se somar e criar um ambiente em que parece impossível sair da situação difícil em que se encontram. Entendo a frustração, a sensação de que nada vai mudar, de que não há escapatória.

Mas aqui está algo que se enquadra na minha crença: sua situação atual não define quem você é, nem determina o seu futuro. O que está acontecendo no seu ambiente externo não precisa ditar sua realidade interior. Portanto, é possível pensar como um milionário hoje, mesmo morando em uma favela.

**"Quando alguém mantém um sonho
independente do ambiente, isso é grandeza."**

Seja bem-vindo ao universo das *Palavras que Enriquecem*!

---

3. Lei sobre isso no APÊNDICE 2.

PRÓLOGO

Que palavras você vai usar hoje?

"Cuidado com seus pensamentos,
pois eles se tornam palavras.

Cuidado com suas palavras,
pois elas se tornam ações.

Cuidado com suas ações,
pois elas se tornam hábitos.

Cuidado com seus hábitos,
pois eles se tornam o seu caráter.

E cuidado com seu caráter,
pois ele se torna o seu destino."[4]

---

4. Trecho do filme *A Dama de Ferro*, em que a personagem Margaret Thatcher cita seu pai, Alfred Roberts. Existem variações do escrito em diversos contextos, mas essa versão é frequentemente associada a um texto de Frank Outlaw, publicado em um jornal do Texas (EUA) sob o título *What They're Saying* em maio de 1977. Ele é claramente uma variação do pensamento de Gandhi que citei no prefácio.

Imagine uma criança sentada à mesa, rabiscando com intensidade em uma folha de papel. O lápis desliza nervoso, traçando linhas que aos poucos ganham forma: rostos, paisagens, monstros...

Ela olha para o desenho, desanima, amassa o papel e recomeça. Várias e várias vezes. Mesmo diante da frustração, há algo pulsando dentro dela – um *desejo ardente* de criar algo que possa ser admirado.

Livre das preocupações do mundo adulto, essa criança está experimentando algo essencial: **o poder de transformar intenção em forma, pensamento em expressão**. Ela está no modo criativo.[5]

Apesar da pouca idade, carrega um sonho grande e uma determinação que poucos ousariam ter. O ambiente ao seu redor não é o mais inspirador. Ela não tem as ferramentas mais sofisticadas, nem as melhores condições, muito menos incentivo por parte dos adultos. Ainda assim, dia após dia, volta para a mesa, segue criando, continua acreditando.

Mesmo sem saber como, essa criança está plantando algo dentro de si: algo invisível, mas incrivelmente poderoso: uma certeza silenciosa que se repete em sua mente: "Eu posso! Eu posso!".

Essa criança fui eu, caro leitor...

Aos 12 anos, minha paixão pelo desenho e pelas histórias em quadrinhos não apenas preenchia grande parte do meu tempo como também moldava meus sonhos. Todos os meses, eu ia até a banca da cidade, comprava uma edição da minha série favorita e devorava cada página com avidez.

Importante destacar que, para conseguir um exemplar dos meus gibis, contava as moedinhas que juntava fazendo pequenos bicos no bairro periférico onde morava com meus pais e meu irmão mais novo... Sim, vim de uma família pobre, sou ex-morador de favela, e sei como é viver em um lugar onde o dinheiro mal dá para cobrir as necessidades

5. Leia sobre isso no APÊNDICE 3.

básicas. Por isso, no meu caso, comprar revistas era um luxo que eu me permitia apenas de vez em quando.

Eu queria mais do que ser apenas um leitor – eu queria criar.

Certo dia, meu pai me inscreveu em um curso livre e gratuito de arte sequencial, oferecido por um projeto social na Casa de Cultura da cidade. Nesse curso, comecei a enxergar um caminho real para transformar meu desejo em algo concreto. A paixão por narrar histórias visuais me empurrava para a frente, e, com lápis em punho, eu me dedicava diariamente a trazer minhas criações à vida.

A oportunidade veio.

Os professores organizaram um concurso para incentivar os alunos a publicarem suas primeiras histórias. Nessa ocasião, desenvolvi meu primeiro roteiro: *Terror em Dresden* – uma sequência curta e repleta de suspense, ambientada em uma cidade alemã devastada pela guerra, onde forças sobrenaturais surgiam das ruínas. A trama seguia dois excursionistas que, ao se perderem do grupo, encontram um casarão abandonado. E, ao adentrar as ruínas, percebem que não estão sozinhos. O silêncio opressor, o ranger das tábuas sob seus pés, o sussurro do vento em um idioma esquecido... Cada detalhe os conduzia ao inevitável.

Depois de muitas horas de dedicação, finalizei as seis páginas de roteiro e ilustração e as inscrevi no concurso. Alguns meses depois, para minha surpresa, fui anunciado vencedor. Esse foi o primeiro reconhecimento por algo que criei. A sensação foi indescritível.

Por muitos anos, acreditei que minha vitória naquele concurso se deveu apenas ao meu esforço ou talento. Mas, olhando em retrospecto, vejo *algo mais*. No curso, havia garotos com habilidades de desenho superiores às minhas. Roteiros mais elaborados... personagens bem construídos... O que, então, fez com que minha história fosse escolhida?

Com o tempo, percebi que havia plantado algo em meu subconsciente. Antes do resultado, passei meses **mentalizando o momento**

da premiação, repetindo para mim mesmo que venceria. Eu ensaiava mentalmente a cena dos jurados anunciando meu nome e me chamando ao palco. De alguma forma, essa visualização se tornou realidade.

Mais tarde, estudando sobre fé, psicologia, força criativa e autossugestão, compreendi que eu havia preparado o caminho para esse resultado. Cada esboço, cada linha rabiscada no papel não eram somente gestos mecânicos, mas manifestações de um estado mental, reflexos de uma convicção interior.

A vitória naquele concurso não foi o ápice, mas foi o início de uma longa jornada de autodescoberta. Aprendi que a mente tem a capacidade de preparar o terreno para novas possibilidades e que, ao **unir intenção, palavra e ação**, podemos transformar nossas aspirações em coisas concretas.

Mas talvez você esteja se perguntando: "E se foi apenas um golpe de sorte? E se o acaso tiver determinado sua vitória?".

Ainda é cedo para debater isso. O que posso afirmar agora, com certeza, é que, se eu não tivesse predisposto minha mente para o sucesso, os efeitos não seriam os mesmos; não tanto sobre o resultado em si, mas sobre meu próprio "eu". Essa é a chave para entender o poder do uso das palavras no contexto do desenvolvimento pessoal.[6]

Você provavelmente já ouviu a frase "A palavra tem poder". Mas esse poder não está na palavra em si. Está **na substância,[7] na intenção, na verdade que ela carrega, na ação que a sustenta**. Esse poder vai além do simples ato de falar ou escrever, pois as palavras que você usa têm a capacidade de moldar comportamentos, alterar percepções

6. "Desenvolvimento pessoal" é uma área do conhecimento que visa melhorar a qualidade de vida e desenvolver as habilidades pessoais de cada pessoa, contribuindo com a construção do conhecimento humano e a realização de sonhos e aspirações.

7. Explicação no APÊNDICE 1.

e influenciar pessoas. Essa força está diretamente ligada ao que você é e à **maneira como se expressa**.

Aí está justamente o ponto da história que acabo de narrar. Mesmo sendo apenas um menino, descobri que ativar o modo criativo e ter uma atitude mental positiva pode ser realmente transformador. "Quando alguém mantém um sonho independente do ambiente, isso é grandeza."

Ao longo dos anos, provei desse poder diversas outras vezes. Em 2012, influenciado por Napoleon Hill, defini meu primeiro *objetivo principal*, um documento bem detalhado que descrevia exatamente o que eu queria conquistar pessoal e profissionalmente nos cinco anos seguintes. Minha meta principal era me tornar um autor *best-seller* na área de marketing. Nesse documento, além das metas, também listei os passos concretos que eu daria para alcançá-las e, o mais importante, escrevi tudo no tempo presente, como se já tivesse realizado cada um dos meus sonhos.

Passei a acessar esse documento com certa frequência e, de vez em quando, o lia em voz alta, **imbuindo minhas palavras de propósito e convicção**. No final dos anos seguintes, eu o atualizava com novas informações. Com o tempo, percebi que, quanto mais eu me *conectava emocionalmente* com aquele escrito, mais ele parecia moldar minha realidade. Pequenos avanços começaram a acontecer, novas oportunidades surgiram, e, aos poucos, meus pensamentos e ações se alinharam à visão que eu havia projetado.

Em 2017, recebi uma mensagem do meu editor dizendo que um dos meus livros estava entre os mais populares do catálogo e que, sim, eu já estava entre os autores mais vendidos. Aquilo que inicialmente parecia distante para um jovem pobre de uma periferia carioca se tornou possível, e provei mais uma vez o impacto que as palavras exercem quando usadas com **clareza e intenção**.

O sucesso se repetiu algumas vezes, fazendo com que cinco dos meus dez livros publicados ficassem na lista dos mais vendidos em diversas livrarias. Paralelamente a isso, construí uma carreira como redator, tendo a chance de participar de grandes lançamentos, como o do fenômeno *Mais Esperto que o Diabo*, do próprio Napoleon Hill. Nesse projeto, atuei na criação de estratégias de comunicação que ajudaram o livro a se tornar o mais vendido nos anos de 2020 e 2021.

Os mesmos princípios foram aplicados nas relações interpessoais. No ano em que escrevo este livro, completo dezessete anos de casamento com a minha namoradinha de infância. Sempre que conto que a conheci aos 13 anos e que, desde aquele momento, nunca deixei de amá-la, as pessoas ficam surpresas. E o espanto é ainda maior quando digo que, na primeira vez que a vi, declarei internamente que ela seria minha esposa. Nos casamos jovens, ambos com 19 anos, e, ao longo de mais de uma década juntos, tivemos três filhos e construímos um modesto patrimônio, algo que certamente faria o garoto que eu fui sentir orgulho do homem que me tornei. A convicção de que eu me casaria com ela, expressada em pensamentos e palavras, certamente determinou o nosso futuro.

Hoje moro em uma propriedade rural que visualizei inúmeras vezes ao longo da vida. Apesar de ainda estar em construção, pois é uma obra grande, cada canto desse lugar é fruto de sonhos cultivados com paciência, esperança e trabalho duro. Aqui o som do vento nas árvores, o canto dos pássaros e o cheiro da terra molhada me lembram diariamente que **o que antes era apenas uma imagem em minha mente se materializou**. Mesmo com desafios, vivo em um espaço de paz, simplicidade e conexão com a natureza, onde reencontro minha essência e cultivo não apenas a terra, mas também momentos preciosos com Deus, com minha família e comigo mesmo.

Claro que a ideia de visualizar um futuro desejado, expressar intenções claras e alinhar ações com essas intenções não se limita ao campo material, profissional ou financeiro. Na verdade, descobri que esses conceitos são ainda mais poderosos quando usados para fortalecer nossa vida interior. Ao longo dos anos, usei os mesmos fundamentos para cultivar uma mente mais tranquila e equilibrada, superando desafios emocionais e **encontrando propósito nas dificuldades**.

Quando enfrentei momentos de dúvida ou ansiedade, visualizei-me como uma pessoa mais resiliente e equilibrada, praticando diariamente a *autossugestão*, permitindo que sentimentos de gratidão, coragem e esperança tomassem o lugar do medo. Esses exercícios me ajudaram a acessar uma base sólida de fé e serenidade, permitindo-me navegar pelas turbulências da vida com mais clareza. Assim, os princípios que transformaram minhas condições externas impulsionaram primeiro meu crescimento interior.

Resumidamente, imbuído de crença e pensamentos bem direcionados, "o poder das palavras" vem sendo exercido em minha vida em diversos níveis e contextos, desde a construção de sentimentos elevados, passando pela construção de relacionamentos, até a criação de ações e discursos impactantes no mundo dos negócios. Ele me permitiu não apenas salvar minhas circunstâncias, mas também influenciar pessoas e ajudar a moldar o pensamento e as emoções de leitores e clientes, conectando suas necessidades aos resultados que ofereço.

E aqui estou eu, pronto para compartilhar esse poder com você.

Como eu cheguei aos princípios das *Palavras que Enriquecem*?

Respondo citando Henry David Thoreau: "Muitos homens iniciaram uma nova era na sua vida a partir da leitura de um livro".

Eu ainda era jovem, vivia na periferia e enfrentava as dificuldades de uma vida marcada pela escassez material. Mesmo sem receber incentivo para os estudos, de maneira intuitiva percebi que o conhecimento seria a chave capaz de abrir portas para a transformação.

Tendo primeiro contato com o desenho e depois com a música, acabei tomando gosto por algo que nunca mais deixei de apreciar: a leitura. Da poesia aos romances, da filosofia aos manuais de espiritualidade, lia de tudo um pouco. Mas foi a partir da leitura de livros de desenvolvimento pessoal como este que comecei a perceber os padrões que separavam os homens bem-sucedidos daqueles que permaneciam presos à mediocridade.

O primeiro que me abriu os olhos foi *Uma venda não ocorre por acaso*, do Dr. Lair Ribeiro. Mais do que aprender as sutis estratégias de influência e vendas, recebi uma lição profunda sobre a vida logo nas primeiras páginas:

"A vida é como uma bola lançada contra uma parede. Se você a joga com força, ela retorna com a mesma intensidade; se for fraca, voltará fraca; se for vermelha, voltará vermelha; se for amarela, voltará amarela. Em outras palavras, aquilo que você lança ao mundo é o que retorna para você."

Essa ideia simples, mas poderosa, reflete a essência da chamada Lei da Semeadura:[8] tudo o que plantamos, colhemos. Assim, o que você transmite ao mundo positivamente é o que recebe de volta, em forma de oportunidades, relacionamentos ou conquistas.

---

8. Princípio universal que estabelece que as ações e intenções que plantamos em nossas vidas retornam em forma de frutos. Esse conceito, fundamental tanto na literatura de autoajuda quanto em ensinamentos religiosos – como o versículo em Gálatas 6:7, "o que o homem semear, isso também ceifará" –, nos lembra que nossos esforços, pensamentos e comportamentos determinam os resultados que colhemos.

Foi levando esse ensinamento a sério que decidi abandonar minha condição de atendente em uma papelaria e me arriscar no mundo das vendas. Importante dizer que essa não foi uma mudança superficial, um mero passatempo ou um bico. Não, mergulhei de cabeça, com todo o comprometimento possível. Transformei ambição e entusiasmo em combustível diário.

Utilizando como premissa a "força da influência", bastaram apenas dois anos para que eu me destacasse nesse novo campo. Por conta do meu desempenho como vendedor, tornei-me sócio de uma pequena empresa de comunicação na cidade onde morava. O que começou como um experimento se tornou êxito. A bola que lancei na parede voltou com toda a força.

Não foi uma simples transição de carreira, mas uma verdadeira revolução profissional e financeira. Ao deixar o modelo CLT e embarcar no caminho da autonomia, abandonei a segurança ilusória de um salário fixo e a limitação de um horário rígido para conquistar algo muito maior: a liberdade de estabelecer meu próprio ritmo e gerar meu próprio dinheiro. Pois, ao contrário do empregado convencional, o vendedor não depende de chefes ou de avaliações periódicas para determinar seu valor. Sua renda está diretamente ligada ao seu esforço, suas habilidades e capacidade de criar conexões com os outros.

O que antes parecia um risco se tornou uma oportunidade de crescimento ilimitado, em que cada conquista pessoal se traduziu em um resultado tangível e gratificante. Essa mudança trouxe não só uma melhoria financeira significativa, mas também um novo propósito e uma sensação de realização profissional e criativa que antes eu não imaginava ser possível.

Mas ser um simples vendedor anônimo de uma cidade do interior, de certa forma, parecia limitante. Sentindo que podia chegar mais longe, fazer minha mensagem ganhar corações pelo meu país e galgar degraus mais altos na escala social, fui em busca de novas oportunidades. Eu tinha um sonho para realizar: ser um escritor bem-sucedido.

Passei a levar muito a sério o que os grandes gurus de vendas e negócios diziam. Robert Kiyosaki, T. Harv Eker, Og Mandino, Zig Ziglar, Jim Rohn, Bob Proctor... Devorei seus livros, assisti a suas palestras na internet, anotei muitos conceitos e tentei aplicar tudo à risca. Achava que, seguindo aqueles conselhos, o sucesso seria apenas uma questão de tempo. Cada estratégia, cada princípio parecia a peça de um quebra-cabeça, e eu acreditava que, quando tudo se encaixasse, finalmente estaria no caminho certo para alcançar meus objetivos.

As coisas não foram tão fáceis assim...

Precisei enfrentar a frustração de ver os meus planos mais bem-estruturados falharem, negócios que pareciam promissores desmoronarem e oportunidades que, no papel, pareciam certeiras se transformarem em verdadeiras armadilhas.

Houve momentos em que duvidei de tudo: dos métodos, dos especialistas e, principalmente, de mim mesmo. A cada revés, me perguntava se realmente tinha o que era necessário para alcançar o sucesso ou se estava apenas seguindo fórmulas que funcionaram para outros, mas que não se encaixavam na minha realidade.

O dinheiro ficou curto em diversas ocasiões. Precisei lidar com decisões difíceis, como abrir mão de conforto e segurança para continuar investindo nos meus projetos. Além disso, enfrentei o ceticismo de amigos e familiares, que não entendiam por que eu insistia tanto em um caminho incerto. "Arrume um bom emprego", "Faça concurso público", "Tente a vida como militar" – esses foram alguns dos conselhos que recebi ao longo da vida. Nada disso fez os meus olhos brilharem. Eu não apenas tinha um sonho; eu era o sonho. E me recusava a dar errado.

Quebrei algumas vezes durante aqueles anos. Em uma dessas vezes, estava aflito e entregue ao desespero por decisões financeiras que me deixaram literalmente falido. Não tinha um tostão sequer em caixa, e todo o dinheiro que eu poderia receber estava "na rua". Foi justamente nessa época que mergulhei no clássico *Quem Pensa Enriquece – Edição Oficial e Original de 1937*, que me ensinou a enxergar a riqueza não como somente uma questão monetária, mas como **o resultado de uma mentalidade orientada à abundância**.

Fiquei fascinado ao descobrir que os homens mais ricos do mundo sabiam usar a força do pensamento para inspirar, persuadir e mudar cenários. Essa constatação foi outro divisor de águas para mim, pois percebi que, ao usar os princípios expostos naquele livro, eu poderia, de fato, mudar minhas circunstâncias; e mudei.

Não apenas superei aquele revés como também, ao longo dos anos seguintes, me tornei um dos redatores mais bem-sucedidos do país, criando estratégias e escrevendo discursos que movimentariam milhões em vendas e influenciariam milhares de pessoas. Em paralelo, como mencionei acima, realizei meu grande sonho: ser um autor bem-sucedido, fazendo meus livros se tornarem conhecidos de um público considerável de leitores.

Nesse percurso, eu já havia entendido algo de extremo valor: as palavras certas, colocadas no momento certo, geram efeitos na realidade.

Nos anos seguintes, eu viria a conhecer e trabalhar direta e indiretamente com muitos homens e mulheres da área de negócios, tendo a chance de observá-los de perto. Além de estar envolvido em projetos com alguns deles, frequentei muitos eventos, workshops e reuniões, estando sempre atento ao que faziam e diziam. Percebi que todos eles, sem exceção, em alguma medida, dominavam o poder das palavras. O já citado Flávio Augusto da Silva, a Cris Arcangeli, o Thiago Nigro, o Ícaro de Carvalho, o Tiago Brunet, o Pedro Quintanilha… e também dezenas de outros empresários que não se encaixam no padrão de "influenciadores", que nem mesmo têm uma conta de Instagram, mas que construíram negócios indiscutivelmente bem-sucedidos.

Quatro amigos, Marcos, Rafael, Tiago e Auge, me ensinaram muitas lições sobre estratégias de negócios, finanças, vendas e persuasão. O primeiro construiu um império com uma empresa de comunicação e, posteriormente, com um centro de saúde integrativa; o segundo se tornou um dos profissionais de marketing mais bem-sucedidos do país, sendo dono de uma agência com operação milionária; o terceiro, também da área de marketing, ficou multimilionário aos 30; o quarto é um grande empresário no ramo de persianas e atua como mentor de empresários.

Cada um, à sua maneira, demonstrou domínio em um tipo de mentalidade e linguagem. Não apenas em relação a vender seus produtos ou serviços, mas quanto a obter visão, agir de determinada forma, criar uma conexão emocional com pessoas e influenciá-las a tomarem decisões. Observei que seus pensamentos, comportamentos e discursos **não são aleatórios**. Ao contrário, seguem padrões, utilizam estímulos mentais, valem-se de histórias envolventes e palavras cuidadosamente escolhidas para gerar impacto em si próprios e nos outros.

Unindo essas experiências pessoais ao aprendizado extraído de livros, cursos e mentorias – tanto de mestres vivos quanto dos grandes nomes da publicidade e do marketing direto, como Bill Bernbach, David Ogilvy, Rosser Reeves, Dan S. Kennedy, Jay Abraham, Gary Halbert, John Carlton e Robert Collier –, fui desenhando o que acredito ser *o mapa*.

O ápice dessa jornada de aprendizado veio com meus estudos em neurociência e psicologia comportamental, que me permitiram entender, em profundidade, como as palavras não apenas convencem, mas também moldam pensamentos e comportamentos. Hoje sei que **existem princípios universais por trás de todo projeto ou pessoa**

bem-sucedida, e que as palavras certas, usadas da maneira certa, não apenas convencem, mas também transformam realidades: ressignificam crenças, criam movimento, geram riqueza e constroem impérios…

Foi essa compreensão que redefiniu completamente minha jornada, e é essa compreensão que me trouxe *Palavras que Enriquecem.*

A partir de agora, vamos mergulhar em muitas dessas lições que formam o que chamo de A Linguagem dos Milionários. Mas aproveito este prólogo para já compartilhar um dos grandes pilares dessa linguagem…

O entusiasmo

Desde 1928, quando Napoleon Hill publicou sua definição de "entusiasmo"[9]na sétima lição do *Manuscrito Original – As Leis do Triunfo e do Sucesso*, muito já foi falado sobre esse tema. Porém, pouco se discute sobre "como fazer isso de forma eficaz".

Hill definiu o entusiasmo como "um estado de espírito que inspira e incita o indivíduo à ação, para cumprir determinada tarefa". Ou seja, para quem lida com negócios ou qualquer outro projeto visando ao sucesso, o entusiasmo é o mesmo que o coração é para o corpo humano – a força interna essencial para a ação.

É necessário desenvolver isso dentro de nós, a todo instante e a todo momento (ou pelo menos na maior parte do tempo), para conseguirmos **transformar pensamentos em ações, e ações em resultados**.

Toda vez que você se deparar com alguém entusiasta no ambiente de negócios, perceba como a conversa e a interação com essa pessoa são capazes de mudar consideravelmente seu estado de espírito. Na

9. A palavra "entusiasmo" tem raízes no grego antigo, derivando de *enthousiasmos*, que significa "inspiração divina" ou "estar possuído por um deus". Caldas Aulete define como "Exaltação das faculdades da alma, que se manifesta nos poetas, nos artistas, nos oradores, e que os torna sublimes". Ou "Movimento extraordinário da alma que excita o homem aos atos de dedicação, de heroicidade e extremo valor".

posição de clientes, nos sentimos mais seguros quanto ao que está sendo oferecido ou proposto quando a pessoa transmite aquele brilho especial nos olhos. A energia parece irradiar automaticamente.

Na área de vendas, para influenciar alguém, por meio da nossa apresentação, a mente do interlocutor deve estar em condições de neutralidade: ou seja, deve estar aberta a nossas argumentações e evidências. E é nesse ponto que muitos fracassam, tentando "vender" antes de neutralizar a mente e apresentar um discurso entusiasmante. Estamos falando aqui não de hipnose ou qualquer técnica similar, mas do uso intencional desse estado de espírito.

É o que digo em meus treinamentos aos profissionais da área comercial: antes de interagir com um cliente, reflita: você acredita em si, na sua empresa, no seu produto e no seu próprio profissionalismo? Se alguma dessas respostas for negativa, recue, caso contrário, o cliente rapidamente perceberá.

Seu sucesso está em suas mãos – ou melhor, no seu entusiasmo!

No século 20, Oral Roberts e Billy Graham, pregando para plateias sem precedentes no mundo todo, obtiveram conversões para o cristianismo em números inacreditáveis. Se você tirasse o entusiasmo de seus ministérios, eles perderiam toda a eficácia. Por mais divinos que fossem seus chamados, a energia contagiante com que transmitiam suas mensagens foi, sem dúvida, a chave para o impacto que geraram.

Na internet, figuras como Paulo Vieira, Pablo Marçal, Italo Marsili, Douglas Ninja, Wendell Carvalho, Dra. Beatriz Barbosa e Lucia Helena Galvão provam que o entusiasmo arrasta multidões. Você pode gostar ou não deles, concordar ou discordar deles, mas precisa admitir que há entusiasmo em seus discursos.

No passado, Ayrton Senna e Silvio Santos mostraram o poder do entusiasmo em suas respectivas áreas. Senna não apenas era um piloto excepcional, mas também transmitia uma energia única que inspirava milhões de pessoas, fazendo sua paixão pela corrida transparecer em cada movimento. Silvio Santos, por sua vez, encantou gerações com seu carisma e entusiasmo inconfundíveis, criando uma conexão imbatível com seu público e garantindo o sucesso de sua carreira no entretenimento.

"Alguém disse, quisera ter sido eu, que há regozijo no céu e ranger de dentes no inferno quando o grande Deus põe na Terra um homem com capacidade ilimitada de uso da fé e do entusiasmo", escreveu o autor de *Quem Pensa Enriquece.*

Mas como alguém fica entusiasmado?

Agindo com entusiasmo em pensamentos, palavras e ações.

O próprio Hill trouxe um bom exemplo: um corretor de seguros de vida, que talvez fosse o maior vendedor em seu ramo, mandava para si mesmo, todas as noites, um telegrama que estaria na mesa do seu café da manhã do dia seguinte. A mensagem dizia quantas apólices ele iria vender naquele dia, e ele vendia, às vezes ultrapassando o número estabelecido. Os telegramas eram assinados por "Doutor Entusiasmo". Se você acha esse plano fantástico ou até tolo, saiba que esse homem liderava todos os outros vendedores em uma das maiores seguradoras dos Estados Unidos.

Exemplo de discurso não entusiasmado:

> "Bem, como vocês sabem, nosso produto tem algumas características interessantes. Ele pode ser útil para muitas pessoas, especialmente aquelas que buscam soluções mais eficazes. Acredito que, com algum esforço, ele pode ser uma boa escolha para quem procura melhorar a qualidade de vida. Então, se vocês se interessarem, podemos conversar mais sobre isso."

Exemplo de discurso entusiasmado:

Seja sincero consigo mesmo! Você não quer mais "qualidade de vida". Você quer parar de se estressar todo dia. Quer dormir sem a cabeça girando. Quer sair do trabalho e ter energia para viver. Você não quer "eficiência no dia a dia". Você quer terminar o que começa. Quer tempo de volta. Quer respirar e dizer: "tá tudo sob controle." E é exatamente isso que esse produto entrega. Sem frescura. Sem promessas mirabolantes. Só uma ferramenta direta, prática e certeira que coloca ordem no caos e faz você sentir que está no comando outra vez.

Que tal nove conselhos para conquistar e manter o entusiasmo?

1. **Alimente seus pensamentos com positividade:** substitua pensamentos negativos por positivos, focando as oportunidades em vez das dificuldades.
2. **Desenvolva confiança em si mesmo:** a autoconfiança é a base para o entusiasmo, pois você precisa acreditar que pode alcançar o que deseja.
3. **Tenha uma visão clara do seu objetivo:** o entusiasmo nasce da clareza sobre o que se deseja alcançar. Quando você sabe o que quer, o entusiasmo se torna uma força motivadora natural.
4. **Crie um desejo ardente pelo seu objetivo:** quanto mais forte for o seu desejo, mais intenso será o que você transmite aos outros.
5. **Use a imaginação:** a criatividade gera entusiasmo. Busque novas ideias e formas de alcançar seus objetivos, o que mantém sua motivação alta.

6. **Valorize a ação:** a ação é o combustível do sucesso. Sem agir, seus sonhos e objetivos permanecem apenas intenções. Lembre-se, o entusiasmo nasce da disposição para agir.
7. **Dê importância às relações humanas:** o sucesso raramente é alcançado sozinho. Cultivar boas relações, ser uma pessoa que inspira confiança e saber colaborar com os outros é essencial para alcançar grandes conquistas.
8. **Aprenda a calar o medo:** o medo é uma das maiores barreiras ao entusiasmo e ao sucesso. Aprender a reconhecer e silenciar esse medo é fundamental.
9. **Pratique a gratidão:** agradeça por tudo o que já conquistou e mantenha um foco constante no que há de bom ao seu redor, isso alimenta o entusiasmo.

Para fixar: o entusiasmo é uma grande força da alma. Se suas palavras forem ditas com entusiasmo, elas terão o poder de mover montanhas. O entusiasmo não só atrai as pessoas, mas também cria oportunidades e gera ação. Quando você fala com paixão, suas palavras ganham vida, e o universo responde com a energia que você transmite.

INTRODUÇÃO AOS ARQUIVOS

Agora que você já compreendeu melhor a importância da linguagem e como ela pode ser um divisor de águas na construção de conquistas, é hora de ir além. A partir de agora você vai acessar os "13 Arquivos Secretos" – os pilares que sustentam a verdadeira linguagem do sucesso.

Além dos arquivos, também encontrará diversos *pilotos* repletos de exercícios práticos para ajudá-lo a aplicar de imediato os conceitos que você vai conhecer. A ideia é que, à medida que você avance, consiga usar o poder das palavras de forma estratégica, construindo sua própria trajetória de triunfo a partir dos ensinamentos que aqui compartilho.

Entre um capítulo e outro, você também será impactado por insights valiosos, retirados de minhas compilações sobre grandes figuras mundiais. Exemplos que vêm de pessoas influentes e bem-sucedidas de vários setores – do mundo dos negócios, da tecnologia, da ciência e da arte. Cada uma dessas falas foi escolhida para abrir sua mente e ampliar sua percepção sobre como a linguagem pode ser um vetor de mudança profunda.

Faço questão de aconselhar: não ignore nenhum desses blocos. Aconselho, inclusive, que você não tente absorver todo o conteúdo logo na primeira leitura. Alguns dos modelos, declarações e referências que ofereço são tão poderosos que você vai precisar revisitá-los várias vezes. Cada nova leitura revelará camadas mais profundas de significado, ampliando sua compreensão e, o mais importante, potencializando o impacto desses ensinamentos na sua vida e na sua realidade.

Bons estudos!

ARQUIVO Nº 1

VERBO: COMO AS PALAVRAS MOLDAM O MUNDO

“Sem conhecer a força das palavras,
é impossível conhecer mais.”

CONFÚCIO

Vamos dar um passo para trás. Porque antes de seguirmos adiante, é essencial que tenhamos uma compreensão mais clara de que as palavras têm um poder muito maior do que a maioria das pessoas imagina...

No campo esotérico, muitos acreditam que a linguagem tem vibração energética, que afeta tanto quem a pronuncia quanto quem a recebe. Essa perspectiva é comum em tradições como o hinduísmo e o budismo, que veem os mantras como uma forma de alinhar o espírito com o universo. Ao entoar mantras, as pessoas se conectam com uma energia superior, utilizando vocábulos como veículos de transformação espiritual e mental. O som e a palavra são, assim, canais para elevar a consciência e promover cura interior.

Nos métodos zen, budista, tibetano e iogue, a fala pode desempenhar um papel significativo, especialmente nas práticas que envolvem mantras ou afirmações. Segundo seus adeptos, o som e a repetição de certas expressões ou frases ajudam a focar a mente, acalmando os pensamentos e criando uma conexão mais profunda com o presente.

Na cabala, tradição mística do judaísmo, a palavra também é vista como uma força criativa que pode moldar contextos espirituais. Os cabalistas acreditam que cada termo, especialmente no hebraico, tem um poder oculto e vibracional, e que as combinações corretas de letras e palavras podem revelar segredos divinos e transformar a realidade interna e externa de quem as usa. Assim, tanto a palavra falada quanto a escrita são vistas como manifestações místicas que guiam e sustentam a existência.

Ainda na tradição judaica, a palavra tem um valor especial e profundo, sendo a base de toda a sua religião, que se fundamenta na lei e nos mandamentos de *Yahweh*. A Torá, que em tradução significa "ensinamento", "instrução" ou "lei", é um conjunto de palavras ditas por Deus que moldam a vida e as práticas religiosas dos judeus.

A força da linguagem, imbuída de intenção, é especialmente reconhecida na tradição cristã, que ensina a importância de "vigiar" o que se fala. Há advertências sobre o controle da língua, que pode abençoar ou amaldiçoar. Essa visão enfatiza que a palavra tem consequências éticas, podendo construir ou destruir relacionamentos e influenciar as emoções e o comportamento das pessoas. Assim, o uso consciente da palavra é visto como um ato de sabedoria e responsabilidade espiritual.

As palavras desempenham um papel central nas orações, são usadas de forma intencional para expressar desejos, gratidão e pedidos de proteção a Deus. Em todas as tradições cristãs, a oração é considerada um canal direto de comunicação com o Pai, e cada palavra pronunciada é escolhida com cuidado para manifestar um propósito específico. A repetição de alguns termos em preces, como nos rosários do catolicismo, é vista como uma maneira de alinhar o coração e a mente com o Espírito, criando uma atmosfera de fé e conexão com o sagrado.

O *Livro de Oração Comum* (*Book of Common Prayer*) é uma das obras mais significativas da tradição anglicana, com uma história que remonta ao século 16. Além de suas orações formais, esse livro contém salmos, coletas (orações breves para ocasiões especiais) e um catecismo, o que o torna um manual para a vida espiritual. O seu impacto se estendeu além do contexto anglicano, influenciando também outras tradições e servindo como uma ferramenta para a formação espiritual e ética de gerações de fiéis. Uma das grandes contribuições do *Livro de Oração Comum* é a sua ênfase no uso das palavras. Aprendemos com ele que a oração, como um ato de comunicação com Deus, deve ser feita com intencionalidade, fé e humildade. Assim, o uso consciente de alguns textos é fundamental não apenas para expressar os desejos e pedidos dos fiéis, mas também para criar uma comunhão profunda com o sagrado. Um exemplo é a *Coleta pelo Espírito Santo*, parte do ofício da Oração do Meio-Dia:

"Pai celestial, envia teu Santo Espírito a nossos corações para que nos dirija e governe segundo a tua vontade, nos consola em todas as nossas aflições, nos defende de todo erro e nos conduz a toda a verdade. Por Jesus Cristo, nosso Senhor. Amém."

Se no campo religioso as palavras podem nos ajudar a nos conectar ao Divino, no campo material elas são importantes para ordenar ideias, gerar influência e promover ação.

Desde os primórdios da humanidade, a palavra exerce força. Os reis selavam decretos com suas bocas; os profetas alteravam o curso da história com suas proclamações; nações entraram em guerra ou firmaram a paz com base no uso das palavras. Escrito ou falado, o que se diz ou escreve pode carregar força criativa ou destrutiva, abençoar ou amaldiçoar, construir e destruir.

A linguagem foi um pilar fundamental na transmissão e perpetuação dos mitos. Em várias tradições, como as indígenas e as africanas, a narração oral e os mitos foram transmitidos através das gerações, moldando a identidade e os valores das comunidades. Os contos são ferramentas poderosas que não apenas entretêm, mas também educam e transmitem ensinamentos fundamentais sobre a vida, a moral e a coexistência.

Na Grécia Antiga, filósofos como Sócrates, Platão e Aristóteles entenderam que as expressões podiam descrever o mundo, mas também podiam argumentar sobre o que é verdadeiro, belo e justo. A retórica nasceu nesse contexto, sendo utilizada em assembleias e cortes para governar as cidades.

Em paralelo, o confucionismo, tradição filosófica chinesa, enfatiza a importância das palavras em governar tanto o estado quanto as relações familiares. Confúcio dava ênfase à linguagem enquanto ensinava ética para a harmonia social. "Quando a linguagem não está de acordo com a verdade das coisas, nada chega a bom termo", ensinou o filósofo chinês.[10]

Ao longo dos séculos, a verbalização passou a ser usada como **ferramenta de poder e influência**, e o modo como era utilizada poderia definir o destino das nações. Quem dominava a palavra poderia dominar também as mentes e os corações das pessoas. Não à toa, Górgias, o pai da sofística, declarou: "Ao dar forma à linguagem, a persuasão molda a psique conforme sua vontade".[11]

O argumento é que a linguagem tem uma força quase mística, capaz de manipular as emoções e a mente humana, assim como um remédio que pode curar ou envenenar. Nas palavras do sábio personagem Alvo Dumbledore, em *Harry Potter e as Relíquias da Morte*: "Palavras são, na minha nada humilde opinião, nossa inesgotável fonte de magia. Capazes de formar grandes sofrimentos e também de remediá-los".

No estoicismo, as palavras também desempenharam papel fundamental, com um foco prático voltado para a vida cotidiana. Para os estoicos, como Sêneca, Epicteto e Marco Aurélio, a linguagem servia como ferramenta para registrar escritos sobre a virtude, a racionalidade e a resiliência diante das adversidades. Nesse caso, as palavras eram usadas para alinhar pensamentos e ações com a razão, promovendo uma vida de harmonia interior, independentemente das circunstâncias externas.

Os primeiros humanos, ainda em tribos nômades, se comunicavam de forma rudimentar, mas o que expressavam uns aos outros poderia

10. "Se os nomes não são corretos, a linguagem não está de acordo com a verdade das coisas. Se a linguagem não está de acordo com a verdade das coisas, os assuntos não podem ser levados ao sucesso. Quando os assuntos não podem ser levados ao sucesso, a propriedade e a música não prosperam." *The Analects by Confucius* (Diálogos de Confúcio).

11. Górgias, *Encomium of Helen*, em seus discursos retóricos, afirma: "Ao dar forma à linguagem, a persuasão molda a psique conforme sua vontade" (Górgias 1).

garantir (ou não) a sobrevivência. A comunicação poderia ser, literalmente, a diferença entre a vida e a morte, a caça bem-sucedida ou o perigo iminente. À medida que as sociedades evoluíram, a linguagem também evoluiu, e com ela a capacidade de não apenas descrever a realidade, mas também interpretá-la e questioná-la.

Civilizações antigas, como a egípcia, a babilônica e a suméria, começaram a registrar conhecimento em forma escrita, criando os primeiros textos que registravam leis, cultura e religião. A palavra, então, tornou-se um forte elemento para consolidar conhecimento e perpetuar tradições. Foi por meio dela que a civilização foi organizada – as leis foram pronunciadas e depois escritas; os contratos, firmados; as conquistas, registradas; e os mitos, transmitidos.

Em 1440, Johannes Gutenberg revolucionou a comunicação ao inventar a prensa de tipos móveis, permitindo que a escrita se multiplicasse de forma exponencial. A *Bíblia*, o livro mais poderoso de todos os tempos, foi uma das primeiras obras impressas, e, com isso, suas cópias alcançaram milhares de pessoas, transformando mentes, vidas e nações.

O que dizer dos poetas, que compreenderam e utilizaram a força das palavras para expressar sentimentos e ideias e retratar a condição humana? Os sonetos, por exemplo, tornaram-se uma forma popular de poesia que combinava estrutura e emoção de maneira poderosa. Petrarca e Dante utilizaram essa forma para explorar temas profundos, como o amor, a morte, o tempo e a beleza efêmera. Esses poetas não apenas expressaram sentimentos pessoais, mas também influenciaram sociedades, moldando pensamentos e valores.

Nos séculos seguintes, grandes discursos e documentos escritos alteraram o curso da história. Palavras como as de Abraham Lincoln em Gettysburg[12] inflamaram corações e inspiraram revoluções de igualdade e justiça. Não foi por acaso que as palavras desses líderes se perpetuaram. Elas moldaram a realidade ao articular ideais poderosos e colocar em movimento forças que alteraram profundamente o rumo da história humana.

Mais recentemente, a ciência também se interessou pelo poder da palavra. A programação neurolinguística (PNL) e a psicologia cognitiva trouxeram novos insights sobre como as palavras que escolhemos – tanto as que dizemos a nós mesmos quanto as que dizemos aos outros – moldam nossas percepções e até nossos resultados. Elas atestam que quando uma pessoa repete afirmações, ela está criando uma perspectiva mental, reorganizando seus pensamentos e influenciando seu comportamento.

Os estudos em neurociência também revelam que **o cérebro responde à linguagem de forma física**. Determinados termos podem desencadear a liberação de hormônios que nos fazem sentir felicidade, tristeza ou medo. Eles podem nos motivar a agir ou nos paralisar de ansiedade.

As palavras também desempenham papel fundamental na hipnose clínica, utilizando a linguagem como uma ferramenta para provocar mudanças profundas na mente e no comportamento do paciente. Durante uma sessão de hipnose, sugestões verbais cuidadosamente escolhidas induzem um estado de relaxamento e concentração, permitindo que o indivíduo acesse sua mente subconsciente, mais receptiva a novas ideias. Por meio de imagens mentais vívidas e afirmações positivas, a hipnose

---

12. O Discurso de Gettysburg é o mais famoso discurso do presidente dos Estados Unidos Abraham Lincoln. Foi proferido na cerimônia de dedicação do Cemitério Nacional de Gettysburg, na tarde do dia 19 de novembro de 1863, quatro meses depois da vitória na batalha de Gettysburg, decisiva para o resultado da Guerra de Secessão.

ajuda a reprogramar crenças limitantes e padrões de comportamento, tornando-se eficaz na superação de medos, fobias e vícios.

São Tiago, em sua epístola, reforça essa verdade ao comparar a língua a um leme que conduz um grande navio ou a uma pequena fagulha capaz de incendiar uma floresta inteira. Se a Palavra de Deus trouxe ordem ao caos primordial, como descrito em Gênesis, nossas palavras, como reflexo da criação criativa, podem ordenar ou desordenar nossas próprias vidas e as vidas daqueles ao nosso redor.

Por isso, o chamado para a humanidade é claro: usar a palavra com sabedoria. Jesus afirmou que daremos conta de cada palavra frívola que pronunciarmos (Mateus 12:36), pois, no final, nossas próprias palavras nos justificarão ou nos condenarão. A fala não é trivial. O verbo cria.

O poder das palavras no mundo dos negócios

Quando falamos sobre o impacto das palavras nos negócios, estamos falando, por exemplo, da diferença entre ser um empresário de sucesso e ser apenas mais um no meio da multidão. E, acredite, a diferença está nas palavras. Você pode ter o melhor produto do mundo, a melhor ideia, o melhor plano, mas, sem as palavras certas, tudo isso vai ser inútil.

Parece exagero? Então pare para pensar: você já viu algum empresário fraco se tornar um líder de mercado? Pois é, eu também não. O que transforma um empreendedor em um líder de mercado é a forma como ele empreende, e isso passa pelo bom uso das palavras. Ele pode não ser o melhor orador, mas pelo menos sabe direcionar a linguagem para si próprio e sabe escolher suas palavras com precisão para influenciar investidores, liderar equipes, vender seus produtos etc.

Um dos maiores exemplos históricos vem de Steve Jobs, cofundador da Apple. Jobs era não apenas um visionário técnico, mas também um mestre da comunicação. Ele sabia que suas palavras poderiam moldar a percepção pública sobre seus produtos e a própria marca Apple. Seu famoso discurso para a campanha *Think Different*[13] ("Pense Diferente") não apenas inspirou uma geração de empreendedores, mas também criou um culto em torno da Apple.

"Isto é para os loucos. Os rebeldes. Os criadores de caso. Os que veem as coisas de forma diferente. Enquanto alguns os veem como loucos, nós vemos gênios. Porque as pessoas que são loucas o suficiente para achar que podem mudar o mundo são as que de fato mudam."

Jobs entendeu que as palavras poderiam gerar um movimento, conectar pessoas e, em última instância, aumentar as vendas. Seu jeito único de apresentar os produtos da Apple em eventos foi, de fato, uma performance cuidadosamente orquestrada em que cada palavra proferida tinha o objetivo de encantar e emocionar o público.

Outro exemplo clássico vem de Warren Buffett, um dos investidores mais bem-sucedidos do mundo. Buffet é famoso por sua habilidade de comunicar complexos conceitos financeiros de forma clara e acessível, além de utilizar suas palavras para inspirar confiança em seus investimentos e decisões. Em sua famosa carta anual aos acionistas da Berkshire Hathaway, Buffet não apenas revela a saúde financeira da empresa, mas também faz um uso estratégico da linguagem, equilibrando humor, sinceridade e previsões com base em dados. Não à toa ele se tornou uma figura de autoridade, em grande parte, devido à maneira habilidosa como usa a palavra para construir confiança e credibilidade.

No marketing e na propaganda, o poder da palavra é ainda mais evidente. Campanhas publicitárias de sucesso, como as criadas pela Nike com o slogan *Just Do It*, ou os comerciais da Coca-Cola com "Abra

---

13. Slogan publicitário criado pela Apple Computer em 1997 pelo escritório de Los Angeles da agência de publicidade TBWA\Chiat\Day. Foi usado em um famoso comercial de TV, anúncios impressos diversos e uma série de promoções para produtos da Apple.

a felicidade", são exemplos claros de como as palavras podem criar uma conexão emocional profunda com o público. O uso de uma frase simples e impactante, com o tom certo, pode transformar um produto em um símbolo cultural. O marketing de influência também segue essa lógica: as palavras dos influenciadores, quando bem escolhidas e autênticas, têm o poder de moldar a percepção de produtos e serviços, criando um vínculo entre a marca e o consumidor.

Contudo, não são apenas as grandes figuras ou as campanhas publicitárias que demonstram o poder das palavras nos negócios. No cotidiano de qualquer organização, seja uma pequena startup, seja uma grande corporação, a maneira como os líderes se comunicam com seus funcionários e clientes pode fazer toda a diferença (nesse contexto, a inteligência emocional é fundamental).

Uma pesquisa realizada pela *Harvard Business Review* revelou que líderes que têm uma comunicação clara, empática e positiva são muito mais eficazes em gerar resultados e engajamento entre suas equipes. As palavras não só influenciam as emoções, mas também podem criar uma cultura organizacional baseada na confiança e na colaboração. Por outro lado, líderes que falam de maneira autoritária e fria, ou que falham em comunicar expectativas claramente, tendem a gerar um ambiente de desconforto e desconfiança.

Quando se trata de prática na negociação, as palavras têm um poder ainda mais profundo. Negociadores experientes sabem que uma palavra mal escolhida pode arruinar um acordo, enquanto uma frase bem colocada pode selar uma parceria. A técnica da persuasão verbal, estudada por Robert Cialdini, explica como palavras específicas podem induzir as pessoas a tomarem decisões em favor de uma proposta sem que elas percebam. Cialdini descreve seis princípios de persuasão, que exponho no capítulo bônus deste livro. Cada um desses princípios pode ser acionado por palavras simples e inteligentes.

Assim, a palavra não é somente um meio de comunicação, mas uma ferramenta estratégica que pode moldar os resultados de qualquer negócio. Ao entender o impacto das palavras, desde o poder de criar uma marca até a influência sobre uma negociação ou motivação de uma equipe, qualquer líder ou empreendedor pode alavancar seus resultados e transformar a forma como se conecta com seu público, sua equipe e até consigo mesmo. As palavras, com intenção e consciência, são, sem dúvida, um dos maiores ativos de qualquer negócio.

A Linguagem dos Milionários

Chegamos ao ponto em que precisávamos chegar. É aqui que a primeira parte do quebra-cabeça finalmente toma forma.

A linguagem desempenha um papel fundamental na formação de milionários ao redor do mundo, tanto na maneira como se comunicam com os outros quanto na forma como moldam seus próprios pensamentos e ações. Ao longo da história moderna, indivíduos de sucesso têm usado a palavra como uma ferramenta poderosa para **influenciar, persuadir e inspirar**, não apenas em suas interações pessoais, mas também em suas estratégias de negócios.

Mas quem são os milionários?

Em termos econômicos, os milionários são indivíduos que alcançaram uma grande acumulação de riqueza, geralmente definida por um patrimônio de pelo menos um milhão de unidades da moeda corrente, como dólares ou reais.

Em um sentido mais conceitual, "milionários" são pessoas que têm uma mentalidade de abundância e prosperidade, focadas em criar valor, identificar oportunidades e investir de maneira inteligente. Essa mentalidade é essencialmente baseada em atitudes, hábitos e comportamentos que visam maximizar o potencial de crescimento e geração de riqueza.

Algumas pessoas veem os milionários como exploradores, como se uma pessoa de caráter íntegro não pudesse acumular tanto sem, de algum modo, ter violado princípios éticos. Essa visão reflete uma crítica comum, especialmente em tempos em que a desigualdade econômica e a concentração de riqueza são questões evidentes.

A ideia de que é impossível alcançar grandes fortunas sem ferir valores fundamentais como honestidade e justiça é uma crença alimentada pela percepção de que o sucesso financeiro, muitas vezes, vem à custa do fracasso de outros. Mas será que esse pensamento é absoluto?

Na verdade, existem muitos milionários que, longe de explorar, criaram suas riquezas de maneira ética, inovadora e até mesmo altruísta; eu mesmo conheci vários deles (e eu mesmo gerei milhões com alguns negócios sem ferir os princípios éticos). Algumas fortunas não são fruto de enganos e trapaças, mas de ideias brilhantes, trabalho duro, escalabilidade[14] e capacidade de gerar valor de forma genuína para a sociedade. Muitos construíram empresas que não só enriqueceram seus fundadores, mas também geraram milhares de empregos, transformaram mercados e levaram soluções para os problemas de milhões de pessoas.

A "mentalidade de abundância" é o que move muitos desses indivíduos. Eles costumam pensar que há recursos e oportunidades suficientes para todos. Pessoas com essa mentalidade veem o mundo como cheio de possibilidades, em vez de limitações. Assim, é possível criar riqueza de forma coletiva, em vez de competir em um jogo de soma zero. (Muitos dos que entrevistei para este livro pensam parecido quanto a isso.) E

---

14. "Escalabilidade" é o conceito de criar um sistema ou negócio que possa crescer de forma exponencial sem que os custos cresçam na mesma proporção. Em outras palavras, é a capacidade de expandir rapidamente, atendendo a um número maior de clientes ou aumentando a produção, sem perder qualidade ou consumir uma quantidade desproporcional de recursos. Quando aplicada corretamente, a escalabilidade permite que um negócio gere lucros significativos de forma sustentável e se expanda globalmente, oferecendo mais valor à sociedade sem a necessidade de reinventar a roda a cada nova etapa.

quando essa mentalidade é acompanhada de um compromisso ético com o bem-estar coletivo, a riqueza não é só um reflexo do sucesso individual, mas um reflexo do impacto positivo gerado para o mundo.

É claro que o sistema econômico global, em sua complexidade, levanta questões válidas sobre a desigualdade e a concentração de riqueza. Mas isso não deve obscurecer o fato de que, dentro desse sistema, ainda há muitos exemplos de sucesso ético. A riqueza, quando gerada com integridade, pode ser uma poderosa ferramenta para promover mudanças sociais. Figuras como Bill Gates e Warren Buffett, por exemplo, dedicaram parte significativa de suas fortunas a causas humanitárias, demonstrando que o acúmulo de riqueza pode ser uma força para o bem.

No final do capítulo 13, entraremos em uma reflexão mais profunda sobre isso. O que preciso fazer agora é listar o que forma em parte A Linguagem dos Milionários. Começo por destacar oito pontos que fornecem insights iniciais que jogam luz sobre o que será tratado ao longo dos próximos capítulos.

1. **Narrativas de sucesso.** Milionários frequentemente usam narrativas que conectam suas histórias pessoais ao conceito de sucesso baseado no mérito e esforço. Ao contar suas trajetórias, enfatizam a ideia de que o sucesso é conquistado por meio de decisões estratégicas e perseverança, o que cria uma poderosa conexão emocional com seu público, investidores e clientes. Essa narrativa não só inspira, mas também engaja as pessoas a acreditarem que elas podem alcançar o mesmo sucesso por meio de ações semelhantes. Em negócios como o de Elon Musk e Richard Branson, a linguagem foi utilizada para apresentar suas empresas como missões, mais do que simples empreendimentos comerciais, engajando tanto a equipe interna quanto o mercado.

2. **Comunicação persuasiva.** Pessoas bem-sucedidas sabem que a capacidade de comunicar suas ideias de forma persuasiva pode abrir portas para parcerias, investimentos e até vendas. Líderes como Warren Buffett têm um domínio excepcional da comunicação, utilizando palavras com sabedoria para explicar suas visões e para influenciar suas audiências. Eles sabem como simplificar conceitos complexos, fazendo com que outros compreendam e se envolvam com suas ideias, criando confiança e atraindo apoio financeiro e estratégico.
3. **Posicionamento de marca.** A maneira como se fala sobre um produto ou serviço também é importante. O uso de palavras específicas para posicionar um produto ou marca pode aumentar seu valor percebido no mercado. Um bom exemplo disso é a já citada Apple, que vende não apenas produtos, mas também a ideia de um estilo de vida inovador e exclusivo. O marketing e a comunicação da Apple, com seus slogans poderosos, não só explicam o produto, mas criam um conceito aspiracional. Essa estratégia, além de fidelizar os consumidores, também justifica um valor de mercado considerável, que se reflete em lucros milionários.
4. **Reinvenção pessoal.** Pessoas de sucesso muitas vezes reformulam suas próprias crenças e a linguagem interna. A prática de afirmações e mentalidade positiva é uma ferramenta comum entre empreendedores de sucesso. Ao usar palavras de afirmação como "Eu sou capaz", "O sucesso está ao meu alcance" ou "As oportunidades estão por todo lado", essas pessoas parecem moldar sua própria realidade, treinando suas mentes para agir com confiança e direção. A PNL (programação neurolinguística) contém ensinamentos

baseados no poder da linguagem para reprogramar a mente e alcançar o sucesso.

5. **Influência e liderança.** A habilidade de liderar e inspirar uma equipe também está profundamente ligada à maneira como as palavras são usadas. Jeff Bezos, fundador da Amazon, por exemplo, é conhecido por sua comunicação direta e objetiva, criando uma cultura organizacional que reflete seus valores e metas. Ele usa palavras para comunicar sua visão com clareza e motivar suas equipes, influenciando o comportamento e criando um ambiente em que as pessoas trabalham para realizar objetivos grandiosos. Líderes eficazes sabem que a comunicação tem um impacto profundo nas pessoas, inspirando-as a alcançar mais e a criar soluções inovadoras.
6. **Marketing e vendas.** Nos negócios, a linguagem é usada para criar impacto emocional no consumidor, algo que pode gerar grandes resultados financeiros. Profissionais de marketing de grandes marcas sabem que, para transformar uma compra em um hábito, a escolha das palavras é fundamental. Usar termos como "exclusivo", "limitado" ou "imperdível" nas campanhas cria um senso de urgência e desejo, incentivando as pessoas a tomarem decisões de compra mais rapidamente. Além disso, a linguagem das vendas, quando feita com empatia e orientação, ajuda a construir relacionamentos duradouros com clientes, o que é fundamental para o sucesso de longo prazo e o crescimento das receitas.
7. **Processo de negociação.** Milionários entendem que negociar é uma arte, e a linguagem é o principal instrumento dessa arte. No processo de negociação, palavras cuidadosamente escolhidas podem determinar o sucesso de um

acordo. Donald Trump, por exemplo, usou a comunicação e as palavras como uma ferramenta estratégica tanto para fechar grandes negócios imobiliários quanto para se posicionar como uma figura de autoridade no mundo dos negócios. A negociação não é apenas sobre números e ofertas, abrange também a maneira como você comunica o valor de sua proposta e ganha a confiança do outro lado.

8. **Conquista de resultados.** No contexto do desenvolvimento pessoal, as palavras têm o poder de trazer resultados para um empreendedor. Ao declarar intenções claras e objetivos específicos, muitos milionários conseguem programar suas mentes para alcançar o sucesso. Esse conceito é enfatizado por Napoleon Hill em sua obra, na qual ele descreve como as palavras e os pensamentos positivos moldam as ações necessárias para alcançar grandes conquistas. Ao focar uma mentalidade de prosperidade e usar a linguagem para afirmar seus objetivos, indivíduos podem alinhar suas ações com suas aspirações financeiras.

Claro, precisamos ter em mente também que os milionários entendem a "linguagem do dinheiro". É isso que os torna milionários. Eles dominaram essa linguagem e a utilizam a seu favor. Sei que pode soar um tanto incomum ler isso, mas, acredite, o dinheiro realmente tem "uma língua própria".

Não é novidade que, no mundo em que vivemos, mesmo hoje com o capital se tornando completamente digital, o dinheiro desempenha papel central em nossas vidas. A ideia de viver sem ele é quase impensável. Desde nossa formação como indivíduos, o dinheiro nos acompanha de maneiras que podem ser construtivas e motivadoras ou, por outro lado, prejudiciais e desanimadoras.

Quando somos crianças, estamos muito mais expostos à influência do ambiente. Somos como uma folha em branco, absorvendo o que nos é dito e mostrado. E é justamente nessa fase, quando somos mais suscetíveis, que se forma nossa mentalidade financeira. Se, nesse período, o que escutamos sobre o dinheiro for predominantemente negativo, é muito provável que, na vida adulta, desenvolvamos uma relação de conflito com ele, acompanhada de problemas financeiros e estresse.

Você certamente tem mais de 7 anos, já superou a fase mais vulnerável da vida e precisa saber que nunca é tarde para mudar. Nunca é tarde para aprender, transformar comportamentos e redefinir a relação com o dinheiro. Se você reconhece que tudo isso é verdadeiro e percebe que lida com o dinheiro da mesma forma que seus pais, parabéns! A conscientização é o primeiro passo. E é a partir dela que podemos, de fato, promover mudanças significativas.

Caso sua relação com o dinheiro seja negativa, tenho certeza de que você deseja transformá-la – tanto para o seu bem quanto para o de sua família. Lembre-se: seus filhos herdarão a mesma mentalidade financeira que você. O mais poderoso de tudo isso é que você tem o poder de decidir como vai se comportar, reagir e pensar sobre o dinheiro. E, sim, isso é uma escolha. Muitos que ficaram milionários sabem disso.

Tenho certeza de que você tem algo pelo qual se interessa, e, quando começou a se interessar por aquilo, provavelmente não sabia muito sobre o assunto. No começo, foi até difícil. Mas o que acontece é que, quanto mais aprendemos, mais fácil se torna. A mesma coisa acontece com a linguagem do dinheiro. Por exemplo, se você decidisse aprender inglês, no início não entenderia nada, e o processo pareceria assustador. Mas, depois de aprender o básico, você saberia o suficiente para se virar em situações turísticas. Com o tempo, acrescentaria mais palavras, frases completas e, eventualmente, melhoraria sua gramática.

Se você realmente deseja viver a vida dos seus sonhos e alcançar a liberdade financeira, precisa aprender a falar a linguagem do dinheiro. Sem esse esforço, será muito difícil que isso aconteça.

Você conhece algum milionário que não entende nada sobre dinheiro? Vencedores do Big Brother, ganhadores da Mega-Sena e herdeiros são exceções – e, na maioria das vezes, pertencem àquele grupo que perde a riqueza com a mesma rapidez com que a conquistou. A verdade é que a grande parte dos que enriquecem de verdade, fazendo negócios e criando carreiras bem-sucedidas, enriquece porque entendeu como o dinheiro funciona. Mesmo que fiquem pobres, a chance de voltarem a enriquecer é enorme, porque o "dispositivo de riqueza" está instalado na cabeça.

Esse mesmo dispositivo pode ser instalado em você. Então, por que não começar a aprender essa língua agora? Por que não se comprometer a dar os primeiros passos para dominar a linguagem do dinheiro?

Mas como começar a aprender essa nova língua?

PILOTO Nº 1

Os quatro quadrantes

Aqui vai uma das lições mais importantes que você vai aprender neste livro, e quero que você preste MUITA atenção...

A vida acontece não apenas em um plano de existência. Ela acontece em quatro reinos diferentes: o mundo físico, o mental, o emocional e o espiritual. O que você precisa entender é que o mundo físico que você vê ao seu redor não é nada mais do que uma impressão dos outros três reinos. Sim, os outros três são mais poderosos do que você imagina.

Deixe-me lhe dar um exemplo simples: você está escrevendo uma carta no computador. Tendo já redigido, aponta o cursor para a tecla "imprimir", clica, e... lá vem a carta impressa. Agora, imagine que você olha para ela e percebe um erro de digitação. O que você faz? Apaga o erro, corrige e imprime novamente. Quando a nova cópia sai, adivinha? O erro está lá de novo.

Como isso é possível? Você acabou de corrigir o erro! Então, como ele apareceu de novo na impressão? Agora você fica confuso, procura em manuais, tenta de tudo, até consulta trezentas páginas sobre como corrigir erros de digitação com eficiência. Mas, na hora de imprimir... lá está ele de novo.

Não, você não entrou na quinta dimensão. O problema não está na impressora. O problema está no programa. Usando essa analogia, entendemos que muitos problemas que vemos no mundo físico não têm raízes nele, mas no mundo mental, emocional e espiritual. O mundo físico é apenas uma impressão do que está acontecendo nas camadas mais profundas.

Sendo direto: dinheiro é resultado. Assim como saúde é resultado. Doença é resultado. O seu peso é resultado. Tudo o que você vê no mundo físico é apenas um reflexo do que está acontecendo dentro de você. Vivemos em um mundo de causa e efeito. Você já ouviu alguém reclamar da falta de dinheiro, certo? E você já pensou, talvez, que a falta de dinheiro é um enorme problema?

Aqui vai a verdade que você precisa saber: a falta de dinheiro não é o problema. É um sintoma. Um sintoma do que está acontecendo embaixo da superfície, no seu mundo interior. A falta de dinheiro, a escassez, é apenas o efeito de algo mais profundo. Onde está a causa? A causa está no que se pensa, sente e acredita no interior. E se você não mudar esses aspectos internos, nada do que fizer no mundo físico vai mudar.

A única maneira de mudar o seu mundo exterior é modificar o seu mundo interior. Qualquer que seja o seu resultado – abundante ou escasso, bom ou ruim, positivo ou negativo –, é apenas um reflexo dos três reinos invisíveis. Se as coisas não vão bem na sua vida exterior, é porque elas não estão bem na sua vida interior. Não é algo complicado, concorda?

Essa foi a primeira grande lição sobre a "linguagem da riqueza" que aprendi com um homem que conseguiu superar uma penosa fase de altos e baixos em sua vida e se tornar milionário em apenas dois anos e meio.

Então, as perguntas que você deve se fazer agora são:

- Como meu espírito, minha mente e minhas emoções estão direcionando minhas atitudes?
- Qual é a linguagem que estou usando com meu mundo interior?
- Que tipo de pensamentos, sentimentos e crenças estou alimentando todos os dias?

- Se o meu mundo exterior é um reflexo do meu mundo interior, o que preciso mudar dentro de mim para transformar minha realidade?

As respostas podem ser reveladoras!

Para fixar: para mudar os resultados que você está vendo na sua vida, você deve primeiro modificar os pensamentos e as crenças que sustentam esses resultados. A chave para o sucesso está em entender que a linguagem que você usa, tanto para si mesmo quanto para os outros, tem um poder imenso de criar, transformar e influenciar.

Os que os homens bem-sucedidos nos negócios dizem quando se reúnem

Se você já se perguntou o que os ricos falam sobre negócios, a resposta não é tão simples quanto "eles falam sobre lucro e sucesso". As palavras dos milionários e bilionários revelam muito mais do que apenas estratégias de mercado. Eles falam de uma maneira única, com uma mentalidade e um vocabulário que refletem seus pensamentos e atitudes diante da vida e dos negócios.

Aqui estão algumas coisas que eles realmente dizem:

1. **"Investir em pessoas é o melhor negócio."** Enquanto muitos falam sobre investir em ações ou imóveis, muitos ricos sabem que o verdadeiro retorno vem de investir em relacionamentos. Eles investem em sua equipe, mentores e, principalmente, em sua própria educação e desenvolvimento pessoal.
2. **"Se você não está crescendo, está regredindo."** A mentalidade de crescimento é fundamental para os milionários. Eles não falam sobre apenas manter as coisas funcionando, mas sobre melhorar constantemente. Nos negócios ou na vida, eles sabem que é necessário se reinventar e evoluir constantemente para não ser deixado para trás.
3. **"Não se trata de quanto você ganha, mas de quanto você mantém."** Eles falam muito sobre preservar e multiplicar a riqueza, não apenas sobre ganhar dinheiro. O foco está na construção de patrimônio e na criação de fluxos de

caixa estáveis e sustentáveis. Eles sabem que, para alcançar a verdadeira independência financeira, é preciso muito mais do que um bom salário.

4. **"O fracasso é parte do processo."** Para os homens bem-sucedidos, falhar não é um tropeço, mas uma etapa inevitável do sucesso. Eles falam sobre como cada falha é uma lição valiosa, que os aproxima mais de seus objetivos. Eles não têm medo de arriscar, porque sabem que cada erro é uma oportunidade de aprendizado.
5. **"Tenha uma visão e seja obstinado."** Os ricos falam sobre ter uma visão clara do futuro e ser obstinado em perseguir seus sonhos. Eles falam de foco, determinação e disciplina e como a visão a longo prazo é o que os mantém no caminho, mesmo diante dos obstáculos.
6. **"Dinheiro é uma ferramenta, não um fim."** Para os ricos, o dinheiro não é o objetivo final, mas, sim, uma ferramenta para alcançar liberdade, impacto e propósito. Eles falam sobre como usar o dinheiro para melhorar suas próprias vidas e as das pessoas que amam. O objetivo nem sempre é apenas acumular riqueza, mas, sim, o que se pode fazer com ela.
7. **"Concorrer é bom, mas colaborar é melhor."** Embora reconheçam a importância da competição, os milionários sabem que a verdadeira força vem da colaboração. Eles falam sobre trabalhar com outros líderes, empresas e até mesmo concorrentes, porque sabem que, juntos, podem criar algo muito maior do que poderiam sozinhos.
8. **"Sempre encontre uma solução, não um problema."** A mentalidade de resolução de problemas é central. Em vez de se concentrar nas dificuldades, os ricos procuram

ativamente soluções. Eles falam sobre como transformar desafios em oportunidades e como a criatividade é a chave para navegar nos negócios e na vida.

Essas são apenas algumas das coisas que os ricos falam quando discutem negócios. A verdade é que, mais do que o conteúdo, é a forma como eles falam que revela o segredo de seu sucesso. Eles não falam com medo, escassez ou limitações. Eles falam com confiança, foco e visão de futuro.

E se você quiser alcançar o mesmo sucesso, precisa começar a falar como eles.

Sua linguagem define suas ações, e suas ações definem seus resultados.

ARQUIVO Nº 2

PENSAMENTOS SÃO COISAS: A MATÉRIA-PRIMA DO SUCESSO

“Poderosa e grande é a mente humana!
Pode construir e pode destruir.”

NAPOLEON HILL

"Pensamentos são coisas" formam as três primeiras palavras do livro sobre o sucesso mais lido em todo o mundo. Publicado no auge da Grande Depressão, quando os Estados Unidos enfrentavam uma das piores crises econômicas de sua história, *Quem Pensa Enriquece – Edição Oficial e Original de 1937* chegou ao mercado editorial destinado a transformar para sempre a vida de milhões de pessoas.

No mesmo ano de publicação desse fenômeno literário, um jovem na universidade buscava construir uma jornada igualmente impressionante. Seu nome? Isaac Asimov, um futuro bioquímico que décadas depois viria a se tornar um dos escritores mais bem-sucedidos de todos os tempos.

No auge de sua produtividade, Asimov escrevia religiosamente das seis da manhã ao meio-dia, todos os dias. Fez isso por quarenta anos e, nesse intervalo, construiu um legado literário impressionante, com mais de quatrocentos livros publicados. Sua produção era tão vasta e diversificada que atravessou gêneros – da ficção científica à história, da matemática à teologia. Para Asimov, escrever era não apenas um hábito ou uma profissão, era uma forma de existir.

Na época em que faleceu, em 1992, Asimov morava em um apartamento no Upper West Side de Manhattan, uma das áreas mais caras de Nova York. Em vida, ganhou o suficiente com sua escrita para viver confortavelmente e se concentrar no que amava – escrever mais livros. Estava longe de ser pobre. Seu patrimônio líquido era de cerca de **US$ 5 milhões**, obtidos principalmente com sua bem-sucedida carreira de escritor.

No entanto, não é exatamente da fortuna de Asimov que quero tratar aqui... A questão é que esse escritor não apenas imaginou o futuro, mas também parece que o projetou, moldou e, de certa forma, o antecipou. Em suas obras, Asimov descreveu inteligências artificiais sofisticadíssimas antes que os computadores pessoais existissem, previu avanços na robótica décadas antes de eles se tornarem realidade e concebeu conceitos como a "Enciclopédia Galáctica", que mais tarde inspiraria a criação da Wikipédia.

Seria Asimov algum tipo de vidente? Não, ele não teve visões nostradâmicas. Apenas entendeu que "pensamentos são coisas". Tinha um intelecto inquieto, uma mente curiosa e **a capacidade de transformar pensamentos abstratos em palavras** que, por sua vez, se transformariam em ações e descobertas reais. Suas ideias não ficaram só no papel; foram absorvidas por cientistas, engenheiros e inovadores que ajudaram a moldar o mundo moderno em termos de tecnologia.

Os pensamentos são o ponto de partida das coisas que criamos, o embrião de cada decisão, ação ou resultado. Não é por acaso que, ao longo dos séculos, inúmeros autores, filósofos e mestres espirituais enfatizaram a importância de cuidar da qualidade do pensar:

**"Tenha cuidado
com o que você pensa,
pois a sua vida é dirigida
pelos seus pensamentos."**

PROVÉRBIOS 4.23 (NTLH)

**"O pensamento precede
toda ação e a reflexão de toda tarefa.
A mente é a raiz de toda conduta,
e produz quatro ramos:
bem e mal, vida e morte."**

ECLESIÁSTICO 37. 16-17

"O homem é feito pelo seu pensamento; ele se torna aquilo que pensa."

MARCO AURÉLIO, FILÓSOFO ESTOICO

"Seus pensamentos são incrivelmente poderosos. Escolha o seu com sabedoria."

JOE DISPENZA, AUTOR E PESQUISADOR COM FORMAÇÃO EM BIOQUÍMICA E NEUROCIÊNCIA

"Mude seus pensamentos e você mudará seu mundo."

NORMAN VINCENT PEALE, PASTOR, ESCRITOR E TERAPEUTA

"Um fator importante para determinar como nossas vidas vão ser é a forma como escolhemos pensar."

JIM ROHN, EMPREENDEDOR, AUTOR E PALESTRANTE

"A mente é tudo. Você se torna aquilo que você pensa."

EARL NIGHTINGALE, RADIALISTA

Ideias são como sementes: as que plantamos em nossa mente determinam o que colhemos em nossas vidas. Antes de qualquer invenção, realização ou mudança significativa, houve primeiro **um pensamento que surgiu na mente de alguém.**

Pense em qualquer invenção antiga ou moderna: carroça, roda, arado, aqueduto, pólvora, relógio, imprensa, carro, telefone, computador, foguete, robô – todas elas começaram como um pensamento na mente de alguém, uma ideia que, ao longo do tempo, materializou-se.

Muitas das inovações que pareciam impossíveis no século 20 hoje fazem parte do nosso cotidiano:

- Os comunicadores de *Star Trek* anteciparam a criação dos smartphones, que revolucionaram a forma como nos conectamos.
- As chamadas de vídeo, tão futurísticas em *De Volta para o Futuro II*, agora são comuns em plataformas como Zoom e Google Meet.
- A inteligência artificial, antes um conceito assustador em filmes como *2001: Uma Odisseia no Espaço*, se tornou realidade com assistentes virtuais como Siri e Alexa.
- Enquanto isso, os robôs domésticos, como os aspiradores autônomos e androides avançados, nos aproximam cada vez mais da visão de *Os Jetsons*.
- Até mesmo o turismo espacial, um sonho distante em clássicos da ficção científica, está se tornando realidade com empresas como SpaceX e Blue Origin.

O que antes era apenas imaginação agora molda nosso presente – e continua a desenhar o futuro.

Outras grandes invenções que determinaram os avanços da civilização não surgiram por acaso. Todas foram frutos da imaginação disciplinada e da persistência de indivíduos que ousaram enxergar além do presente.

Thomas Edison não tropeçou na invenção da lâmpada. Sua mente concebeu uma ideia de como a luz elétrica poderia ser gerada. Ele persistiu em seus experimentos até transformar esse pensamento em realidade tangível.

Santos Dumont não voou por acaso. Passou anos estudando os princípios da aerodinâmica e dedicou incontáveis horas a experimentos até conseguir realizar seu primeiro voo.

Steve Jobs teve a visão de criar dispositivos que combinassem design elegante com tecnologia de ponta. Pensou em computadores e dispositivos móveis não apenas como ferramentas, mas como extensões intuitivas da criatividade humana. Sua capacidade de visualizar um mundo em que a tecnologia estivesse ao alcance de todos mudou para sempre o modo como interagimos com a tecnologia.

Essa mesma dinâmica vale para cada um de nós, em diferentes aspectos da vida! Cada ação que realizamos, cada decisão que tomamos, cada situação que enfrentamos – todas elas têm raízes em algum tipo de pensamento anterior. Como bem disse James Allen:

"Você está hoje onde seus pensamentos o trouxeram; você estará amanhã onde seus pensamentos o levarem."

Essa citação ilustra perfeitamente o poder que os pensamentos exercem sobre as nossas vidas. E se os pensamentos são a matéria-prima, a linguagem é o que pode moldar essa matéria. A linguagem é o veículo pelo qual transformamos abstrações mentais em coisas concretas.

Quer testar isso agora?

Feche os olhos por um segundo e deixe as ideias fluírem. Deixe-as tomar forma na sua mente. Agora, pegue um papel e escreva a ideia. Veja como, de certa forma, o seu pensamento foi trazido para a realidade. Ele deixou de ser apenas uma ideia, uma abstração, e passou a ser algo tangível. Você consegue segurá-la.

Agora, com os olhos abertos novamente, imagine que o que você pensou foi uma ideia de negócio. Com um simples ato de escrever, você acaba de transformar um sonho ou uma inspiração em um plano de ação real. A partir daí, seu cérebro começa a processar esse pensamento como algo real, algo que você pode trabalhar, expandir, executar. A linguagem, que começou com um simples gesto de escrever, já o colocou em movimento. Agora você não está mais pensando sobre a ideia, você está agindo a partir dela.

É assim que nossas palavras dão forma aos nossos pensamentos, organizam nossas ideias e definem nossas ações. É por meio da linguagem que nossas intenções se tornam claras e as ideias ganham vida.

Pense em como a linguagem influencia suas ações no dia a dia. Quando você diz algo em voz alta, especialmente para outras pessoas, está comprometendo-se de alguma forma com esse pensamento. Ao verbalizar intenções, não está somente expressando coisas – você está dando a essa ideia um novo nível de realidade, estabelecendo uma ligação entre o que pensou e o que pretende fazer.

Na prática, a palavra pode atuar como um catalisador para a ação. Imagine que você tenha o objetivo de melhorar a saúde. Pensar sobre a mudança é o primeiro passo, mas a verdadeira transformação começa quando você usa a linguagem para organizar seus pensamentos e se comprometer verbalmente. Ao dizer "Vou começar a me alimentar melhor e me inscrever na academia", você cria uma conexão entre o pensamento inicial e o compromisso com a ação.

Quando você fala, ou escreve, está não apenas se comunicando com o mundo exterior, mas também com seu próprio eu, reforçando suas intenções e construindo uma ponte entre sua mente e a realidade que deseja criar. Se frequentemente diz que é incapaz, que determinado resultado não é para você, que a felicidade é algo inalcançável, que odeia seu trabalho, está perpetuando uma realidade limitante.

No entanto, se suas palavras reforçam a possibilidade, a crença em seu próprio potencial, que você pode ficar bom em algo desde que treine, que pode ser feliz apesar das circunstâncias, que pode tirar proveito de um ambiente aparentemente tóxico, abre caminho para novas oportunidades.

Percebeu? A linguagem constrói pontes ou barreiras – dependendo de como a utilizamos.

A realidade é concreta, mas a forma como vemos essa realidade, em muitos aspectos, é uma construção mental. Não se trata apenas do que acontece ao nosso redor, mas de como percebemos e interpretamos o que acontece.

Dois indivíduos podem viver a mesma experiência objetiva, mas interpretá-la de maneiras totalmente diferentes, porque cada um vê o mundo real através do filtro de seus pensamentos e palavras. Alguém que enxerga a vida como cheia de oportunidades verá desafios como trampolins para o sucesso. Já outro, que vê o mundo como um lugar difícil e cruel, pode encarar os mesmos desafios como barreiras intransponíveis.

Estudos[15] em psicologia atestam que as pessoas que cultivam pensamentos e linguagens positivas experimentam maior sensação de controle sobre suas vidas e, como resultado, parecem criar circunstâncias mais favoráveis. Isso não é só uma questão de "pensar positivo", mas de direcionar intencionalmente a mente e a fala para atrair resultados que sejam condizentes com as intenções.

A exemplo das figuras centrais deste livro, indivíduos que constantemente falam sobre sucesso financeiro tendem a adotar atitudes e comportamentos que os aproximam de seus objetivos. Suas palavras, repetidas com convicção, reforçam crenças internas que moldam suas

15. Brito, J. (2017). O poder da palavra e suas implicações psicológicas. *Interação em Psicologia*, 21(2), 125-136.

decisões, alinhando suas ações com a visão de prosperidade que desejam alcançar.

Mesmo que essa busca pareça puramente materialista,[16] a repetição dessas afirmações cria um padrão mental que acaba por atrair oportunidades e pessoas sintonizadas com o mesmo objetivo. O autor e palestrante Bob Proctor escreveu uma declaração popular que vem sendo repetida por milhares de pessoas ao longo dos anos:

"O dinheiro vem até mim em quantidades cada vez maiores, de diversas fontes e contínuas bases, e comigo fica para construção da minha riqueza."

Esse texto acaba virando uma ferramenta de autossugestão que, quando usada com constância e intenção, reprograma a mente de quem a usa.

Da mesma forma, aqueles que verbalizam fracasso e limitação, ainda que inconscientemente, acabam criando situações que reforçam esses sentimentos. Quando uma pessoa constantemente repete frases como "nunca tenho sorte", "não sou bom o suficiente" ou "isso não é para mim", está enviando mensagens ao seu subconsciente, limitando suas ações e, consequentemente, seus resultados. Esse tipo de pensamento cria um círculo vicioso em que as palavras negativas alimentam a crença na própria incapacidade, e essa crença se reflete em comportamentos autossabotadores.

Compreendeu? É sempre o pensamento precedendo a crença e a crença precedendo a ação.

Imagine alguém que frequentemente diz "eu nunca consigo economizar dinheiro". Esse pensamento repetido pode influenciar a forma

---

16. Leia no APÊNDICE 2: "Para homens maduros".

como a pessoa lida com as finanças, levando-a a gastar impulsivamente ou a evitar oportunidades de poupança. As palavras moldam sua percepção de si mesma como uma pessoa incapaz de gerir dinheiro, e essa percepção cria situações que perpetuam o problema.

Por isso, é essencial estar atento às palavras que escolhemos para descrever nossas visões, percepções e emoções, pois, assim como as palavras positivas podem impulsionar, as negativas podem nos prender em ciclos de limitação e fracasso. O uso intencional das palavras é poderoso porque, além de comunicar pensamentos, cria a estrutura mental que influencia diretamente como agimos no mundo.

Pensamento, linguagem e realidade formam um ciclo contínuo de criação. Nossos pensamentos geram palavras, nossas palavras moldam ações, e nossas ações, por sua vez, retroalimentam nossos pensamentos, criando resultados específicos.

Quando tomamos consciência desse ciclo e aprendemos a direcioná-lo, podemos realmente transformar a nossa vida.

A linguagem e o seu impacto no cérebro

Em 1988, a banda Engenheiros do Hawaii lançou o álbum *Ouça o que eu digo, não ouça ninguém*, consolidando um estilo marcado por letras introspectivas e críticas sociais. Esse álbum trouxe à tona temas como alienação, questionamento da autoridade e uma crítica ao conformismo, elementos presentes em várias faixas.

Uma das canções mais emblemáticas desse trabalho é "Somos quem podemos ser", que se tornou um clássico do rock brasileiro. A música aborda questões sobre identidade, escolhas e o potencial humano, sugerindo que somos moldados tanto por nossas limitações quanto por nossos sonhos. A mensagem filosófica da canção ressoa até hoje, sendo um reflexo do espírito questionador que permeava a produção artística da banda naquela época. Seu refrão diz:

**"Somos quem podemos ser,
sonhos que podemos ter."**

O verso destaca uma visão otimista e libertadora da vida, sugerindo que nosso potencial está diretamente ligado aos sonhos que cultivamos. Transmite uma mensagem de encorajamento, sugerindo que o simples ato de sonhar pode expandir as possibilidades e ajudar a moldar uma vida mais alinhada com desejos e capacidades.

Treze anos depois de os Engenheiros do Hawaii emplacarem essa canção, outro grupo de rock, os Titãs, lançavam *A melhor banda de todos os tempos da última semana*. A faixa 11 do álbum me chama bastante a atenção. Confira o trecho inicial:

**"Eu vivo mudando de opinião
Teias de aranha habitam meu coração,
Pessoas tão honestas vagando pelas ruas
Me fazem lembrar que eu não passo de um canalha."**

A partir daí, o título da música, "Eu não presto", é repetido inúmeras vezes. Contrastando com a visão da lírica "Somos quem podemos ser", a balada "Eu não presto" mergulha em uma autocrítica sombria e repetitiva, refletindo sentimentos de inadequação e autojulgamento.

Sem querer bancar o careta – até porque gosto de ambas as bandas e compreendo a intenção poética das duas canções –, é interessante observar como essas músicas representam lados opostos do espectro emocional que todos nós experimentamos. Uma oferece uma visão otimista sobre nosso potencial humano, enquanto a outra mergulha em um senso de inadequação e autodepreciação.[17]

Essas duas composições nos ajudam a entender **o poder que a linguagem tem de moldar nosso estado mental**. Dependendo da mensagem que deixamos imprimir em nosso interior, podemos ser impulsionados a acreditar que podemos superar nossas limitações por meio dos sonhos e da ação. Já a repetição constante de frases negativas pode nos fazer acreditar que somos incapazes, criando barreiras internas que dificultam o progresso.

A partir do desenvolvimento teórico que aconteceu ao longo do século 20, sabemos hoje que as palavras são atos de comunicação e que cada pessoa se torna, essencialmente, uma manifestação contínua do seu próprio discurso. **Muitas de nossas experiências têm origem nas palavras, que, por sua vez, são a materialização das ideias.** E essas ideias moldam a cultura. A nossa relação conosco, com os outros e com o mundo é mediada por essa cultura, por essas ideias e por essas palavras. Por isso, a palavra está no âmago do ser humano e exerce uma influência profunda na vida.

Contrariando o ditado "Palavras são levadas pelo vento", as únicas palavras que o vento realmente leva são aquelas que não estão conectadas ao nosso universo pessoal. No entanto, aquelas que dizem respeito a nós ou ao nosso imaginário permanecem nos influenciando profundamente. Elas não desaparecem; ficam ali, moldando nossa consciência, nossas emoções e nossos sentimentos. Podemos afirmar categoricamente que o modo como as palavras são proferidas é tão importante quanto os próprios fatos.

17. A música pode ter um impacto profundo no cérebro e no subconsciente, influenciando o comportamento, as emoções e a saúde mental e física.

Aliás, essa também é uma questão bioquímica. Descobertas neurocientíficas[18] atestam que **nossos pensamentos afetam diretamente a química do cérebro**. Quando pensamos de forma positiva, nosso cérebro libera neurotransmissores como dopamina e serotonina, que nos fazem sentir bem, elevando nosso estado de espírito e aumentando nossa motivação.

Por outro lado, pensamentos negativos e repetitivos, como os que alimentam preocupações, medos ou raiva, podem inundar nosso sistema com hormônios do estresse, como o cortisol, que podem nos deixar ansiosos, deprimidos ou doentes. Isso significa que o tipo de pensamento que alimentamos pode, literalmente, alterar nossa biologia, influenciar nossos genes e impactar nosso bem-estar físico e emocional.

Um dos estudos mais detalhados sobre esse tema foi conduzido pelos psiquiatras Mark Waldman e Andrew Newberg, autores do livro *Words Can Change Your Brain* (Palavras podem modificar o seu cérebro). A obra destaca como o cérebro reage diferentemente a palavras positivas e negativas.

Por exemplo, quando uma frase começa com "não", o cérebro imediatamente aumenta a produção de cortisol, o hormônio do estresse. Por outro lado, uma frase que começa com "sim" estimula a liberação de dopamina, o hormônio associado ao bem-estar. Essas descobertas demonstram o poder das palavras de influenciar diretamente o nosso estado não apenas emocional, mas também físico.

Além disso, um experimento realizado na Friedrich Schiller University revelou que expressões afetuosas e positivas ativam o córtex pré-frontal dorsomedial do cérebro, uma área ligada à autoimagem

18. "Felicidade e bem-estar: o que a neurociência tem a ver com isso", *Instituto Israelita de Ensino e Pesquisa Albert Einstein*, 11 jun. 2019. Disponível em: https://fiquepordentro.ensinoeinstein.com/felicidade-e-bem-estar-o-que-a-neurociencia-tem-a-ver-com-isso. Acesso em: 6 maio 2025.

e à tomada de decisões emocionais. Ou seja, palavras gentis e amorosas não só melhoram a nossa percepção de nós mesmos como também facilitam as decisões que tomamos com base em nossas emoções.

Chamamos de "palavras negativas" aquelas que transmitem uma mensagem violenta, agressiva ou destrutiva. Essas palavras têm um impacto mais forte e duradouro nas pessoas do que as palavras positivas. Ler várias palavras negativas, como "morte", "doença", "tristeza" e "dor", por apenas alguns segundos, já é suficiente para aumentar os níveis de ansiedade (um bom motivo para evitar as notícias!). E, acredite, uma única palavra negativa tem um peso muito maior do que uma positiva. Para neutralizar os efeitos de uma palavra destrutiva, são necessárias pelo menos cinco expressões positivas. Isso significa que um simples pedido de desculpas nem sempre é suficiente para reverter o dano causado por palavras negativas.

Em média, uma pessoa pronuncia cerca de setenta mil palavras por dia. Como falar é algo tão rotineiro, muitas vezes não damos a devida importância ao impacto que nossas palavras podem ter ("O que contamina o homem não é o que entra na boca, mas o que sai da boca", Mateus 15, 11a-b). No entanto, as palavras são a essência de quem somos e a base de todas as nossas interações, tanto conosco quanto com os outros. Um uso adequado da linguagem pode melhorar significativamente nossa qualidade de vida ou, em contrapartida, agravá-la.

Por isso, é importante ter cuidado com o que pensamos e o que dizemos, especialmente em momentos de tensão ou conflito. Esse cuidado se aplica não apenas às palavras que dirigimos aos outros, mas também à forma como falamos conosco. Às vezes, um momento de silêncio é tudo o que precisamos para escolher as palavras mais adequadas e verdadeiramente expressar o que pensamos ou sentimos.

PILOTO Nº 2

Substituindo palavras que limitam por palavras que libertam

Para começar a transformar seu pensamento, é fundamental reconhecer as palavras e frases que você utiliza regularmente e que podem limitá-lo. Muitas vezes, essas expressões surgem como respostas automáticas, refletindo crenças enraizadas no subconsciente. O problema é que, quanto mais repetimos essas palavras, mais elas se tornam verdades absolutas na nossa vida, afetando nossas decisões e comportamentos.

Aqui estão algumas das palavras e frases limitantes mais comuns que costumamos dizer, muitas vezes sem perceber:

- **"Eu não posso"**
  Exemplos: "Eu não posso fazer isso", "Eu não consigo aprender isso", "Eu não posso mudar".
  Por que limita: quando você diz "eu não posso", quando na verdade você pode, está impondo um limite rígido ao que acredita ser capaz de realizar. Mesmo que essa frase seja usada em relação a algo que você nunca tentou, a simples declaração já cria uma barreira mental que bloqueia qualquer tentativa de superação.

- **"Eu não sou bom o suficiente"**
  Exemplos: "Eu não sou bom o suficiente para esse trabalho", "Eu não sou bom em falar em público", "Eu não sou inteligente o suficiente".

Por que limita: essa afirmação é uma sentença direta contra a sua autoestima e confiança. Ela perpetua a ideia de inadequação e impede que você tente coisas novas ou desafiadoras.

- **"Isso é impossível"**

Exemplos: "É impossível eu conseguir essa promoção", "É impossível mudar minha situação financeira", "É impossível ser feliz nesse trabalho".

Por que limita: quando você declara algo possível como impossível, está fechando a porta para qualquer solução ou oportunidade. Essa frase impede o cérebro de buscar alternativas, reforçando uma mentalidade de escassez.

- **"Eu sempre falho"**

Exemplos: "Eu sempre erro nisso", "Eu sempre me dou mal", "Eu nunca consigo fazer nada certo".

Por que limita: afirmações que utilizam palavras absolutas, como "sempre" e "nunca", criam uma narrativa fixa e derrotista sobre suas capacidades. Elas ignoram qualquer progresso ou sucesso que você já tenha tido e solidificam uma percepção de fracasso constante.

- **"Eu tenho medo"**

Exemplos: "Tenho medo de falhar", "Tenho medo do que os outros vão pensar", "Tenho medo de tentar".

Por que limita: embora o medo seja uma emoção natural, deixá-lo dominar suas palavras e pensamentos pode paralisá-lo e impedir o progresso. O medo verbalizado constantemente torna-se uma barreira que impede a ação.

Agora que você identificou algumas frases limitantes mais comuns, é hora de aprender como substituí-las por expressões que possam abrir portas e promover crescimento. A transformação do padrão de pensamento é um processo intencional e contínuo e pode ser extremamente poderosa quando aplicada com regularidade. Aqui estão algumas técnicas eficazes para substituir pensamentos negativos por positivos e produtivos:

Reformule o pensamento com afirmações positivas

A técnica de reformulação consiste em tomar uma afirmação negativa e transformá-la em algo positivo e construtivo. Ao fazer isso, você não está ignorando a dificuldade ou o desafio, mas reestruturando a maneira como enxerga e lida com a situação.

- Exemplo de frase negativa: "Eu não consigo fazer isso".
- Reformulação positiva: "Eu ainda estou aprendendo, mas cada dia fico melhor".

Esse tipo de reformulação permite que o cérebro aceite que, embora haja desafios, há também espaço para crescimento e aprendizado. A palavra "ainda" é particularmente útil, pois ela reconhece que você está em um processo, e não em um estado final de fracasso.

Substitua termos absolutos por flexíveis

Palavras como "sempre", "nunca", "todos" e "ninguém" são absolutas e deixam pouco espaço para nuance ou flexibilidade. Uma maneira de suavizar a força dessas palavras limitantes é substituí-las por expressões mais abertas.

- Exemplo de frase negativa: "Eu sempre falho nisso".
- Substituição produtiva: "Às vezes enfrento dificuldades, mas estou melhorando com a prática".

Essa mudança cria uma percepção mais equilibrada e realista da situação, abrindo espaço para progresso e evitando que uma falha seja vista como definitiva.

Use o poder da possibilidade

Outra técnica eficaz é substituir expressões limitantes por aquelas que enfatizam possibilidade e potencial. Isso muda seu foco de um estado de escassez para um estado de abundância e abertura para novas oportunidades.

- Exemplo de frase negativa: "Isso é impossível".
- Substituição produtiva: "Ainda não sei como vou resolver isso, mas sei que uma solução é possível".

Essa substituição não só elimina a rigidez da palavra "impossível" como também permite que o cérebro comece a buscar ativamente soluções e caminhos, criando uma mentalidade de resolução de problemas.

Transforme o medo em ação

Quando você se pega repetindo frases que começam com "Eu tenho medo", experimente substituir esse sentimento de medo por uma declaração de ação. Isso tira o foco do medo e o direciona para o que pode ser feito para superá-lo.

- Exemplo de frase negativa: "Tenho medo de falhar".
- Substituição produtiva: "Posso sentir medo, mas estou disposto a tentar e aprender no processo".

Essa técnica reconhece o medo, mas também coloca a ênfase na sua disposição para agir, permitindo que continue avançando mesmo diante da insegurança.

Adoção de afirmações proativas

Uma prática poderosa para substituir pensamentos negativos é a introdução de afirmações positivas e proativas em sua rotina diária. Afirmações como "Eu sou capaz", "Eu tenho valor" e "Eu mereço o sucesso" podem ser repetidas regularmente para reforçar uma mentalidade de crescimento.

- Exemplo de prática: comece o dia dizendo a si mesmo: "Hoje estou aberto a novas oportunidades e confio em minha capacidade de superar desafios".

Afirmações como essas, quando repetidas consistentemente, ajudam a condicionar seu subconsciente a adotar uma postura mais otimista e resiliente, criando uma base sólida para o sucesso e a felicidade.

Mude o foco do problema para a solução

Uma mudança significativa que pode transformar seu diálogo interno é treinar sua mente para se concentrar nas soluções, em vez de nos problemas. Isso significa reformular questões negativas em desafios que possam ser superados com ação.

- <u>Exemplo de frase negativa:</u> "Eu não sei o que fazer".
- <u>Substituição produtiva:</u> "O que posso aprender ou quem pode me ajudar com isso?".

Essa abordagem ativa o pensamento criativo e coloca-o em uma posição de poder, focando ações possíveis e soluções, em vez de apenas o problema.

Esse tipo de reprogramação pode realizar verdadeiros milagres na vida diária, transformando não apenas a maneira como nos vemos, mas também como enfrentamos os desafios. Quando substituímos pensamentos limitantes por afirmações categóricas, criamos um ciclo de autoconfiança que impacta diretamente nossas escolhas e nossos comportamentos.

Pequenas mudanças na forma como nos comunicamos – seja no diálogo interno, seja nas interações com os outros – podem abrir portas que antes pareciam inacessíveis, mudar nossa percepção das dificuldades e nos ajudar a enxergar soluções onde antes só havia problemas.

Aos poucos, essa transformação se reflete em cada aspecto da vida, desde o crescimento espiritual e pessoal até as conquistas profissionais e financeiras, provando que as palavras, quando bem direcionadas, são capazes de moldar realidades e nos enriquecer.

Para fixar: pessoas de sucesso sabem que "pensamentos são coisas". Ao substituir frases limitantes por afirmações de crescimento e ação, você não apenas transforma sua mentalidade, mas também se abre às oportunidades. Lembre-se: as palavras são os tijolos que constroem a riqueza.

INSIGHTS

Três expressões que os milionários repetem com frequência

Uma característica que me chama a atenção nas pessoas bem-sucedidas é a habilidade de respeitarem suas prioridades sem necessariamente parecerem arrogantes, e ainda assim estarem sempre prontas para apostar em boas ideias (meu amigo Marcos, citado na introdução, por exemplo, tem essa postura). Essa atitude se reflete de maneira clara na forma como lidam com ideias e pessoas no dia a dia.

Neste bloco, compartilho algumas frases que são comuns entre aqueles que realmente alcançaram o sucesso, sintetizando como eles agem e pensam.

1. **"Não."** Saber dizer "não" é tão importante quanto abraçar uma boa oportunidade. Embora pareça óbvio, a maioria das pessoas tem dificuldade de recusar algo. Vivemos cercados de pedidos, favores e compromissos que acabam nos desviando de nossa verdadeira agenda.

Como seres emocionais, tendemos a evitar o "não", para não criar atritos. O resultado? Concordamos com compromissos que nos prejudicam e assumimos responsabilidades que não se alinham com nossos objetivos.

Já os milionários parecem ter uma clareza impressionante sobre o que é prioritário e não hesitam em dizer "não" ao que não agrega valor. Para eles, "não" é tão simples quanto "oi" ou "tchau". Não se trata de arrogância, mas de uma necessidade de preservar foco e energia.

A chave é definir o que realmente importa, manter-se centrado e falar "não" mais vezes para tudo que tira seu tempo e sua concentração. Isso é algo que você também pode aplicar na sua vida, com a certeza de que vai fazer toda a diferença.

2. **"Por que não?"** Quem já viu uma boa oportunidade não quer deixá-la escapar. Os bem-sucedidos estão constantemente em busca de novas possibilidades e estão dispostos a correr riscos para explorar o que pode trazer resultados positivos.

Eles não se limitam a rejeitar algo sem antes considerar as vantagens que isso possa oferecer. Em vez de simplesmente dizer "não" como proteção, eles se perguntam: "Por que não?". E, assim, começam a explorar, aprender e se envolver.

O que podemos aprender com isso? A arriscar mais. Abraçar novas ideias e se engajar com mais paixão nas nossas atividades diárias. Se você tem encontrado só obstáculos em seus projetos, talvez seja hora de mudar a abordagem e dar uma chance ao novo.

3. **"Obrigado."** Todo projeto e toda relação são valiosas oportunidades de aprender, crescer e expandir nossa rede de contatos. Grandes parcerias e amizades surgem de interações genuínas, baseadas em respeito e gratidão.

Infelizmente, a imagem que a mídia cria das pessoas mais bem-sucedidas nem sempre é a mais precisa. Os ricos de verdade não são arrogantes ou distantes; eles reconhecem a importância de agradecer por aquilo que têm e pelo apoio que recebem.

A gratidão é um gesto poderoso, que nos conecta aos outros e nos motiva a continuar trabalhando em nossos objetivos. E, como um reflexo, quanto mais agradecemos, mais energia positiva recebemos. As pessoas prósperas sabem disso e aplicam todos os dias. Elas agradecem pela oportunidade de fazer o que amam e por equilibrar os diferentes aspectos de suas vidas. Elas dizem "obrigado" porque sabem que isso cria um ciclo de energia positiva.

Portanto, experimente agradecer mais. Agradeça pelas pequenas vitórias, pelos desafios, pelas pessoas que fazem parte da sua jornada. Essa prática transforma não só o seu dia, mas também sua maneira de viver.

ARQUIVO Nº 3

DIÁLOGO INTERIOR: O QUE VOCÊ DIZ A SI MESMO IMPORTA

"Se você não contar a verdade
sobre si mesmo, não pode contar
a verdade sobre as outras pessoas."

VIRGINIA WOOLF

Em uma reunião de planejamento, ouvi meu amigo Tiago Flores dizer: "Paulo, milionários são frequentemente tachados como pessoas egocêntricas, mas poucos percebem o quanto eles precisam abrir mão do ego para chegarem aonde chegam". Então, ele citou o exemplo de Jeff Bezos, que enfrentou anos de dificuldades financeiras e dúvidas de investidores enquanto insistia em reinvestir os lucros da Amazon em sua expansão. Bezos precisou reconsiderar suas certezas diversas vezes até fazer da Amazon a maior loja virtual do mundo.

Essa é uma boa forma de começar a falar sobre diálogo interno...

"Talvez eu devesse desistir e me deixar levar pelo cansaço. Mas um homem não foi feito para a derrota. Um homem pode ser destruído, mas não derrotado. Lutarei até o fim, com tudo o que tenho. Esse peixe... ele é meu irmão, e ainda assim, preciso matá-lo. É o que fui feito para fazer. É isso que o mar exige de mim. Não há escolha. Apenas seguir, apenas lutar."

O trecho acima é um recorte feito com diálogos internos retirados de *O Velho e o Mar,* de Ernest Hemingway. Nele, o protagonista, um velho pescador solitário, trava uma luta intensa não apenas contra o peixe gigante que tenta capturar, mas também contra seus próprios limites físicos e psicológicos. Sua mente oscila entre a exaustão e a determinação, entre a dúvida e a fé em si mesmo.

Todos nós somos como o velho pescador. Enfrentamos problemas que parecem maiores do que nós mesmos. Lidamos com forças invisíveis que testam nossa resistência, nossa coragem, nossa essência. Às vezes, o peixe é um sonho impossível; outras vezes, a relação com alguma pessoa; em outras, é a batalha solitária contra nossos medos e inseguranças. E, nessas situações, o que dizemos a nós mesmos importa muito.

Pense nos últimos desafios que você enfrentou.

Uma prova difícil?

Uma apresentação importante?

Uma conversa decisiva?

Um desespero financeiro?

Qual foi a primeira coisa que passou pela sua cabeça?

Talvez você tenha dito para si coisas como "Isso não vai dar certo", "Eu não sou bom o suficiente" ou "Não importa o que eu faça... vai dar errado". Se foi algo parecido com isso, é preciso refletir.

A maioria das pessoas cultiva um diálogo interno autodestrutivo que, sem alarde, mina suas chances de sucesso. Como um pequeno rombo no casco de um barco, esse discurso silencioso vai drenando a autoconfiança, minando sonhos e ambições, até que, sem perceber, a pessoa se vê submersa, incapaz de avançar.

Na literatura, "diálogo interno" é uma ferramenta utilizada por autores para dar vida às profundezas da mente de seus personagens. Através dele, conseguimos entrar na psique das figuras ficcionais, descobrindo seus **medos, dúvidas e desejos mais íntimos**. Esse recurso vai além do que é dito ou feito externamente; ele nos revela a verdade oculta, aquilo que muitas vezes fica preso na mente, sem nunca chegar à superfície das palavras proferidas.

Grandes obras literárias fazem uso do diálogo interno para nos conectar emocionalmente aos personagens. É através desse recurso que personagens como Hamlet, em sua famosa reflexão "Ser ou não ser, eis a questão", expõe suas crises existenciais. Ao explorar os conflitos internos do príncipe dinamarquês, Shakespeare nos faz sentir a angústia e a dúvida, nos permitindo testemunhar o turbilhão de pensamentos que consome Hamlet.

James Joyce, em *Ulisses*, eleva o diálogo interno ao extremo, ao utilizar o fluxo de consciência, uma técnica literária que imita o pensamento humano em sua forma mais crua e não linear. Aqui vemos o diálogo interno como um reflexo direto da mente: caótico, rápido e, muitas vezes, incompreensível à primeira vista. O personagem de Joyce não pensa de maneira estruturada, mas sua mente salta de um pensamento a outro, revelando sua essência com precisão e autenticidade.

Marcel Proust, em *Em busca do tempo perdido*, explora como a memória e as reflexões internas moldam nossa percepção da vida e do tempo. Seu personagem principal frequentemente se perde em longas divagações internas, lembranças evocadas por pequenos estímulos sensoriais, como o gosto das famosas *madeleines*,[19] que o leva de volta à infância. Esse mergulho no diálogo interno revela camadas profundas da personalidade do personagem e da fragilidade humana diante da passagem do tempo.

Outro exemplo brilhante pode ser encontrado na obra de Machado de Assis, especialmente em *Dom Casmurro*. O grande autor brasileiro utiliza a técnica de maneira magistral para nos aproximar do narrador Bentinho, que constantemente reflete sobre suas angústias, ciúmes e incertezas. Por meio dessas introspecções, Machado constrói um retrato psicológico complexo e ambíguo, deixando o leitor imerso na dúvida sobre a fidelidade de Capitu, a esposa do protagonista. O diálogo interno de Bentinho revela não apenas suas percepções e emoções, mas também a maneira distorcida como ele reconstrói a própria história, elevando a narrativa a um jogo sutil entre realidade e imaginação.

Em outras narrativas, o diálogo interno é igualmente importante. Autores como Virginia Woolf, em *Mrs. Dalloway*, e Fiódor Dostoiévski, em *Crime e Castigo*, nos permitem entender o interior dos seus persona-

19. "Ela mandou buscar um desses bolinhos pequenos e cheios chamados madeleines e que parecem moldados na vala estriada de uma concha de São Tiago", PROUST, Marcel. Em busca do tempo perdido. Volume 1. *No Caminho de Swann*. São Paulo: Globo, 2006. p. 71.

gens, revelando o conflito ético, moral e existencial que travam consigo mesmos. Dostoiévski, especialmente, faz um uso magistral do diálogo interno para nos levar ao centro do turbilhão emocional de Raskólnikov, personagem que vive preso entre a culpa e o desejo de justificar seus atos.

Assim como os grandes personagens, nós **também experimentamos nosso próprio diálogo interno**. E esses monólogos silenciosos que cultivamos têm um impacto direto sobre a forma como vemos o mundo e como nos comportamos. Autores usam o diálogo interno para dar vida à complexidade dos seres humanos, e nós, no mundo real, vivemos esse processo em tempo real, de forma tão intensa quanto os protagonistas dessas histórias.

Se na literatura o diálogo interno revela as tensões mais íntimas dos personagens, em nossa vida ele molda quem acreditamos ser. Portanto, assim como um autor tem o poder de manipular os pensamentos e crenças de seus personagens, nós temos a capacidade de **reescrever nosso próprio diálogo interno**, transformando-o em uma ferramenta para o desenvolvimento pessoal.

Se pudéssemos ouvir com clareza todos os pensamentos que cruzam nossa mente ao longo do dia, descobriríamos que somos nossos maiores interlocutores. **A conversa mais importante que temos não é com o mundo exterior, mas com nós mesmos.**

Cada pensamento, cada palavra sussurrada em nossa mente, forma uma imagem de quem acreditamos ser – é como se estivéssemos diante de um espelho, mas, em vez de ele refletir nossa aparência física, reflete o que acreditamos sobre nós, sobre o que somos capazes de fazer e sobre o que podemos conquistar. A palavra que você diz a si mesmo, consciente ou inconscientemente, tem o **poder de construir ou destruir.** E, como a água que lentamente esculpe a pedra, essas expressões, repetidas dia após dia, criam padrões que moldam seu comportamento, seus hábitos e os seus resultados.

Nicolas é um jovem que, desde cedo, ouviu de outras pessoas e, mais tarde, de si próprio que não era inteligente o suficiente para ter uma boa formação e melhorar de vida. Ao longo dos anos, esse pensamento, repetido incansavelmente em sua mente, tornou-se uma crença, uma verdade incontestável. O resultado? Ele passou a evitar desafios e a se contentar com menos, acreditando que esse era o seu lugar. A palavra, uma vez semeada, enraizou-se profundamente, limitando suas ações. Apesar de ter muito potencial, limitou-se a saltar de trabalho em trabalho, chegando a submeter-se a inúmeros subempregos. Hoje, com 40 anos, Nicolas vive como um alienado, afastado de grandes aspirações e completamente preso às circunstâncias.

Por outro lado, Igor, desde cedo, aprendeu a dizer a si mesmo: "Eu sou capaz de fazer mais". Mesmo diante de desafios e falhas, manteve esse discurso interno positivo. O que aconteceu com ele? Mesmo que os obstáculos fossem semelhantes aos de Nicolas, suas ações e escolhas foram diferentes. Porque, para Igor, a palavra dita internamente era de força, de confiança, de possibilidade. Igor criou um negócio de entregas que anos depois se transformaria em uma grande transportadora. Em 2022, a transportadora alcançou um marco de 100 mil entregas realizadas por ano, com satisfação de 98% dos clientes e *valuation* de R$ 150 milhões. No seu aniversário de 39 anos, Igor inaugurou uma fundação que apoia a educação de jovens de comunidades carentes, investindo na formação de futuros líderes.

Nicolas e Igor trilharam caminhos diferentes não apenas porque suas circunstâncias eram opostas, mas porque a história que contavam a si mesmos era distinta. Um alimentava sua mente com pensamentos limitantes; o outro, por sua vez, escolhia reforçar-se com crenças de potencial e superação.

O diálogo interno é muitas vezes sutil… é como uma narrativa contínua que conta a história de quem acreditamos ser. Ele pode ser o espelho que reflete um herói, capaz de enfrentar as adversidades que a vida traz, ou pode ser o espelho distorcido que devolve uma imagem frágil, cheia de limitações autoimpostas.

Logicamente, apenas acreditar não garante o sucesso. Nem mesmo o esforço e a ação aplicada de forma contínua são suficientes por si sós. Mas quem tem mais potencial de realização: aquele que não acredita que pode ou aquele que acredita que é capaz?

A crença positiva abre portas e cria possibilidades, enquanto a crença negativa limita as ações e os resultados. E tanto um tipo quanto outro podem se formar a partir de palavras repetidas. Como afirmei anteriormente, cada vez que você diz algo negativo a si mesmo, está reforçando uma história interna que inevitavelmente moldará suas ações. Com o tempo, essa narrativa se torna tão enraizada que você nem sequer percebe que está se sabotando. É como se, dia após dia, estivéssemos erguendo um muro ao nosso redor, tijolo por tijolo, sem perceber que, ao final, seremos os próprios prisioneiros dessa construção.

Quando você adota uma linguagem positiva, está criando uma fundação sólida para que suas ações sejam alinhadas com a confiança, a coragem e a determinação. A palavra repetida com intenção, dia após dia, transforma-se em uma crença tão profunda que altera sua percepção da realidade.

Aliás, pesquisas sugerem que, para que o diálogo interno positivo seja eficaz, ele precisa ir além de simples frases genéricas na primeira pessoa. Estudos conduzidos pela Universidade de Michigan,[20] por exemplo, mostram que o uso de autossugestões na segunda pessoa é mais poderoso. Segundo o Dr. Ethan Kross, tratar a si mesmo como se estivesse falando com outro – usando frases como "Você pode fazer

---

20. COMO nos dar conselhos tão bons quanto damos aos outros. *Michigan News*, 10 jun. 2014. Disponível em: https://news.umich.edu/pt-br/como-nos-dar-conselhos-tao-bons-quanto-damos-aos-outros/. Acesso em: 6 maio 2025.

isso" em vez de "Eu posso fazer isso" – pode criar um distanciamento emocional e, assim, promover uma resposta mais racional e eficaz diante de situações desafiadoras. Isso faz ponte com o que Napoleon Hill falava sobre o "outro eu". Você pode se colocar como um observador de si mesmo, distanciando-se e tratando a si como um amigo trataria.

Acredite: pode ser profundamente terapêutico!

Em todo caso, é preciso lembrar: o primeiro passo para transformar seu diálogo interno é identificá-lo. Pare por um momento e observe o que você costuma dizer a si mesmo quando enfrenta um desafio.

Sua resposta interna é de encorajamento ou de desânimo?

Você se apoia ou se sabota?

Você reconhece que tem Deus dentro de si ou vive se autodepreciando?

Quando você comete um erro, qual é a primeira coisa que pensa ou diz a si mesmo?

Quando surge uma oportunidade, você acredita que é capaz de aproveitá-la ou logo imagina as barreiras?

Como você se descreve internamente ao lidar com suas habilidades e talentos?

Ao começar a avaliar seu diálogo interno, você perceberá padrões que talvez nem soubesse que existiam. E essa consciência ditará o passo para a mudança.

A palavra que você pronuncia dentro de si é o espelho que reflete sua identidade e potencial. Cada frase que repete, cada pensamento que acolhe, constrói a imagem que você vê no espelho da sua mente. Ao escolher suas palavras com sabedoria, você estará escolhendo o que refletirá de volta para si: alguém limitado por suas próprias crenças ou alguém capaz de realizar ações relevantes e admiráveis no seu contexto existencial.

Como uma pessoa que deseja ser milionária faria isso?

PILOTO Nº 3

Modelos de Reconfiguração

Os exercícios deste piloto têm como objetivo transformar o diálogo interno em uma ferramenta de crescimento. A ideia é usar a segunda pessoa do singular ("tu" ou "você") para criar um distanciamento emocional e uma abordagem mais racional, ajudando-o a enfrentar desafios com mais eficácia.

1. **Modelo 1:** Reforço positivo: "A partir de hoje, você deve fixar em sua mente que ___________".

(Exemplo: "A partir de hoje, você deve fixar em sua mente que é capaz de aprender e evoluir a cada dia".)

2. **Modelo 2:** Reconheça o medo e escolha a confiança: "[Seu próprio nome], você pode reconhecer o medo que sente, mas escolha agir com confiança porque ___________".

(Exemplo: "Júlia, você pode reconhecer o medo que sente, mas escolha agir com confiança porque é resiliente e capaz de enfrentar esse desafio".)

3. **Modelo 3:** Faça uma transformação ativa e, em vez de dizer "Eu não posso", diga a si mesmo: "Você pode ___________ e deve tomar uma atitude em direção ao seu objetivo".

(Exemplo: "Você pode superar essa perda e deve dar o próximo passo com coragem".)

4. **Modelo 4:** Faça uma declaração de merecimento. A partir deste momento, declare: "[Seu próprio nome], você merece ___________ e trabalhará todos os dias para alcançar isso".

(Exemplo: "Vanessa, você merece oportunidades de crescimento na sua empresa e vai trabalhar todos os dias para alcançar a promoção".)

5. **Modelo 5:** Reescreva fracassos, substituindo "Eu sempre falho" por "[Seu próprio nome], você está aprendendo com cada tentativa. Comprometa-se a seguir em frente".

(Exemplo: "Marcelo, você está mais perto do sucesso a cada tentativa. Siga em frente com determinação".)

6. **Modelo 6**: Acredite na sua capacidade, diga a si mesmo: "[Seu próprio nome], você é capaz de ___________ e deve reafirmar isso todos os dias".

(Exemplo: "Maria, você é capaz de se adaptar a essa mudança de cidade e de superar obstáculos que esta nova vida está trazendo. Lembre-se disso diariamente".)

7. **Modelo 7:** Foque seu potencial. Em vez de se concentrar no que falta, lembre-se: "Você já tem ___________ e pode aprender o que for necessário para alcançar seus objetivos".

(Exemplo: "Mário, você já tem as habilidades básicas para atuar como programador e pode adquirir as que ainda não domina".)

Instruções:

1. Escreva essas frases em um caderno ou diário.
2. Repita-as em voz alta, preferencialmente diante de um espelho, para reforçar o impacto emocional.
3. A cada repetição, visualize as mudanças acontecendo e experimente a emoção associada ao novo pensamento.

Esses exercícios ajustados podem potencializar o impacto do diálogo interno e ajudá-lo a reprogramar sua mente para o sucesso.

Para fixar: pessoas bem-sucedidas acreditam no poder de seus pensamentos e suas crenças. Elas superam as circunstâncias por meio da mentalidade positiva, e essa crença é o primeiro passo para a ação. A diferença entre quem alcança o sucesso e quem fica pelo caminho está na capacidade de acreditar que é possível.

INSIGHTS

27 frases que enriquecem, retiradas da mente do maior investidor do mundo

Warren Buffett, considerado um dos investidores mais bem-sucedidos e respeitados do mundo, construiu uma carreira que é uma verdadeira lição sobre paciência, visão estratégica e simplicidade nos negócios.

Conhecido como o Oráculo de Omaha, Buffett começou sua trajetória no mercado financeiro ainda jovem e, ao longo de décadas, transformou sua empresa, a Berkshire Hathaway, em um império de investimentos, conquistando um status quase lendário.

1. "Sejamos temerosos quando os outros forem gananciosos, e gananciosos quando forem temerosos".
2. "Você só tem uma mente e um corpo. E eles precisam durar uma vida inteira."
3. "O truque é: quando não há nada a fazer, não fazer nada."
4. "Você sempre pode dizer a alguém para ir para o inferno amanhã... Não é uma oportunidade perdida. Apenas esqueça isso por um dia. Se você se sentir da mesma maneira amanhã, diga a eles – mas não se precipite em um momento de raiva."
5. "Nós nunca levamos a previsão de um ano muito a sério. Afinal, por que o tempo necessário para um planeta dar a volta ao sol deve se sincronizar precisamente com o tempo necessário para que as ações empresariais tragam resultados? Em vez disso, recomendamos um teste de no mínimo cinco anos como parâmetro aproximado de desempenho econômico."

6. "Um proprietário deve pesar o potencial de ganho contra o risco de perda; um titular de opção não tem risco de perda. (...) Ficarei feliz em aceitar um bilhete de loteria como presente – mas nunca comprarei um."
7. "Não temos ideia – e nunca tivemos – se o mercado vai subir, descer ou ficar estável no futuro próximo ou intermediário."
8. "Depois de alguns outros erros, aprendi a entrar nos negócios apenas com pessoas de quem gosto, em quem confio e que admiro. (...) Nunca tivemos sucesso ao fazer negócio com uma pessoa ruim."
9. "É melhor ter o dinheiro queimando um buraco no bolso da Berkshire do que descansando confortavelmente no bolso de outra pessoa. (...) Eu nunca arriscarei ficar sem dinheiro."
10. "Eu sou incapaz de especular com sucesso, e sou cético em relação àqueles que afirmam ter sucesso sustentado nisso. Metade de todos os que jogam uma moeda vão ganhar na primeira vez; nenhum desses vencedores tem expectativa de lucro se continuar jogando."
11. "Nunca se esqueça de que 2 + 2 sempre será 4. E quando alguém lhe disser o quão antiquada essa matemática é – feche sua carteira, tire férias e volte daqui a alguns anos para comprar ações a preços baixos."
12. "No mundo dos negócios, as pessoas mais bem-sucedidas são aquelas que estão fazendo o que amam."
13. "Alguém disse uma vez que, ao procurar pessoas para contratar, você busca três qualidades: integridade, inteligência e energia. E se você não tiver a primeira, as outras duas vão matar você."

14. “Com poucas exceções, agora trabalhamos há várias décadas com pessoas de quem gostamos e em quem confiamos. É uma alegria na vida. (...) Em nosso escritório, empregamos pessoas decentes e talentosas – sem idiotas.”
15. “Gestão no lugar. Encontre um bom negócio que faça sentido e garanta que haja boas pessoas à frente dele.”
16. “O que aprendemos com a história é que as pessoas não aprendem com a história.”
17. “Somente quando a maré baixa é que você descobre quem estava nadando nu.”
18. “Nos investimentos, assim como no beisebol, para marcar pontos no placar é preciso observar o campo de jogo, não o placar.”
19. “Eu sempre soube que seria rico. Acho que jamais duvidei disso por um minuto.”
20. “Se você não encontrar uma maneira de ganhar dinheiro enquanto dorme, vai trabalhar até morrer.”
21. “Você só precisa fazer algumas coisas certas na vida, desde que não faça muitas coisas erradas.”
22. “A grande questão sobre o comportamento das pessoas é se elas baseiam seu valor próprio em princípios internos ou externos. É melhor se forem internos.”
23. “É melhor conviver com pessoas melhores do que você. Escolha associados cujo comportamento seja melhor que o seu e você caminhará nessa direção.”
24. “Regra número 1: nunca perca dinheiro. Regra número 2: nunca se esqueça da regra número 1.”
25. “Nunca desista de procurar o trabalho pelo qual você é apaixonado. Tente encontrar o trabalho que você teria se fosse rico. Esqueça o salário. Quando está se associando com as

pessoas que ama, fazendo o que ama, não há nada melhor do que isso."

26. "O único conselho que posso lhe dar é: faça o que o empolga. Faça algo que, se você tivesse todo o dinheiro do mundo, ainda assim estaria fazendo. Você precisa ter um motivo para pular da cama de manhã."
27. "Se você não pode se comunicar e conversar com outras pessoas e transmitir suas ideias, está abrindo mão do seu potencial."

Sua abordagem meticulosa e fundamentada, focada em investimentos a longo prazo em empresas sólidas e com boa governança, tornou-o uma referência de sabedoria no mundo financeiro. Mais do que um mestre das finanças, Buffett é admirado por sua humildade, seus princípios éticos e, sobretudo, pela filosofia de que o verdadeiro sucesso nos negócios vem da combinação entre conhecimento, integridade e uma visão clara do futuro.

ARQUIVO Nº 4

O PODER DA AUTOSSUGESTÃO

"A palavra é a sombra da ação."

DEMÓCRITO

Certa vez, um jovem atleta, frustrado por não conseguir melhorar seu desempenho em corridas, buscou ajuda com um treinador conhecido por suas abordagens diferentes. O treinador entregou-lhe um pequeno caderno e disse: "A cada manhã e noite, escreva e leia em voz alta: 'Eu corro leve como o vento e avanço com determinação'. Faça isso por trinta dias".

Embora cético, o jovem seguiu as instruções. No começo, apenas escrevia de forma mecânica, sem realmente acreditar nas palavras que registrava. Era um exercício monótono, quase sem sentido. No entanto, com novas orientações do treinador, passou não apenas a repetir a frase, mas também a expressar com emoção, por vezes fechando os olhos para *sentir a afirmação*.

Ao final daquele mês, o atleta percebeu que havia melhorado não apenas seus tempos, mas também sua confiança. Passou a sentir que seu corpo respondia ao que sua mente acreditava. Mais do que uma simples frase, aquelas palavras tornaram-se uma nova realidade.

Assim funciona a *autossugestão* – uma prática poderosa que tem o potencial de transformar a maneira como pensamos, sentimos e agimos. Esse conceito, popularizado por Émile Coué, farmacêutico e psicólogo francês, e mais tarde por Napoleon Hill e outros pensadores, baseia-se na ideia de que podemos influenciar nossos pensamentos, emoções e comportamentos através da repetição consciente de afirmações positivas.

Todas as pessoas bem-sucedidas que conheço, sem exceção, se valem dessa técnica. E se engana quem pensa que tal abordagem é meramente motivacional ou baseada em crenças fajutas. Atualmente, a ciência por trás da autossugestão é apoiada por estudos de neurociência, psicologia cognitiva e comportamento humano que mostram **como nossas mentes podem ser reprogramadas para alcançar objetivos, superar bloqueios e transformar realidades**.

Diferentemente de sugestões externas, que vêm de outras pessoas ou de fontes externas, a autossugestão é autoimposta, o que significa que você deliberadamente planta pensamentos na sua mente com o objetivo de modificar sua perspectiva, seus sentimentos e seus comportamentos. Quando praticada com regularidade e emoção, a autossugestão transforma sua percepção, alinhando sua mente com os resultados que deseja alcançar.

Uma chave da autossugestão é justamente a repetição. Pois, assim como os hábitos são formados através da repetição constante de comportamentos, os pensamentos podem ser "repetidos" até que se tornem crenças arraigadas. E essas crenças, por sua vez, influenciam diretamente como você percebe o mundo e como age dentro dele. Não à toa, o treinador do jovem atleta sugeriu que ele repetisse a afirmação por trinta dias. Essa prática criou um círculo de reforço positivo, em que a repetição constante condicionou a mente a aceitar a nova realidade como verdade, desencadeando comportamentos alinhados com a crença.

A eficácia dessa prática está enraizada na maneira como o cérebro processa informações e forma padrões de comportamento. Nosso cérebro é um órgão altamente plástico, o que significa que tem a capacidade de moldar-se e reorganizar-se com base em experiências, pensamentos e estímulos repetidos. A neuroplasticidade permite que a autossugestão reconfigure os circuitos cerebrais, criando conexões e reforçando aquelas que estão em sintonia com o que você deseja alcançar.

Vamos entender isso melhor…

O papel do sistema de ativação reticular (SAR)

O sistema de ativação reticular (SAR) é uma rede de neurônios localizada no tronco cerebral que desempenha um papel importante na filtragem das informações que chegam ao cérebro. O SAR decide o que é relevante para você, baseado em seus pensamentos e crenças dominantes, e age como um "filtro" que ajuda a determinar quais informações são importantes o suficiente para a sua atenção consciente.

Quando você utiliza a autossugestão de forma consistente, afirmando repetidamente seus objetivos e desejos, está essencialmente treinando o SAR para identificar oportunidades e informações que estão alinhadas com esses objetivos. Por exemplo, se repetir frequentemente a afirmação "Eu sou um músico de sucesso, cercado por oportunidades de shows e gravações", seu SAR começará a notar mais oportunidades ao seu redor, porque ele está sintonizado para buscar essas informações.

Importante dizer que, além de simplesmente perceber oportunidades, o músico do exemplo pode desenvolver uma mentalidade mais proativa e acabar criando possibilidades. Isso significa que, em vez de esperar passivamente por convites e propostas, pode sentir-se inclinado a empreender – organizando seus próprios eventos, criando conteúdos estratégicos para divulgar seu trabalho ou até mesmo desenvolvendo projetos colaborativos que antes não considerava.

Com essa mentalidade direcionada, ele transforma sua visão de mundo e passa a agir com mais confiança e iniciativa, acelerando seu crescimento profissional e multiplicando suas chances de alcançar o sucesso.

Reprogramação do subconsciente

O subconsciente é uma parte do nosso cérebro que armazena crenças, padrões de comportamento e memórias que moldam grande parte de nossas ações automáticas.

A autossugestão visa **reprogramar o subconsciente** para aceitar novas crenças que apoiem seus objetivos. Como o subconsciente não faz distinção entre realidade e imaginação, a repetição constante de uma afirmação pode criar a percepção de que essa ideia é verdadeira mesmo antes de ela se manifestar na realidade objetiva.

Ao repetir uma afirmação como "Eu sou confiante e seguro de mim", por exemplo, você está literalmente reescrevendo os padrões subconscientes que, por exemplo, podem ter sido formados em situações anteriores de insegurança ou medo. Com o tempo, essas novas afirmações substituem crenças limitantes, e o comportamento externo começa a refletir a mudança interna.

Uma pessoa que sempre acreditou ser péssima em oratória, tendo experiências passadas de nervosismo e insegurança sempre que precisava se apresentar, sentia seu corpo reagir com tremores, suor e ansiedade. No entanto, ao decidir utilizar a autossugestão, percebe que seu *eu* começa a aceitar essa nova crença, e sua postura naturalmente muda. Na próxima oportunidade de falar em público, ela fica mais tranquila, suas palavras saem com mais fluidez, e a confiança cresce. Aos poucos, a nova identidade se consolida, e aquilo que antes parecia impossível se torna parte de sua realidade.

Produção de neurotransmissores

Os pensamentos têm o poder de influenciar a química do cérebro, alterando a liberação de neurotransmissores. Quando uma pessoa pratica autossugestão positiva, o cérebro pode começar a liberar neurotransmissores como dopamina e serotonina, que estão associados a sentimentos de bem-estar e motivação.

Esses neurotransmissores ajudam a criar uma experiência emocional positiva em torno dos pensamentos sugeridos, reforçando ainda mais a conexão entre a afirmação e o estado desejado.

Por outro lado, a prática de autossugestões negativas ou repetição de crenças limitantes pode ativar a produção de cortisol, o hormônio do estresse, gerando ansiedade e perpetuando padrões de pensamento negativos.

PILOTO Nº 4

Modelos de autossugestão

A autossugestão é uma ferramenta prática que, quando utilizada com intenção, nos ajuda a moldar o modo como lidamos com os desafios diários. Trata-se de uma forma consciente de direcionar pensamentos e atitudes para criar um estado mental e emocional que esteja alinhado com os seus objetivos. Abaixo estão algumas formas de aplicar a autossugestão em diferentes áreas da vida:

1. Autossugestão para confiança pessoal

Afirmação: "Eu sou confiante e seguro de mim. Minha presença inspira respeito e admiração".

Prática: antes de uma reunião ou apresentação, feche os olhos e tome um momento para transformar a ansiedade em foco. Sinta a energia que percorre seu corpo e, em vez de permitir que ela o enfraqueça, canalize-a para fortalecer sua postura e clareza de pensamento. Diga a si mesmo essa afirmação com tranquilidade, sem exageros. Imagine-se entrando no ambiente com confiança e sua postura transmitindo segurança. A prática constante dessa abordagem condiciona o corpo e a mente a responderem de forma mais centrada em momentos de pressão.

2. Autossugestão para prosperidade financeira

Afirmação: "Eu atraio prosperidade e oportunidades todos os dias. Minhas ações me levam ao sucesso".

Prática: na calmaria da noite, antes de adormecer, reflita sobre suas ações do dia e visualize oportunidades surgindo no caminho. Pense em como pequenas decisões podem moldar grandes mudanças e crie uma imagem clara de si mesmo colhendo os frutos do seu trabalho. Essa prática diária reorienta a mente para reconhecer as oportunidades à sua volta, cultivando um estado de prontidão para o que está por vir. Gradualmente, você perceberá uma mudança na forma como se relaciona com seu próprio potencial.

3. Autossugestão para saúde

Afirmação: "Meu corpo é forte e cheio de vitalidade. Eu cuido bem de mim".

Prática: ao começar sua rotina de exercícios ou ao simplesmente caminhar, preste atenção ao seu corpo. Respire profundamente e sinta a energia percorrendo seus músculos. Enquanto se movimenta, repita essa afirmação em sua mente, sintonizando-se com a sensação de estar cuidando de si. Essa prática trata não apenas de visualização, mas de estar presente e consciente do próprio corpo. A conexão entre mente e corpo, quando fortalecida, cria hábitos mais saudáveis e sustentáveis.

4. Autossugestão para relacionamentos positivos

Afirmação: "Eu cultivo relações baseadas em respeito e compreensão mútua".

Prática: antes de se encontrar com alguém, faça uma pausa para refletir sobre a qualidade das interações que deseja ter. Ao repetir essa afirmação, visualize-se ouvindo com atenção, falando com clareza e promovendo harmonia. Essa prática não visa "criar" conexões perfeitas, mas, sim, se predispor a uma presença mais aberta e receptiva. Com o tempo, você perceberá que as relações respondem melhor quando há uma intenção genuína de compreensão e respeito.

5. **Autossugestão para espiritualidade**

Afirmação: "Eu estou em harmonia com minha fé e encontro paz interior".

Prática: no início do dia ou ao final dele, antes, durante ou após suas orações, reserve alguns minutos em silêncio. Respire fundo e repita essa afirmação de forma tranquila, sem pressa. Sinta seu corpo se acalmar e sua mente se silenciar. Não é necessário imaginar cenários complexos – apenas permita que a paz interior surja naturalmente enquanto você se conecta com sua fé e com Deus. Essa prática regular traz serenidade e clareza para enfrentar os desafios diários, ancorando você em algo que transcende as preocupações imediatas.

Esses exemplos não são fórmulas mágicas ou pílulas de otimismo superficial, mas uma abordagem prática e consciente para lidar com as circunstâncias da vida. Cada afirmação funciona como uma ferramenta que, com o tempo, ajuda a realinhar sua percepção e atitudes, permitindo que você se relacione de forma mais eficiente com seu próprio potencial e com o mundo ao seu redor.

Modelo de declaração

Aqui está um modelo mais refinado de como usar palavras para moldar sua realidade. A declaração que segue é um exercício de reflexão e intenção que requer consciência do impacto de nossas palavras e pensamentos no curso da vida:

> "O espírito tudo rege. Minhas palavras e pensamentos têm peso, e escolho utilizá-los de maneira deliberada para criar eventos a partir de propósito, intenção e equilíbrio.
>
> Todos os dias, meus pensamentos estão em sintonia com minhas intenções, e minhas palavras reforçam meus desejos mais profundos. Reconheço que, mesmo diante das circunstâncias que me cercam, tenho a capacidade de direcionar meus esforços rumo aos meus objetivos.
>
> Minha linguagem reflete sucesso, prosperidade e crescimento. As palavras que escolho abrem portas e pavimentam o caminho para novas conquistas. A partir de agora, escolho falar sobre o que é útil, sobre o que desejo concretizar, e confio que minha realidade responderá a essas afirmações.
>
> Estou alinhado com a ordem da criação, com o poder do pensamento claro, da palavra intencional e da realidade. Eu sou um exemplo de como pensamentos ponderados, palavras conscientes e ações coerentes geram transformações tangíveis no mundo. Hoje e todos os dias, moldo minha mente com *Palavras que Enriquecem*."

Por que essa declaração é eficaz?

Essa declaração funciona por várias razões, sobretudo porque combina elementos espirituais, psicológicos e práticos que reforçam a autoconfiança e a capacidade de direcionar a própria vida. Aqui estão os principais fatores que a tornam poderosa:

1. Princípio da autossugestão

A declaração utiliza um tom afirmativo e presente, reforçando a ideia de que os pensamentos e as palavras moldam a realidade. Essa técnica é amplamente usada em programação neurolinguística (PNL) e em princípios de autossugestão, como os ensinados por Napoleon Hill e Émile Coué. O ato de afirmar algo de forma contínua e consciente influencia a mente subconsciente, tornando essas ideias parte da identidade e do comportamento do indivíduo.

2. Alinhamento entre pensamento, palavra e ação

A estrutura da declaração reforça a conexão entre **pensamento, linguagem e ação**, mostrando que a transformação pessoal acontece quando esses três elementos estão alinhados. Frases como "Minha linguagem reflete sucesso, prosperidade e crescimento" ajudam a fortalecer a congruência entre o que se pensa, se fala e se faz.

3. Foco no presente e no controle pessoal

Diferentemente de afirmações vagas ou passivas, essa declaração coloca o indivíduo como protagonista de sua própria história. Expressões como "A partir de agora, escolho falar sobre o que é útil" enfatizam a tomada de decisão consciente, destacando o poder da escolha sobre a própria narrativa.

4. Reforço da mentalidade de crescimento

A frase "Estou alinhado com a ordem da criação, com o poder do pensamento claro, da palavra intencional e da realidade" transmite uma perspectiva expansiva sobre a vida, sugerindo que a mente pode ser moldada para o crescimento contínuo. Isso remete à *mentalidade de crescimento* (Carol Dweck),[21] que ensina que habilidades e talentos podem ser desenvolvidos com esforço e intenção.

5. Uso de linguagem positiva e construtiva

A escolha de palavras é fundamental. Termos como "sucesso, prosperidade, crescimento, equilíbrio, ordem" criam imagens mentais que reforçam estados emocionais positivos, reduzindo crenças limitantes e fortalecendo a visão de possibilidades.

6. Conexão espiritual e filosófica

A declaração começa com "O espírito tudo rege", ancorando a afirmação em um princípio transcendente. Isso ressoa com diversas tradições filosóficas e espirituais que ensinam que a realidade externa é influenciada pelo estado interno do indivíduo. Dessa forma, ela gera um senso de propósito e harmonia com uma ordem maior.

21. Conceito desenvolvido pela psicóloga Carol Dweck, que defende que as habilidades e a inteligência podem ser desenvolvidas ao longo da vida.

7. Efeito de reprogramação cognitiva

A repetição dessa declaração regularmente pode ajudar a reformular padrões de pensamento e comportamento. O cérebro responde às palavras que usamos de forma fisiológica, liberando neurotransmissores associados a emoções positivas ou negativas. A escolha de palavras **empoderadoras e construtivas** ativa áreas do cérebro ligadas à motivação e ao otimismo.

Compromisso e coerência

Os estudos de persuasão listados pelo já citado Dr. Robert Cialdini na década de 1980 podem nos ajudar a entender a força desse tipo de ação. Entre os sete padrões de influência que ele identificou ao estudar o comportamento humano, há um chamado "compromisso e coerência".

Esse princípio se baseia na ideia de que, uma vez que uma pessoa assume um compromisso, pequeno ou grande, ela tende a agir de forma coerente com esse compromisso em suas ações futuras. A necessidade de manter a coerência é um fator poderoso nas decisões humanas, pois ser percebido como coerente com os próprios valores, crenças e decisões é altamente valorizado socialmente e internamente.

Considerando isso, a declaração usada como modelo pode surtir efeito para promover mudanças na vida de quem a repete diariamente porque, ao verbalizar essa declaração, a pessoa está se comprometendo e sofrerá uma pressão interna para ser coerente com o que declarou.

Em 2022, fiz uma promessa – não apenas para mim, mas também para meus alunos. Disse a eles que transformaria minha saúde. Em 2023, dei o primeiro passo: cortei o álcool e fiz das caminhadas longas um ritual. Fechei o ano com um marco pessoal de 22 km em um único dia, algo surpreendente para quem atingiu o nível de obesidade tipo 2. O ano seguinte, 2024, foi um teste de resistência. Entre altos e baixos, conquistei algo que havia anos me escapava: constância. Cárdio e musculação tornaram-se parte da rotina. Foram mais de sessenta treinos. Hoje, enquanto escrevo este livro, estou vinte quilos mais leve e com a melhor saúde da minha vida. Isso não aconteceu por sorte ou motivação passageira. Aconteceu porque assumi um compromisso.

Voltando à explicação, como enfatizei, a declaração serve como modelo. Uso termos como "sucesso", "prosperidade" e "crescimento" por estar em concordância com a proposta do título deste livro. Mas uma pessoa que não busca o "sucesso" ou a "prosperidade" pode criar declarações semelhantes.

Um cristão em busca da santidade, motivado por uma espiritualidade franciscana, que inclui o voto de pobreza, poderia manifestar as palavras de acordo com seu propósito – os santos da história faziam algo parecido quando repetiam orações que expressavam o amor a Deus.

Uma esposa disposta a salvar o casamento e reacender a paixão do marido pode criar uma declaração que a ajude a se lembrar de seu propósito e dos valores que a movem em direção ao objetivo.

Um profissional em busca de aumento e promoção pode escrever um compromisso verbal sobre as ações e comportamentos que tomará para alcançar seus desejos.

Poderia citar diversos outros exemplos, mas a lição já foi passada.

Para fixar: pessoas de sucesso usam o poder da autossugestão para moldar suas crenças e ações. Usam constantemente afirmações de confiança e possibilidade na intenção de criar uma mentalidade de abundância que as impulsiona a conquistar objetivos extraordinários.

INSIGHTS

20 frases de Jeff Bezos que vão mudar sua visão sobre vida, negócios e carreira

Jeff Bezos, fundador e CEO da Amazon, detentor de uma fortuna estimada em 131,2 bilhões de dólares, é uma das maiores inspirações quando o assunto é vida, negócios e carreira.

Formado em engenharia elétrica e ciência da computação pela Universidade de Princeton, Bezos iniciou sua jornada profissional em Wall Street, onde trabalhou por oito anos. Mas foi em 1994 que ele deu o passo que mudaria sua vida: fundou a Amazon, inicialmente uma loja on-line de livros. A partir daí, sua visão se expandiu para vender praticamente tudo, criando uma das maiores empresas de comércio eletrônico do mundo.

Aos 56 anos, Bezos ultrapassou Bill Gates, fundador da Microsoft, em 2018, conquistando o posto de homem mais rico do planeta. Mas o que podemos aprender com sua trajetória? Selecionei vinte frases que compõem a receita de *Palavras que Enriquecem*.

1. "Se você não quiser ser criticado, por favor, não tente nada novo."
2. "Seja teimoso na visão, mas flexível nos detalhes."
3. "Eu sabia que, se falhasse, não iria me arrepender, mas sabia que uma coisa de que eu poderia me arrepender seria não tentar."
4. "O que é perigoso é não evoluir."
5. "Nós vemos nossos clientes como convidados em uma festa, e nós somos os anfitriões."

6. "A vida é curta demais para se envolver com pessoas que não são engenhosas."
7. "Uma marca para uma empresa é como uma reputação para uma pessoa. Você ganha reputação ao tentar fazer bem as coisas difíceis."
8. "Nos negócios, o que é perigoso é não evoluir."
9. "O maior erro é não querer cometer erros."
10. "É melhor fazer o que você acredita e esperar que o mercado valide."
11. "Se você deixar os clientes infelizes no mundo físico, eles podem contar para seis amigos. Se você deixar os clientes infelizes na internet, eles podem contar para seis mil."
12. "A chave para o sucesso nos negócios é focar obsessivamente o cliente."
13. "Uma empresa não deve ficar confortável com seu sucesso por muito tempo."
14. "Sempre esteja disposto a ser incompreendido."
15. "Precisamos de grandes falhas se quisermos mover o ponteiro substancialmente."
16. "Se você dobrar o número de experimentos que faz por ano, dobrará sua inventividade."
17. "O que estamos realmente fazendo é construindo uma nova civilização espacial."
18. "A frugalidade gera inovação."
19. "Eu acredito que você tem que estar disposto a ser mal compreendido se você vai inovar."
20. "A tecnologia é um grande destruidor de barreiras."

ARQUIVO Nº 5

OBJETIVO PRINCIPAL DEFINIDO

"Há uma qualidade que se deve ter para vencer, e isso é a definição do propósito, o conhecimento do que se quer e o desejo ardente de tê-lo."

NAPOLEON HILL

Juliano começa todo ano do mesmo jeito: fazendo promessas, grandes promessas, a si mesmo.

"Vou ser mais saudável"
"Vou mudar de vida!"
"Vou ser um novo homem!"
"Este será o meu ano!"

Na virada do ano, veste branco, pula sete ondas, faz orações fervorosas e acende velas para atrair sorte. Ele acredita que está pronto para virar a chave. E, por alguns dias, até parece que está. Mas, como sempre, o entusiasmo desaparece antes do final de janeiro. Chega dezembro, e Juliano olha para trás frustrado. Afinal, mais um ano se passou, e nada mudou. Ele suspira: "Não consegui de novo, mas ano que vem vai ser diferente".

Infelizmente, nada mudará para Juliano, pois ele vive à mercê da sorte. É o típico sujeito que acredita que fé, boas intenções e força de vontade são suficientes para mudar sua realidade. Mas nada disso será suficiente. Porque, no fundo, está cometendo um erro fatal: não planejando.

Ele apenas improvisa…

Dá o famoso "jeitinho"…

Vive para apagar incêndios…

Lida com os problemas quando surgem, de uma forma totalmente aleatória.

Juliano nunca coloca suas metas no papel. Nunca detalha o que quer ou como pretende alcançar. Não empreende o bom uso das palavras. É o que Napoleon Hill chamaria de "alienado", um homem que vive à deriva, sem direção, sem controle sobre a própria vida.

Nosso personagem segue o fluxo dos acontecimentos, esperando que, de alguma forma, tudo se resolva. Mas a verdade é que quem não assume o comando do próprio destino inevitavelmente se torna um joguete nas mãos das circunstâncias. Juliano não percebe que, ao não definir um plano concreto, está deixando sua mente ser controlada pelo ambiente, pelos outros e pelas próprias desculpas. Ele acorda todos os dias sem um propósito definido, esperando que as coisas melhorem por conta própria. Mas como diz o diabo da obra de Hill, o alienado é facilmente manipulado, pois não pensa por conta própria e está sempre reagindo, nunca agindo com intenção.

O maior erro de pessoas como Juliano é acreditar que basta desejar para que as mudanças aconteçam. Contudo, o desejo sem um plano de ação estruturado não passa de uma ilusão. E enquanto ele continuar assim, será arrastado pelas ondas da vida, em vez de navegar com firmeza na direção de suas conquistas. O tempo passará, e ele continuará preso ao mesmo ciclo de frustração. Ano após ano, esperando milagres, sem perceber que o verdadeiro milagre está em tomar controle da própria mente e usá-la como a ferramenta de criação que realmente é.

É fácil perceber um padrão nas pessoas que realizam seus sonhos, o que inclui os milionários, os bem-sucedidos, as pessoas de sucesso de forma geral: elas sabem exatamente o que querem. Elas têm um **objetivo principal claramente definido**. Não importa o tamanho ou a ambição desse objetivo, ele está lá, bem descrito, na mente e, muitas vezes, no papel. Posso citar empresários brasileiros cujas biografias provam o que estou dizendo: Jorge Paulo Lemann, Cris Arcangeli, Luiza Trajano e Rony Meisler. Estes são exemplos do poder do propósito claro e da autossugestão na realização de grandes feitos.

Jorge Paulo Lemann, que saiu de uma educação modesta para se tornar um dos empresários mais bem-sucedidos do Brasil, com sua habilidade estratégica e mentalidade focada em resultados, mostra como o foco e a crença no próprio potencial podem criar impérios empresariais.

Cris Arcangeli, por sua vez, transformou um mercado praticamente inexistente em uma indústria milionária, confiando na sua capacidade de inovar e superar desafios com coragem e foco.

Luiza Trajano, com sua visão estratégica e compromisso com a inclusão, transformou o Magazine Luiza em uma das maiores redes de varejo do Brasil, sempre com foco em melhorar a experiência do cliente e fomentar o potencial de sua equipe.

Rony Meisler, fundador da Reserva, é outro grande exemplo de sucesso. Ele construiu uma das marcas mais icônicas do Brasil no setor de moda, apostando na criatividade, na inovação e em uma abordagem centrada nas pessoas. Rony também se destacou pela gestão de uma cultura organizacional forte e com um propósito claro, sempre buscando se reinventar e se conectar com seu público de forma autêntica.

Você pode acrescentar sorte, acaso ou oportunidades na jornada dessas pessoas, mas tem que admitir que, se eles não tivessem um propósito, nada disso teria acontecido. A sorte pode até sorrir para alguns, mas ela não é suficiente na grande maioria dos casos. O que faz a diferença na vida de pessoas de sucesso como as que acabei de citar é a direção consciente, a ação estratégica e a capacidade de manter o foco. É "salvar as circunstâncias"[22], como disse José Ortega & Gasset.

---

22. "Eu sou eu e minha circunstância, e se não salvo a ela, não me salvo a mim." Essa frase de Ortega & Gasset expressa a ideia de que a identidade de uma pessoa não é isolada, mas está profundamente entrelaçada com o contexto em que ela vive. Ou seja, ninguém existe de forma independente do mundo ao seu redor – somos formados por nossas experiências, pelo meio em que estamos inseridos e pelas condições que nos cercam. A ideia enfatiza que a transformação pessoal depende da forma como lidamos com nossas circunstâncias. Para crescer, evoluir e alcançar nossos objetivos, não basta apenas mudar internamente; é preciso agir sobre o ambiente, adaptá-lo ou aprender a navegar por ele de forma inteligente.

Agora responda: você sabe o que quer? Melhor: você sabe exatamente o que deseja? Estou falando de clareza, de um nível de detalhe que vai muito além de "Quero ser bem-sucedido" ou "Quero mudar de vida" ou "Quero ganhar mais". Consegue dizer, com precisão, onde deseja estar daqui a um ano, o que estará fazendo, com quem e de que forma vai chegar lá? Se não pode responder com exatidão, então já sabe o que pode estar bloqueando você.

Não escrevo livros como este para vender falsas esperanças ou mantê-lo deslumbrado. Escrevo porque quero compartilhar algo que transformou minha vida. Algo que comecei a praticar anos atrás e que, desde então, tem sido o pilar de cada conquista que o Criador me permitiu alcançar.

Todos os anos, coloco no papel tudo o que pretendo realizar. Mas não de forma vaga ou superficial. Detalho metas específicas e crio um plano de ação para cada uma delas. Consagro esse plano a Deus e não deixo as anotações esquecidas em uma gaveta – eu reviso esse plano regularmente.

Sabe o que acontece?

Funciona.

Não é magia. É o poder de ter um objetivo claro, um plano sólido e a disciplina para segui-lo.

Há uma frase atribuída a Santa Teresa de Jesus que diz:

"O demônio tem medo de almas decididas."

Inconstâncias, dúvidas incessantes e um estado de confusão são características de pessoas alienadas. Aprendemos isso em *Mais Esperto que o Diabo,* e o próprio diabo é enfático ao dizer o que faz de alguém um não alienado:

"O primeiro sinal de um não alienado é este:
ele está sempre engajado em fazer algo definido,
por meio de algum plano muito bem organizado
e detalhado, o qual também é definido.

Ele tem um objetivo maior na vida, no qual
ele está sempre trabalhando, e muitos outros
menores objetivos — todos os quais o levam
ao seu esquema estratégico central.

O tom da sua voz, a rapidez do seu passo,
o brilho dos seus olhos, a rapidez de suas decisões
claramente o marcam como uma pessoa que
sabe exatamente o que quer e está determinada
a consegui-lo, não importa quanto tempo
possa levar ou o preço que tenha que pagar.

Se você fizer questionamentos a ele,
ele lhe dará respostas diretas e nunca
cairá em contradições nem evasões ou
subterfúgios, seja qual for o assunto.

Ele fará muitos favores a outros,
mas quase não aceita favores em troca.

Ele sempre será achado de frente para
o campo de batalha, não importa se for
jogando um jogo ou lutando uma guerra.

Se ele não souber as respostas, dirá francamente que não sabe. Ele tem uma ótima memória.

Ele nunca oferece um álibi para suas deficiências.

Ele nunca culpa os outros por seus erros, mesmo que eles mereçam.”

Muitas pessoas não saem do lugar porque não têm clareza. Elas sabem o que não querem, mas não conseguem definir o que querem. Isso é um problema, porque, **sem clareza, o subconsciente não tem um propósito para seguir**. E quando sua mente não tem um propósito, ela simplesmente segue o piloto automático.

Estou sendo enfático porque desejo que você entenda isso. O ato de escrever suas metas no papel faz muito mais do que organizar seus pensamentos. Ele imprime essas metas no seu subconsciente. Ele transforma desejos vagos em compromissos. Ele cria um senso de responsabilidade. Você começa a ver caminhos onde antes só via obstáculos. Então pequenas ações começam a alinhar-se com grandes objetivos. Quem prosperou em qualquer negócio sabe e confirma isso.

Jim Rohn falou algo que faz ponte com o que foi dito:

“A grande importância de se definir um objetivo é a mudança necessária que isso produzirá em você para alcançá-lo. Essa mudança será sempre mais valiosa do que o próprio objetivo.”

Procure imaginar como seria sua vida nos próximos anos se, a partir de hoje, você decidisse planejar, e não apenas desejar. Se, em vez de esperar que as coisas aconteçam, você colocasse no papel o que realmente quer e traçasse um plano concreto para chegar lá.

Se você tem esperado um sinal, aqui está ele: hoje é o dia perfeito para começar. Pegue um caderno, abra um documento no computador e escreva exatamente o que deseja. Não de forma vaga, mas com detalhes claros e tangíveis. E não pare aí. Liste ações específicas que você pode começar a executar imediatamente.

Isso não significa que você tenha o controle absoluto do seu destino – esse papel pertence apenas a Deus. Mas dentro da jornada com que Ele o presenteou, você tem a responsabilidade de escrever as páginas da sua própria história. Alguns chamam isso de "livre-arbítrio". Sonhar sem agir é como segurar um mapa sem dar um único passo. Para que seus objetivos se tornem realidade, suas intenções precisam estar alinhadas com suas ações.

Sei que pode parecer simples demais, mas confie em mim: essa prática tem o poder de transformar toda a sua vida. Porque quando você tem clareza e um plano, tudo muda.

Seus pensamentos mudam.

Suas decisões mudam.

Suas prioridades mudam.

E, inevitavelmente, seus resultados mudam.

Você pode continuar como Juliano, dizendo para si mesmo que o próximo ano será diferente. Ou pode agir agora e garantir que será o melhor ano da sua vida.

Aqui está um modelo que você pode seguir:

1. **Escreva suas metas no presente, como se já fossem realidade**

   Em vez de dizer: "Eu quero ter um aumento no próximo ano".

   Diga: "Eu recebo um aumento de 20% no meu salário, porque sou valorizado pelo trabalho que faço e entrego resultados incríveis".

   O presente dá força à sua mente, ajudando-a a agir como se já estivesse alinhada com o resultado desejado.

2. **Use palavras de afirmação e convicção**

   Substitua palavras como "talvez", "se" ou "quem sabe" por palavras como "eu posso", "eu consigo", "eu farei".

   Exemplo: "Se der tudo certo, talvez eu consiga concluir meu curso neste ano".

   Transforme em: "Eu concluo meu curso com excelência e celebro minha conquista".

   Palavras de convicção criam um sentimento de certeza que se reflete em suas ações diárias.

3. **Seja específico e detalhado**

   Evite metas vagas como: "Quero ganhar mais dinheiro".

   Prefira algo como: "Eu aumento minha renda mensal em R$ 5.000 até dezembro, oferecendo serviços de consultoria que solucionam problemas específicos de meus clientes".

   O detalhamento direciona seu foco e o mantém no caminho certo.

4. **Adicione emoções e significado**

   As palavras que você usa devem carregar emoção. Isso conecta suas metas ao coração, não apenas à mente.

   Exemplo: "Eu compro minha casa própria".

   Transforme em: "Eu moro na minha casa própria, um lugar onde minha família se sente segura, feliz e em paz".

   Ao incluir emoções, você aumenta o poder de atração dessa meta.

5. **Declare gratidão pelo futuro**

   Inclua palavras de gratidão como se já tivesse alcançado suas metas. Gratidão é uma das forças mais transformadoras.

   Exemplo: "Sou profundamente grato pela oportunidade de criar um negócio que impacta vidas e me proporciona uma renda estável e crescente".

   A gratidão prepara sua mente para receber mais.

Como fica na prática:

Aqui está um exemplo de um plano construído com o bom uso das palavras:

- **Meta profissional:** "Eu faturo R$ 35.000 por mês com meus serviços de marketing, ajudando pequenas empresas a alcançarem novos clientes. Estou profundamente grato pela confiança dos meus clientes e pelo impacto positivo que crio no mercado".
- **Meta pessoal:** "Eu corro três vezes por semana e participo da minha primeira meia maratona em outubro. Sou grato pela energia, disciplina e saúde que sinto diariamente".

- **Meta familiar:** "Eu passo mais tempo de qualidade com minha família, jantando juntos ao menos quatro noites por semana, criando memórias que nos fortalecem".

E um modelo para propósitos financeiros:

Modelo de Declaração para Propósitos Financeiros

Eu, [Seu Nome], declaro que no dia [dia, mês, ano] terei meu poder e desejo possuir a quantia de [quantia desejada], que virão a mim em várias quantias, de tempos em tempos.

Em troca desse dinheiro, eu farei o melhor e mais eficiente trabalho que sou capaz, provendo a maior quantidade possível e a melhor qualidade de serviços na capacidade de [exemplo de serviços que você oferece, como empreendedor, consultor etc.].

Acredito que terei essa quantia em minha posse; minha fé é tão forte que, mesmo agora, posso visualizar o dinheiro diante dos meus olhos e tocá-lo com minhas mãos. Ele está agora esperando para ser transferido para mim no tempo e na proporção em que eu entregar o serviço que pretendo oferecer em troca.

Estou aguardando pelo plano por meio do qual acumularei esse dinheiro, e seguirei esse plano quando ele for por mim recebido.

[Assinatura]

[Data em que escreveu a declaração]

7 formas de enriquecer honestamente

Ficar rico de maneira honesta é um objetivo de muitos, mas o caminho para alcançar a prosperidade exige disciplina, inteligência e uma boa dose de paciência. Embora não existam truques, há várias maneiras legítimas e éticas de construir riqueza. Neste bloco, vamos explorar sete abordagens eficazes para inspirar você a criar seu objetivo.

1. **Empreendedorismo.** O empreendedorismo é, sem dúvida, uma das formas mais comprovadas de criar riqueza. Ao identificar uma necessidade no mercado e desenvolver uma solução inovadora, você pode criar um negócio que gera valor para os clientes e, por consequência, lucro para você. A chave para o sucesso está em entender as necessidades do seu público-alvo, oferecer produtos ou serviços de qualidade e ter um plano sólido para escalar seu negócio. Embora o caminho do empreendedorismo seja desafiador, a recompensa pode ser significativa, especialmente quando você cria algo que pode impactar positivamente a vida das pessoas.
2. **Investimentos financeiros**. Investir é uma das maneiras mais eficazes de criar riqueza ao longo do tempo. Através de investimentos inteligentes em ações, imóveis ou outros ativos, é possível gerar retorno sobre o capital inicial. A chave aqui é a educação financeira. Investir de forma consciente, diversificando seus ativos e evitando riscos excessivos, pode resultar em retornos significativos. Além disso, o investimento a longo prazo tende a ser uma estratégia mais eficaz do que buscar ganhos rápidos e especulativos.
3. **Habilidades valiosas**. Em um mundo em constante evolução, as habilidades valiosas são sempre demandadas.

Profissionais com competências especializadas, como programação, marketing digital ou habilidades de liderança, tendem a ser mais bem remunerados. A educação contínua e a busca pelo aprimoramento pessoal são essenciais para quem deseja se destacar no mercado de trabalho. Ao adquirir habilidades que poucos dominam, você se coloca em uma posição vantajosa para gerar mais dinheiro, seja em um cargo corporativo, seja como autônomo.

4. **Infoprodução.** A criação de produtos digitais, como cursos on-line, e-books, ou até mesmo aplicativos, pode ser uma maneira eficaz de gerar renda passiva. A grande vantagem dos produtos digitais é a escalabilidade – você cria o produto uma vez e pode vendê-lo infinitamente, sem custos adicionais significativos. Além disso, a internet permite que você alcance um público global, o que aumenta o potencial de lucro. No entanto, o sucesso nesse campo exige uma boa estratégia de marketing e um entendimento claro das necessidades e desejos do seu público-alvo.
5. **Imóveis**. O mercado imobiliário é uma área tradicionalmente associada à criação de riqueza. A compra de imóveis para alugar pode gerar uma fonte de renda passiva, enquanto o valor do imóvel pode aumentar com o tempo, permitindo uma venda lucrativa no futuro. Embora seja necessário um capital inicial significativo, investir em imóveis pode ser uma excelente maneira de criar um fluxo de caixa constante. Além disso, ao longo dos anos, a valorização dos imóveis pode resultar em um aumento substancial no patrimônio.
6. **Conteúdo.** A produção de conteúdo on-line, por meio de blogs ou vídeos no YouTube, tem se mostrado uma forma poderosa de gerar riqueza. Plataformas como o Google

AdSense e o YouTube Partner Program permitem que criadores de conteúdo ganhem dinheiro com a exibição de anúncios. A chave para o sucesso é construir uma audiência fiel, o que requer constância e uma abordagem estratégica. Além disso, é possível monetizar ainda mais o conteúdo por meio de parcerias e vendas de produtos, criando múltiplas fontes de receita.

7. **Economia.** Para aqueles que buscam uma abordagem mais segura e gradual para criar riqueza, a economia e o investimento regular são fundamentais. Economizar uma parte significativa da sua renda e investir essa quantia de forma inteligente ao longo do tempo pode resultar em grandes ganhos. O segredo também está na constância: quanto mais você economizar e investir, maior será seu poder de acumulação. A disciplina financeira, aliada a um planejamento estratégico a longo prazo, pode garantir que você construa uma base sólida para a prosperidade.

Em suma, a criação de riqueza legítima exige esforço, conhecimento e paciência. Cada uma dessas abordagens oferece um caminho potencial, e a escolha de qual seguir depende das suas circunstâncias, habilidades e objetivos. No entanto, todas elas têm um ponto em comum: a necessidade de trabalhar de forma inteligente, ética e persistente. A riqueza não acontece da noite para o dia, mas, com dedicação e foco, ela é possível.

Para fixar: pessoas de sucesso sabem que clareza é o ponto de partida para a conquista. Defina seus objetivos com detalhes e use palavras com propósito, para que sua mente trabalhe alinhada com suas metas. Lembre-se: "Uma meta é um sonho com prazo".

INSIGHTS

O cheque de 10 milhões de dólares

Jim Carrey, mundialmente conhecido por suas performances hilárias em filmes como *O Máskara* e *Debi & Loide*, é um exemplo vivo do poder da autossugestão e da visualização para transformar sonhos em realidade.

Antes de alcançar o estrelato, Carrey enfrentou muitos obstáculos e dificuldades na vida pessoal e profissional. Ele não nasceu em uma família rica e, durante sua juventude, sua família passou por sérias dificuldades financeiras. No entanto, foi justamente durante esse período de desafios que Carrey começou a usar técnicas de visualização e autossugestão para moldar sua realidade futura.

Nascido em 1962, no Canadá, Jim Carrey começou a desenvolver seu talento para a comédia desde jovem. Mas, apesar de seu talento nato para o humor, enfrentou dificuldades extremas antes de chegar a Hollywood. Durante sua adolescência, sua família lutava para sobreviver, e houve momentos em que moraram em uma van.

Esse período de dificuldades poderia facilmente ter destruído o sonho de muitos jovens, mas Carrey escolheu enxergar sua vida de maneira diferente. Ele começou a cultivar o poder de acreditar em si mesmo quando o mundo ao seu redor parecia desmoronar.

Nos anos 1980, enquanto ainda era um comediante em ascensão, Carrey tomou uma decisão que mudaria sua vida para sempre: passou a praticar a visualização de seu sucesso, acreditando firmemente que, ao focar sua mente em seus sonhos, ele poderia atrair as oportunidades que desejava. Carrey costumava dirigir até as colinas de Hollywood todas as noites e estacionar seu carro com uma vista panorâmica da cidade. Lá ele visualizava seu futuro com clareza e convicção.

Uma de suas práticas mais famosas de visualização foi quando ele escreveu um cheque para si mesmo no valor de 10 milhões de dólares. Na época, ele não tinha esse tipo de dinheiro nem chegava perto de imaginar um contrato desse valor. Mas ele datou o cheque para o ano de 1995 e guardou em sua carteira, como uma forma de se lembrar diariamente de seu objetivo. Toda vez que olhava para o cheque, Carrey reforçava sua autossugestão, acreditando que aquele valor seria pago a ele por seus "serviços de atuação".

Esse hábito de visualizar o sucesso e repetir para si mesmo que era possível o manteve focado em seu objetivo mesmo quando enfrentava rejeições e portas fechadas no início da carreira.

Além da visualização, Carrey também usava autossugestão verbal. Ele falava para si mesmo que seria um dos maiores atores de Hollywood. Repetia suas crenças em sua mente, reforçando constantemente a ideia de que, independentemente dos obstáculos que encontrasse, ele era destinado ao sucesso.

Carrey não se limitou a pensar positivamente ou a visualizar seu sucesso. Ele também trabalhou incessantemente para melhorar suas habilidades e se colocar nas oportunidades certas. Durante anos, batalhou em clubes de comédia e pequenas aparições em programas de TV, enquanto mantinha sua visão de que, um dia, seriam pagos milhões por seu talento.

Em 1994, a prática de Carrey se manifestou de maneira impressionante. Após ter desempenhado papéis em filmes de sucesso como *Ace Ventura* e *O Máskara*, assinou um contrato para estrelar o filme *Debi & Loide*, pelo qual recebeu exatamente 10 milhões de dólares, o valor que ele havia escrito no cheque anos antes. Esse momento foi a prova definitiva de que suas práticas de visualização e autossugestão tinham funcionado. Não foi um golpe de sorte ou coincidência; foi o resultado de anos de trabalho árduo e da crença inabalável de que ele era capaz de alcançar o que tanto desejava.

Depois de alcançar o sucesso financeiro e profissional, Jim Carrey passou a compartilhar sua visão sobre a vida, afirmando que a mente é uma ferramenta poderosa para criar coisas. Ele acredita que, além de trabalhar duro, é essencial acreditar profundamente no que você deseja e alinhar suas ações a essa crença. Em várias entrevistas, Carrey refletiu sobre como as pessoas precisam "agir como se já tivessem o que desejam", e, com o tempo, isso se manifestará em suas vidas.

Carrey se tornou um defensor do poder da mente e da autossugestão para acessar novas possibilidades. Em uma palestra inspiradora, comentou: "Você pode pedir o que quiser. As pessoas dizem que você deve manter os pés no chão. Eu digo que você deve se permitir flutuar acima disso".

ARQUIVO Nº 6

A FORÇA DO DESEJO

"A vontade é uma força monstruosa, mas monstruosa mesmo. Você consegue virar o seu destino de uma maneira impensável. Mas desde que você queira mesmo. Querer mesmo não é coisa de intensidade, é uma coisa de constância. Se você quiser só um pouquinho, mas todo dia, eu digo: Ah, você vai fazer."

OLAVO DE CARVALHO

Imagine que você esteja diante de um dos homens mais importantes da sua geração, Elon Musk. Você não tem dinheiro, conexões ou sequer um plano concreto. Tudo o que você tem é um desejo ardente, uma determinação inabalável de não apenas trabalhar para ele, mas também de ser seu parceiro. Parece impossível, certo?

Vamos relembrar a história de Edwin C. Barnes. Mais de um século atrás, Barnes enfrentou circunstâncias semelhantes ao decidir que trabalharia com ninguém menos que Thomas Edison, o maior inventor de sua época e uma das figuras mais importantes da Segunda Revolução Industrial. Edison, amplamente reconhecido como um gênio, era responsável por invenções que estavam transformando o mundo, como a lâmpada incandescente e o fonógrafo.

Trabalhar ao lado de Edison parecia um sonho impossível para muitos, mas Barnes tinha algo que poucos têm: **uma determinação inabalável e uma visão clara de seu objetivo**. E foi essa combinação que tornou o impossível realidade.

Seu desejo de formar essa parceria era tão forte que Barnes decidiu que perseguiria esse objetivo incansavelmente até alcançar o sucesso. Ele prometeu a si mesmo que não recuaria e que nada o impediria de atingir sua meta. O jovem Barnes não tinha dinheiro suficiente para comprar uma passagem de trem e também não tinha habilidades técnicas especiais. Além disso, tinha apenas umas poucas peças de roupas. No entanto, esses obstáculos não foram suficientes para afastar esse homem determinado de visitar o famoso laboratório de Edison em West Orange, Nova Jersey, e buscar seu sonho.

Em um dia decisivo de 1905, impulsionado por uma vontade que transcendia a pobreza e a falta de conhecimento técnico, Barnes chegou a West Orange em um trem de carga. Malvestido e aparentando ser mais um desajustado do que um homem de realizações, ele entrou no famoso laboratório de Edison e anunciou ao grande inventor que tinha vindo para formar uma parceria com ele. Os funcionários de Edison, que estavam por perto, acharam a ousadia do homem pobre engraçada e riram dele. Edison, porém, não riu. Ele viu um jovem determinado, disposto a fazer o que fosse necessário para ajudar a expandir sua empresa.

Impressionado com a ambição e a força de vontade de Barnes, o grande inventor decidiu dar ao homem pobre uma chance de realizar seu sonho – não como parceiro, mas como faxineiro. Barnes aceitou sabiamente a oferta de Edison, sem se sentir abatido pela função que lhe foi proposta. Ele entendeu que essa era uma oportunidade única de mostrar a Edison o que poderia fazer. Além disso, sabia que essa chance abriria portas para observar o brilhante inventor em ação e conhecer pessoas influentes do círculo de Edison.

Começando com uma vassoura nas mãos, Barnes trabalhou o melhor que pôde e nunca abandonou seu objetivo de estabelecer uma parceria com o líder mundial da tecnologia prática. Meses se passaram, e, para quem observava de fora, parecia que nada de especial estava acontecendo. No entanto, Barnes estava aprendendo os segredos do sucesso de Edison e se preparando para atrair oportunidades.

Depois de trabalhar para Edison por quase dois anos, Barnes identificou uma grande oportunidade. O inventor estava pronto para comercializar a *Edison Dictating Machine*, um dispositivo que gravava a voz humana em cilindros de cera. Embora a equipe de vendas de Edison não visse potencial no produto, Barnes enxergou sua utilidade para executivos ocupados. Ele propôs vender o equipamento, e Edison, impressionado com sua determinação e preparação, concordou. Em poucos meses, Barnes havia vendido milhares de unidades, tornando-se multimilionário. Mais importante, ajudou milhares de pessoas a serem mais produtivas com o dispositivo.

Imagine uma "força de vontade" que consome cada pensamento, dirige cada ação e transforma cada obstáculo em degrau – esse é o **desejo ardente**, a essência do que Napoleon Hill descreve em *Quem Pensa Enriquece* como o ponto de partida de todo sucesso. Não é um capricho passageiro ou uma ideia vaga. É a chama que, alimentada pela convicção, queima incessantemente até materializar o impossível.

Edwin C. Barnes, que decidiu trabalhar com Thomas Edison, não tinha nada além dessa força. Ele era pobre, sem conexões e sem experiência técnica, mas tinha uma visão: não simplesmente trabalhar para Edison, mas tornar-se seu parceiro. Essa convicção não se abalava com a realidade; ao contrário, a moldava. Foi isso que o fez entrar no laboratório do inventor e declarar, com uma coragem quase insana, que eles seriam parceiros.

O que torna o desejo ardente tão poderoso é sua capacidade de alinhar o consciente e o inconsciente. Hill explica que, ao se concentrar repetidamente em um objetivo, **você programa sua mente para buscá-lo,** como um ímã atraindo circunstâncias, recursos e pessoas necessárias. A neurociência moderna endossa isso: a repetição de pensamentos cria caminhos neurais que tornam uma ideia cada vez mais familiar e possível. É o sistema de ativação reticular (SAR), citado no arquivo nº 4, em ação, filtrando informações no mundo à sua volta para apoiar aquilo que sua mente considera prioritário.

O exemplo de Barnes é interessante, porque, mesmo não sabendo quando ou como sua oportunidade chegaria, ele sabia que ela viria. Durante dois anos, enquanto limpava o chão e observava Edison, ele se preparava silenciosamente, até que sua chance chegou. É isso que distingue o desejo ardente de outras vontades: ele não apenas espera o momento certo, ele cria as condições para que esse momento aconteça.

Para muitos, histórias como essa parecem ser sobre sorte, mas na verdade são sobre **compromisso total**. Na linguagem popular, "entrega de corpo e alma". O desejo ardente não permite hesitação. Ele exige sacrifício, foco e uma recusa em aceitar alternativas que não sejam o sucesso. Não é simplesmente querer; é uma necessidade visceral, quase física, de alcançar algo maior. Como Hill escreve, "quem deseja com intensidade suficiente não aceitará fracasso como uma possibilidade".

Grandes mentes da história têm demonstrado esse princípio repetidamente. Pense em Abraham Lincoln, que falhou inúmeras vezes antes de se tornar presidente dos Estados Unidos. Ou em Howard Schultz, que foi rejeitado por mais de duzentos bancos antes de financiar sua visão para o *Starbucks*. Pense em Silvio Santos, que começou como camelô vendendo canetas nas ruas do Rio de Janeiro e, com uma visão clara e uma determinação insuperável, construiu um dos maiores impérios de comunicação do Brasil. Homens como esses exemplificam como um desejo forte e persistente pode transformar dificuldades em alavancas para o sucesso.

Esse tipo de vontade não é um dom reservado a poucos; é **uma habilidade que pode ser cultivada**. Como tratamos no capítulo anterior, tudo começa com clareza. O que você realmente quer? Qual é o seu objetivo? Não pode ser algo vago ou genérico, precisa ser um objetivo que faça seu coração bater forte só de pensar. Não é simplesmente sonhar, é preparar-se mental e emocionalmente para a realização.

Hill insiste que um desejo ardente deve ser **alimentado por um plano**, mas não necessariamente um plano perfeito. O que importa é o movimento. Barnes não sabia como alcançaria sua parceria com Edison, mas sabia que precisava estar perto dele. Assim, começou como faxineiro, sabendo que mesmo um pequeno passo em direção ao seu objetivo era melhor do que nenhum.

O desejo ardente exige uma visão inabalável. Obstáculos virão – isso é certo. Mas, para quem realmente deseja algo, eles não são sinais para desistir, e sim desafios a serem superados. Thomas Edison falhou milhares de vezes antes de inventar a lâmpada elétrica, mas nunca considerou essas falhas como derrotas. Como ele mesmo disse: "Não falhei; apenas descobri dez mil maneiras que não funcionam". Essa é a mentalidade de quem cultiva um desejo ardente: o fracasso não é o fim da jornada, mas uma bússola que ajusta o caminho para o sucesso. Cada erro ensina algo. Cada tentativa aproxima do objetivo. A diferença entre aqueles que conquistam e aqueles que desistem não está no talento, na sorte ou nas circunstâncias. Está na persistência inabalável de quem se recusa a aceitar um "não" como resposta final.

Olhe para sua vida agora. Há algo que você deseja com intensidade suficiente para sacrificar conforto, tempo e esforço? Se não, talvez esteja na hora de reavaliar suas prioridades. Se sim, comprometa-se completamente. Declare esse objetivo a si mesmo todos os dias. Imagine-o como já realizado. Trabalhe, mesmo que pareça que o progresso é lento ou inexistente. E, acima de tudo, nunca duvide que, com a força de um desejo ardente, você pode transformar sua visão em realidade.

O desejo ardente é o fogo que molda o aço da realização. Ele é o ponto de partida de todo grande feito, a força que transforma ideias em ações e sonhos em conquistas. Sem ele, permanecemos estáticos, à mercê das circunstâncias. Com ele, nos tornamos criadores de resultados.

PILOTO Nº 6

Transformando o desejo em uma declaração poderosa

Lembre-se do conselho: use expressões positivas no presente, como se já tivesse alcançado o que deseja. Você pode incluir emoção e detalhes vívidos para ativar sua mente criativa. Exemplo:

"Eu sou o fundador de uma empresa de design de interiores que alcança um faturamento inicial de R$ 100.000 mensais. Transformo casas em lares e trago alegria para os meus clientes. Estou profundamente grato pelo impacto que crio e pelas conquistas que celebro todos os dias."

Outros conselhos gerais:

- Leia sua declaração em voz alta pelo menos duas vezes ao dia: ao acordar, no meio do dia e antes de dormir.
- Durante a leitura, concentre-se no significado das palavras e visualize vividamente o cenário descrito. Imagine as emoções que sentirá ao atingir esse objetivo.
- Feche os olhos por alguns minutos e sinta como será ter o que deseja. Sinta a gratidão, a alegria e a realização.
- As emoções intensas dão poder às palavras e ajudam a gravar essa mensagem no seu subconsciente.
- Use linguagem que ressoe com você. Escolha palavras que despertem entusiasmo e que tenham significado pessoal.

- Evite palavras negativas ou limitantes, como "não posso" ou "é difícil". Substitua por "Eu posso" e "Estou aprendendo a superar desafios".
- Registre suas experiências e insights em um diário. Isso ajudará a monitorar seu progresso e a ajustar suas declarações e ações.

Exemplo de declaração com um pequeno plano de ações

A partir da declaração abaixo...

> "Eu sou o fundador de uma empresa de design de interiores que alcança um faturamento de R$ 100.000 mensais em doze meses. Transformo casas em lares e trago alegria para os meus clientes. Estou profundamente grato pelo impacto que crio e pelas conquistas que celebro todos os dias."

Você pode definir três ações diárias:

1. Pesquisar fornecedores confiáveis para meu negócio.
2. Assistir a uma aula on-line sobre marketing digital.
3. Entrar em contato com cinco possíveis clientes para oferecer meus serviços.

Afirmação de suporte:

"Cada passo me aproxima do meu sucesso. Eu tenho tudo de que preciso para transformar meu sonho em realidade."

Esse exercício pode ser repetido diariamente, ajustando-se conforme você evolui. Ao cultivar o desejo ardente por meio das palavras, você cria o caminho mental e emocional para transformar sua visão em realidade.

Você é produto das suas decisões

Em uma conversa profunda sobre mentalidade de sucesso e a linguagem que define grandes homens de negócios, entrevistei meu amigo Rafael Rez, um dos profissionais de marketing mais bem-sucedidos do Brasil, que construiu uma carreira sólida e hoje atua como consultor para grandes empresas. Compartilho aqui as lições valiosas que ele dividiu comigo...

Quando pedi que escolhesse uma palavra que definisse a mentalidade de sucesso, Rafael escolheu **"constância"**, ressaltando que nada de real valor pode ser conquistado sem uma dedicação diária e consistente. Para ele, o sucesso não é um evento pontual, mas o resultado de pequenas ações repetidas ao longo do tempo.

Quanto à filosofia que orienta suas decisões nos negócios, Rafael citou uma poderosa frase de Viktor Frankl: **"Você não é produto das circunstâncias, você é produto das suas decisões"**. Essa citação reflete a crença de que somos responsáveis pelo rumo que nossa vida e carreira tomam, independentemente dos obstáculos externos.

Quando o assunto é a linguagem no dia a dia, ele comentou que, embora não tenha palavras ou expressões específicas que evite, já foi mais impulsivo com palavrões no passado. Hoje ele prefere **uma comunicação mais controlada e precisa**, refletindo sua maturidade na gestão de palavras e ações.

Ao tomar grandes decisões, uma das perguntas que sempre faz é: **"Vale a pena trocar essa quantidade de trabalho por essa quantidade de dinheiro?"**. Para ele, o estresse nem sempre compensa o retorno financeiro, e, por isso, ele se assegura de que o valor pelo seu trabalho seja condizente com o esforço exigido.

Quando questionado sobre como ensinar um jovem empreendedor a desenvolver uma comunicação poderosa, Rafael apontou a importância de **"entender a expectativa do interlocutor"**. Ele acredita que, ao compreender o que o outro quer ouvir, o empreendedor pode adaptar sua mensagem de forma a fazer sentido para a pessoa com quem está se comunicando, facilitando a conexão e a persuasão.

Sobre a linguagem que atrai investidores, parceiros ou clientes, ele destacou que a **"narrativa do sucesso baseado no mérito"** é uma das mais eficazes. Ele explica que, embora o sucesso dependa de muitos fatores fora de nosso controle, as pessoas tendem a acreditar que podem moldar seu destino com esforço e competência, o que torna essa narrativa irresistível.

Por fim, fez uma distinção fundamental entre a forma como pessoas comuns falam sobre dinheiro e como milionários o abordam. A pessoa comum vê o dinheiro como um fim em si mesmo, desejando-o por status, fama e poder. Já o milionário, segundo Rafael, entende **o dinheiro como uma ferramenta, não um objetivo em si**. Para ele, o dinheiro é simplesmente um meio para alcançar outros objetivos, não um fim.

Essas respostas oferecem uma visão única sobre como a mentalidade, a comunicação e a percepção do dinheiro moldam o sucesso nos negócios. A mentalidade de constância, as escolhas conscientes de palavras e a abordagem estratégica de negócios são fundamentais para quem busca ir além e alcançar grandes conquistas.

Para fixar: o desejo ardente não é um capricho, é uma força que transforma cada pensamento em ação. Pessoas de sucesso têm um objetivo claro e se dedicam todos os dias para alcançá-lo. Eles apostam em constância. Alimentar sua mente com essa determinação constante é a chave para materializar sonhos. Portanto, defina seu objetivo, mantenha seu foco e permita que o desejo ardente conduza suas ações para o sucesso.

INSIGHTS

O modo de pensar de Flávio Augusto da Silva

Flávio Augusto da Silva não se contenta em ser um dos maiores empresários do Brasil. Há anos, ele decidiu compartilhar com o público suas reflexões sobre o sucesso, a perseverança e as escolhas que moldam a trajetória de qualquer pessoa. Mesmo antes do *boom* de algumas redes sociais e formatos como podcasts, Flávio já disseminava seu conhecimento de forma acessível e direta por esses formatos, atingindo uma audiência que busca se desenvolver não apenas no campo profissional, mas também no pessoal.

Listo aqui algumas frases inspiradoras desse empresário para que você obtenha insights valiosos sobre como transformar conhecimento em ação, a importância de assumir responsabilidades por nossas vitórias e fracassos, e a necessidade de persistência e autoconhecimento para alcançar o sucesso.

1. "Tomamos decisões desde o primeiro minuto do dia."
2. "Não valemos pelo conhecimento que temos, mas, sim, pelo que somos capazes de produzir com o conhecimento que temos."
3. "Deu certo? Parabéns para você. Deu errado? Sua responsabilidade. Não há garantias. Vitórias e fracassos andam juntos e misturados. Comemore o sucesso, mas saiba que ele pode não ser definitivo. Aprenda com os fracassos, mas saiba que eles também não são definitivos."
4. "Não foram poucas as vezes que, ao estudar à noite, quando sentia vontade de dormir, pensava com frequência: 'Alguém

no Brasil ainda está estudando agora. Então, vou estudar mais uma hora'."

5. "Eu, finalmente, respirei fundo e pude aprender que era capaz de conquistar qualquer coisa que quisesse. Bastava me dedicar e perseverar que eu seria capaz de compensar minhas limitações com muito esforço."
6. "Há momentos na vida em que mais importante do que saber o que se quer é saber o que não se quer."
7. "Tempo é a vida passando que não volta mais. Perder tempo é perder a vida. Deixar de avançar por causa de medo, desconfiança, covardia, complexos, acomodação é desperdiçar tempo e desperdiçar a vida."

ARQUIVO Nº 7

A IMAGINAÇÃO CRIADORA

"A imaginação é mais importante que o conhecimento, porque o conhecimento é limitado, ao passo que a imaginação abrange o mundo inteiro."

ALBERT EINSTEIN

Seria um grande erro não inserir a "imaginação" na lista de "ingredientes" da receita de *Palavras que Enriquecem*, pois ela é o ponto de partida de todas as grandes conquistas humanas, a oficina da mente em que os sonhos tomam forma e transformam-se em realidade. Todos os grandes feitos começaram como uma ideia, uma visão que foi moldada pela imaginação antes de ser trazida ao mundo material. E o que torna a imaginação tão poderosa é sua capacidade de **transcender as limitações físicas**, permitindo que você visualize um futuro ainda não realizado e trabalhe para concretizá-lo.

Em outros termos, imaginação é a faculdade mental que permite ao ser humano criar imagens, ideias e conceitos que não estão presentes nos sentidos imediatos. Ela não se limita à visualização de cenas ou objetos; é um processo criativo profundo que envolve a **capacidade de combinar, reconfigurar e reinventar experiências passadas e possibilidades futuras.** No contexto do desenvolvimento pessoal, funciona como um mecanismo que transforma pensamentos em planos e planos em ações.

Existem dois tipos de imaginação: a *sintética* e a *criativa*. A imaginação sintética é o processo de combinar ideias, conceitos e experiências pré-existentes para formar algo novo. É a ferramenta que usamos quando resolvemos problemas cotidianos ou quando inovamos a partir de uma base já estabelecida. Já a imaginação criativa é a faculdade que permite a geração de ideias originais e únicas, muitas vezes inspiradas por fontes espirituais e intuitivas. Para Napoleon Hill, ambos os tipos são vitais para o sucesso, pois trabalham em conjunto para gerar novas soluções e abrir novos caminhos.

A imaginação funciona, essencialmente, como uma "fábrica mental". Quando você alimenta essa fábrica com pensamentos, desejos e afirmações positivas, ela começa a criar imagens que guiam suas ações. É por isso que as palavras são tão importantes no processo de criação. A linguagem que você usa para descrever seus objetivos molda as imagens que sua mente cria e, por extensão, o caminho que você segue para alcançar seus objetivos.

O americano Robert Collier foi um dos grandes nomes da literatura motivacional e do desenvolvimento pessoal, tornando-se conhecido por seus escritos sobre sucesso, persuasão e mentalismo. Foi um dos precursores das ideias que mais tarde dariam forma ao movimento "O Segredo".[23] Ele explorou conceitos como autossugestão, o poder do subconsciente e a mentalidade de riqueza, deixando um legado que, inclusive, influenciou Napoleon Hill e diversos autores de desenvolvimento pessoal. Além de um pensador influente, Collier foi um mestre da redação persuasiva, aplicando princípios psicológicos para criar anúncios e textos de vendas altamente eficazes. Ele acreditava no papel fundamental da imaginação na construção do sucesso, observando que os grandes realizadores de sua época tinham um traço em comum: a capacidade de visualizar e modelar mentalmente seus objetivos antes de alcançá-los. Como ele mesmo escreveu:

"Os homens bem-sucedidos no trabalho usam sua imaginação (...) Eles pensam à frente e criam sua imagem mental em todos os seus detalhes, preenchendo ali, adicionando um pouco aqui, ajustando algo acolá — mas sempre construindo, sempre aprimorando."

---

23. O movimento "O Segredo" (*The Secret*) foi popularizado pelo livro e filme homônimo, criado por Rhonda Byrne. Lançado em 2006, o conteúdo central do movimento gira em torno da "Lei da Atração", que postula que nossos pensamentos e sentimentos podem atrair para nossa vida o que desejamos. O conceito sugere que, ao focarmos coisas positivas, visualizarmos nossos objetivos e cultivarmos uma mentalidade de gratidão, podemos atrair experiências e oportunidades que correspondem a esses desejos. Embora amplamente debatido, o movimento "O Segredo" teve um grande impacto na cultura popular e no desenvolvimento pessoal, incentivando muitas pessoas a acreditarem no poder da mente e na importância de ter uma atitude positiva para alcançar sucesso e felicidade.

Para Collier, as palavras tinham um poder transformador, especialmente quando despertavam imagens mentais vívidas. Ele entendia que a mente humana opera em imagens, e que um bom escritor não simplesmente informa, mas pinta cenários na mente do leitor, tornando sua mensagem inesquecível por meio da imaginação:

> **"A mente pensa em imagens. Uma boa ilustração vale mais que mil palavras. Mas uma imagem clara construída na mente do leitor por suas palavras vale mais que mil desenhos, pois o leitor colore essa imagem com sua própria imaginação, que é mais potente do que todos os pincéis de todos os artistas do mundo."**

A psicologia reconhece o importante papel da imaginação no comportamento humano. No início do século 20, Carl Jung sugeriu que a imaginação é uma ponte entre o consciente e o inconsciente.[24] Jung acreditava que, através da imaginação, somos capazes de acessar partes profundas de nossa psique, em que residem símbolos, arquétipos e energias criativas. Em suas palavras, "a imaginação ativa" é uma técnica usada para explorar o inconsciente e transformar pensamentos em percepções tangíveis. Essa prática pode ajudar as pessoas a acessarem insights profundos e encontrarem soluções criativas para seus problemas.

Da perspectiva neurocientífica, a imaginação envolve múltiplas áreas do cérebro que são ativadas quando visualizamos ou pensamos em algo que não está presente fisicamente. Estudos[25] mostram que as mesmas regiões do cérebro responsáveis por processar experiências

---

24. Jung, Carl. *Jung on Active Imagination.* Princeton: Princeton University Press, 1997.

25. Kosslyn, S tephen M. *Image and Brain: The Resolution of the Imagery Debate.* MIT Press, 1994.

sensoriais reais, como visão, toque e audição, também são ativadas quando imaginamos essas experiências. Ou seja, ao imaginar, o cérebro responde como se o evento estivesse de fato acontecendo. Esse processo de "simulação mental" permite que o indivíduo ensaie mentalmente ações e reações, o que pode aumentar a probabilidade de sucesso ao enfrentar desafios reais.

Essas descobertas corroboram que a imaginação é uma ferramenta poderosa para moldar nossos resultados. Quando visualizamos repetidamente um objetivo, nosso cérebro começa a criar as conexões neurais necessárias para transformar essa visão em ações concretas. É por isso que afirmações, declarações e manifestações são técnicas tão eficazes para o desenvolvimento pessoal e profissional. Elas treinam o cérebro a se preparar para o sucesso.

A literatura e as artes sempre reconheceram o poder transformador da imaginação. Escritores, poetas e artistas visuais dependem dela para criar mundos inteiros, personagens e narrativas que, por meio das palavras e imagens, desafiam as fronteiras da realidade. William Blake, poeta e pintor inglês, afirmou que "a imaginação não é um estado; é a própria existência humana". Para ele, a imaginação é o canal pelo qual o ser humano transcende as limitações materiais e acessa o mundo divino.

Um dos exemplos mais notáveis do poder imaginativo é J. R. R. Tolkien. Em *O Hobbit* e *O Senhor dos Anéis*, Tolkien construiu um mundo que vai além das páginas de um livro, criando uma mitologia completa, com línguas, povos, culturas e histórias que se entrelaçam em uma narrativa épica. A Terra-média não foi só um cenário para aventuras, mas um universo vivo, com suas próprias regras e lendas. A imaginação de Tolkien permitiu que ele desenhasse desde os detalhes das paisagens até as mais sutis motivações psicológicas de seus personagens. Ele transformou o conceito de fantasia, elevando-o a uma obra de arte literária, em que o leitor não somente acompanha uma história, mas mergulha em um mundo com profundas camadas de significados filosóficos e simbólicos. A imaginação aqui não é uma fuga, mas uma forma de compreender o próprio ser humano em meio a dilemas universais.

Da mesma forma, Walt Disney usou a imaginação para revolucionar o entretenimento e criar um império construído sobre sonhos e histórias. O que começou com a ideia de um pequeno rato chamado Mickey se transformou em um vasto universo de personagens e mundos que capturam a imaginação de crianças e adultos até hoje. Disney acreditava que a imaginação era o alicerce para criar o impossível e, através disso, deu vida a filmes e parques temáticos que permitem ao público explorar a magia e a aventura de maneira palpável. Assim como Tolkien, Disney via a imaginação como uma ferramenta transformadora, que não apenas diverte, mas também inspira e educa.

Ambos, Tolkien e Disney, usaram suas imaginações para construir mundos que não simplesmente refletem a realidade, mas a ampliam, oferecendo ao público a chance de experimentar novas formas de ser e de entender o mundo. Essas criações não são meras ficções; são expressões profundas da capacidade humana de transcender limites e explorar novas dimensões da existência.

Enquanto escrevo este livro, Elon Musk apresenta ao mundo algumas de suas grandes invenções, que parecem saídas diretamente das páginas de ficção científica. Uma delas é o Optimus, também conhecido como Tesla Bot, um humanoide robótico de propósito geral em desenvolvimento pela Tesla. Esse avanço, como muitos dos projetos de Musk, só é possível graças a um tipo de imaginação que desafia os limites do que é considerado possível. Sem a capacidade de imaginar um futuro em que máquinas inteligentes coexistem com os seres humanos, esse tipo de inovação não teria espaço para se desenvolver.

Esse mesmo princípio se aplica à criação de objetivos e à busca do sucesso. Quando você usa a imaginação para visualizar seus objetivos, está, de fato, criando um mundo no qual esses objetivos já existem. Ao trazer essas imagens mentais para a consciência por meio de palavras – seja por afirmações, seja por planos detalhados –, você começa a transformar o intangível em algo tangível. As palavras, portanto, funcionam como os tijolos que constroem o caminho entre a imaginação e a realidade.

Quantas pessoas ficaram milionárias ou se tornaram bem-sucedidas usando o poder da imaginação? Se você der um Google em nomes como Sara Blakely, Richard Branson, Daymond John, Barbara Corcoran, Tim Ferriss, Mary Kay Ash, James Dyson, Ralph H. Baer, Arthur Fry, George Lucas e James Cameron, verá que não são poucas as pessoas que obtiveram retorno financeiro a partir de ideias que tiveram – no campo artístico, literário, de invenções ou modelos de negócios.

Esses indivíduos não apenas visualizaram o sucesso, mas também o materializaram através de um compromisso constante com suas ideias e a habilidade de transformar sonhos em ações concretas.

PILOTO Nº 7

Como usar a imaginação para prosperar

Para aplicar o princípio da imaginação de maneira eficaz, é necessário seguir alguns passos práticos.

O primeiro passo é definir claramente o seu objetivo principal, como enfatizei no Arquivo 5. Ele deve ser específico e estar alinhado com seus desejos mais profundos. A partir desse objetivo, você pode usar a imaginação para criar uma imagem mental detalhada do sucesso que deseja alcançar. Isso pode incluir desde a visualização de conquistas materiais específicas até a criação de uma visão mais ampla de realização pessoal e emocional.

O segundo passo é usar a linguagem para reforçar essas imagens mentais. Afirmações específicas são uma maneira poderosa de alimentar a imaginação com pensamentos construtivos. Quando você diz ou escreve afirmações como "Eu vou concluir meu projeto de negócios até o final do mês de maio e atrair três novos clientes" ou "Estou economizando R$ 500,00 por mês para comprar minha casa até o final do próximo ano", está treinando seu cérebro para visualizar cenários concretos e agir de acordo com eles. A constância é fundamental: quanto mais você repete essas afirmações e alimenta sua imaginação com metas claras, como "Vou correr 5 km três vezes por semana para melhorar minha saúde", mais essas ideias se enraízam em sua mente subconsciente e começam a se transformar em realidade.

Por fim, é importante agir de acordo com essas imagens mentais. A imaginação é apenas o primeiro passo no processo de criação; ela deve ser acompanhada de ações concretas que conduzam ao objetivo.

Portanto, visualize seu objetivo, reforce-o com palavras poderosas e tome medidas para alcançar o sucesso que você imaginou.

Exercício de imaginação em sete passos

1. **Encontre um lugar tranquilo:** sente-se em um local onde você possa relaxar e ficar sem distrações por pelo menos dez minutos. Feche os olhos e respire profundamente algumas vezes, para acalmar a mente.
2. **Defina um objetivo claro:** pense em algo que você deseja realizar, seja no campo espiritual, pessoal, profissional, seja financeiro. Esse objetivo deve ser específico e detalhado. Por exemplo, "Vou abrir meu próprio negócio em três meses" ou "Vou me tornar um palestrante reconhecido na minha área nos próximos seis meses".
3. **Crie uma cena mental:** agora, comece a visualizar você mesmo atingindo esse objetivo. Imagine todos os detalhes como se estivesse acontecendo no presente momento. Se o seu objetivo é abrir um negócio, visualize a inauguração, o local, a interação com os clientes e a satisfação de ver seu sonho realizado. Se o objetivo for mais relacionado à saúde, veja-se praticando exercícios ou colhendo os resultados de seus esforços.
4. **Aprimore com detalhes sensoriais:** adicione detalhes sensoriais à sua visualização. O que você vê ao alcançar seu objetivo? Quais sons você ouve ao seu redor? Como você se sente emocionalmente nesse momento? Incorporar cores, sons e emoções na visualização ajudará a fortalecer a imagem mental.

5. **Afirme sua realização:** enquanto visualiza, repita afirmações específicas para reforçar o processo. Por exemplo, "Estou concretizando o meu projeto com sucesso" ou "Me sinto confiante e capacitado para atrair contratos milionários". Deixe essas palavras criarem uma conexão emocional com a cena que você está visualizando.
6. **Repita diariamente:** pratique esse exercício todos os dias, de preferência no início da manhã ou antes de dormir. A repetição vai fortalecer a imagem na sua mente e aumentar a motivação para tomar ações concretas em direção ao objetivo.
7. **Aja com intenção:** depois de visualizar e afirmar seu objetivo, é crucial tomar ações alinhadas com suas imagens mentais. Visualizar sem ação limita os resultados. Mesmo que sejam pequenos passos, comece a realizar atividades diárias que o aproximem de seus objetivos. A consistência entre o que você visualiza e o que você faz é o que transforma sonhos em realidade.

Esse exercício ajuda a alinhar sua imaginação, suas emoções e suas ações, criando uma mentalidade que atrai resultados alinhados com o que você visualizou.

Exemplos de declarações

1. **Objetivo profissional:**

- "Estou me tornando uma referência na minha área. A cada dia, novas oportunidades surgem e eu as aproveito com confiança."

- "Vejo meu negócio prosperando. Estou atraindo clientes satisfeitos e criando uma equipe comprometida com o sucesso."
- "Concluo meu projeto dentro do prazo e com excelência. Minhas ideias estão fluindo e sendo executadas de maneira eficaz."

2. **Objetivo financeiro:**

- "Estou no caminho certo para atingir minha meta financeira. Minhas economias estão crescendo e novas fontes de renda estão surgindo."
- "Ganho R$ 11.000 por mês com meu trabalho, alcançando estabilidade financeira e liberdade para investir no que importa."
- "Minha independência financeira está se tornando realidade. Tomo decisões inteligentes e atrativas que aumentam meus rendimentos."

3. **Objetivo pessoal/saúde:**

- "Estou cuidando da minha saúde de maneira disciplinada. Cada dia que passa, sinto meu corpo mais forte e equilibrado."
- "Completo meus 5 km de corrida com facilidade e disposição. Meu corpo responde bem a cada treino, e minha saúde está melhorando visivelmente."
- "Estou atingindo o peso ideal de forma saudável e sustentável. Minha alimentação está equilibrada, e meu bem-estar é uma prioridade."

4. Objetivo de relacionamento:

- "Estou construindo relacionamentos significativos, baseados em confiança e respeito mútuo. Atraio pessoas positivas e inspiradoras para a minha vida."
- "Meu relacionamento é uma fonte de felicidade e crescimento. A cada dia, estou mais conectado e em harmonia com meu parceiro."
- "Minhas amizades estão se fortalecendo. Eu cultivo apoio e carinho nos meus círculos sociais, e isso me enriquece emocionalmente."

Imaginação empreendedora: 10 formas de fazer 1 milhão de reais (ou de dólares)

Muita gente ainda acredita que o sucesso, sobretudo nos negócios, depende de sorte. E, de fato, a sorte pode entrar na equação. Basta pensar na loteria: um bilhete premiado e, de repente, tudo muda. Mas quem vive do mundo real sabe que essa é uma visão ingênua, quase infantil. A sorte existe, sim. Mas ela é um fator instável. Incontrolável. Imprevisível. Quem constrói riqueza de verdade entende que o jogo é outro. É o jogo da escala.

Imagine que você tenha algo valioso a oferecer – um produto, um serviço, uma ideia. Consegue vendê-lo uma vez. Depois, duas. Depois, cem. Se você mantiver os custos sob controle e fizer isso de forma consistente, você fatura mais. Simples assim.

E se, além de faturar mais, você tiver uma boa margem de lucro, o caminho começa a se desenhar com clareza. Lucrar mais, mês após mês, não é uma mágica. É uma consequência. E com lucro vem a prosperidade. Com constância, vem o crescimento. Com crescimento, vem a liberdade.

Mas é preciso dizer com honestidade: não é fácil. Não é rápido. É trabalhoso. Dói. Exige disciplina, paciência e, principalmente, um olhar atento ao fator mais subestimado do sucesso: as relações.

Sim, relações. Por trás de todo empreendimento bem-sucedido, há conexões sólidas. Parcerias sinceras. Trocas verdadeiras. As pessoas bem-sucedidas se ajudam. Se apoiam. Indicam umas às outras. Abrem portas que sozinhas talvez nunca se abririam. Esse é o princípio da cooperação. E ele é mais valioso do que qualquer fórmula secreta de enriquecimento. Porque no fim das contas, escalar um negócio não é só sobre números. É sobre gente. É sobre construir com os outros, não apesar deles.

Mas voltando à questão da escala... Como, na prática, ela acontece?

A resposta está nos números. Escalar é matemática aplicada à estratégia. Vamos simplificar: imagine que você queira faturar R$ 1 milhão. Parece muito? Talvez. Mas quando você divide esse valor em diferentes possibilidades de vendas, ele se torna surpreendentemente mais alcançável. Veja alguns exemplos:

Venda única (não recorrente):

- Vender um produto de **R$ 200,00 para 5.000 pessoas**
- Vender um produto de **R$ 500,00 para 2.000 pessoas**
- Vender um produto de **R$ 1.000,00 para 1.000 pessoas**
- Vender um produto de **R$ 2.000,00 para 500 pessoas**
- Vender um produto de **R$ 4.000,00 para 250 pessoas**

Venda recorrente (assinatura por 12 meses):

- 5.000 pessoas pagam **R$ 17,00/mês**
- 2.000 pessoas pagam **R$ 42,00/mês**
- 1.000 pessoas pagam **R$ 83,00/mês**
- 500 pessoas pagam **R$ 167,00/mês**
- 250 pessoas pagam **R$ 333,00/mês**

A mágica não está no número em si, mas na forma como você estrutura sua oferta, define seu preço e constrói seu público. Escalar é isso: pensar em como vender para muitos, sem perder o controle dos custos – e sem perder de vista o valor entregue.

No fundo, é uma dança entre números e propósito. Afinal, vender muito sem ajudar ninguém é coisa de canalha. Ajudar muito e não ganhar o suficiente é insustentável. O equilíbrio está em criar algo relevante, replicável e desejado.

E, como já vimos, nada disso acontece sozinho. As conexões certas, os parceiros estratégicos e o poder da cooperação são os combustíveis que impulsionam essa máquina. Sozinho, você pode ir mais rápido. Mas junto, você vai mais longe – e mais alto.

Agora, usando o poder da imaginação, pense: que negócio, ideia ou produto você pode criar para alcançar a marca de 1 milhão em faturamento? Talvez você já tenha algo nas mãos – e só precise escalar. Talvez ainda esteja no campo das ideias – e precise de coragem para começar. Seja como for, o primeiro milhão começa onde quase ninguém olha: na clareza, na estratégia e na decisão de agir.

> **Para fixar:** a imaginação é a chave que abre as portas para o sucesso. Ao visualizar seus objetivos com clareza e reforçar essas imagens com palavras poderosas, você começa a transformar seus sonhos em realidade. Mas não basta sonhar; é preciso agir com intenção. Visualizar, afirmar e tomar medidas alinhadas com suas metas cria um ciclo de ação que torna o impossível possível.

INSIGHTS

"Faça-me sentir importante"

Mary Kay Ash é frequentemente citada como uma das mulheres mais visionárias e bem-sucedidas do mundo dos negócios. Fundadora da Mary Kay Cosmetics, uma das maiores empresas de cosméticos do mundo, começou sua trajetória empreendedora após enfrentar desafios no ambiente corporativo, onde ficou frustrada por não ser reconhecida por seu talento e potencial.

Com apenas 45 anos, decidiu criar a própria empresa, com um modelo de negócios inovador focado em capacitar mulheres e permitir que elas tivessem sucesso por meio de vendas diretas. Sua imaginação a levou a construir um império, com uma fortuna estimada em cerca de 1 bilhão de dólares. O sucesso de Mary Kay se baseou em princípios de liderança, dedicação e, acima de tudo, no poder de uma mentalidade positiva. Ela acreditava profundamente na motivação e na importância do fortalecimento do indivíduo para alcançar grandes conquistas.

Suas palavras continuam a inspirar empreendedores ao redor do mundo:

1. "Finja que cada pessoa que você encontra tem uma placa ao redor do pescoço que diz: 'Faça-me sentir importante'. Você terá sucesso não só nas vendas, mas também na vida."
2. "O maior problema de poluição que enfrentamos hoje é a negatividade."
3. "Existem quatro tipos de pessoas neste mundo: aquelas que fazem as coisas acontecerem; aquelas que assistem às coisas acontecerem; aquelas que se perguntam o que aconteceu; aquelas que não sabem que algo aconteceu!"

4. "A maioria das pessoas vive e morre com sua música ainda não tocada. Elas nunca ousam tentar."
5. "Se você pensa que pode, você pode. Se pensa que não pode, você está certo."
6. "Meu objetivo na vida é viver de tal forma que, quando eu morrer, alguém possa dizer: ela se importava."
7. "Não se limite. Muitas pessoas se limitam ao que acham que podem fazer. Você pode ir tão longe quanto sua mente permitir. O que você acredita, você pode alcançar."
8. "Embora as roupas não façam a mulher, elas certamente têm um grande efeito na autoconfiança dela, o que, eu acredito, faz a mulher."
9. "Para cada falha, existe um caminho alternativo de ação. Você só precisa encontrá-lo. Quando chegar a um bloqueio, faça um desvio."

ARQUIVO Nº 8

A LEI DA AÇÃO: A PALAVRA GERA MOVIMENTO

"A dúvida só consegue
ser removida pela ação."

JOHANN GOETHE

Por mais poderosa que uma declaração possa ser, nada acontece até que você dê o primeiro passo. Essa é outra coisa que as pessoas de sucesso sabem.

Imagine alguém que, todos os dias, acorda, olha no espelho e diz: "Eu vou mudar minha vida". Ele acredita nas palavras, sente a verdade da afirmação pulsando em seu peito e até visualiza os resultados que deseja. Mas, ao terminar essa declaração, vira-se, senta-se no sofá e passa horas assistindo à TV ou navegando sem rumo no celular. O que vai acontecer? Nada.

As palavras, por mais carregadas de fé e intenção que sejam, não têm poder por si sós – elas são sementes. E toda semente precisa ser plantada no solo correto, regada e cuidada com consistência para florescer.

Este é o ponto: o movimento é necessário. Foi com o movimento que Deus deu vida a tudo que existe, como lemos em Gênesis: "No princípio, Deus criou os céus e a Terra. A Terra estava sem forma e vazia; havia trevas sobre a face do abismo, e o Espírito de Deus se movia sobre as águas". Declarar é o começo, mas a transformação só ocorre quando a palavra é acompanhada por ação intencional e constante.

A esta altura, não temos mais dúvidas de que, quando bem empregadas, as palavras têm poder. Elas moldam nossos pensamentos, influenciam nosso estado emocional e ajudam a gerar eventos na vida real. Grandes mudanças – pessoais ou sociais – começam com declarações. Quando você declara algo, cria uma imagem mental e envia uma mensagem ao seu cérebro de que aquela realidade é possível.

Mas só declarar não basta. Se você disser "Vou ficar rico", mas continuar vivendo em troca de um salário fixo e não empreender, a declaração se torna vazia. Se disser "Quero ter sucesso profissional", mas procrastinar todos os dias, suas palavras perderão força e se tornarão apenas um eco do que poderia ter sido.

A explicação está na forma como funcionamos: o pensamento dá origem ao desejo; o desejo gera em nós uma intenção; pela intenção, declaramos com palavras, num diálogo interno ou externo; com palavras impulsionamos a ação; e quando a ação se repete, transforma-se em hábito, estabelecendo padrões que sustentam o progresso a longo prazo.

É como andar de bicicleta: a intenção de pedalar é o primeiro passo, mas o equilíbrio só surge com o movimento. Se você hesita, a queda é inevitável; se avança, mesmo que de forma desajeitada no início, logo descobre que pode ir mais longe do que imaginava. O mesmo acontece com qualquer grande mudança – ela começa na palavra, mas só se materializa na ação repetida e consistente.

Uma frase frequentemente atribuída ao filósofo americano Ralph Waldo Emerson resume bem a importância da ação: **"O que você faz fala tão alto que não consigo ouvir o que você diz"**. Em outras palavras, suas ações validam suas palavras. Elas são a prova concreta de que suas declarações não são apenas desejos, mas compromissos reais com a transformação.

Por que algumas pessoas agem sobre suas ideias enquanto outras não? Por que os pensamentos são simplesmente formas de passar o tempo ocioso para alguns, enquanto, para outros, são as sementes da extraordinária realização?

Bob Proctor e Greg S. Reid trazem o exemplo do Dr. Srini Pillay, professor clínico assistente de psiquiatria na Faculdade de Medicina de Harvard. Pillay tem uma perspectiva única e valiosa sobre esta questão. O Dr. Pillay é um pesquisador de imagem cerebral que tem estudado o cérebro por mais de dezessete anos em um laboratório no Hospital de McLean, eleito consistentemente um dos três principais hospitais psiquiátricos dos Estados Unidos, onde também atuou como diretor do Programa Ambulatorial de Transtornos de Ansiedade.

Como resultado de seu extenso tempo gasto em trabalho clínico e pesquisa, o Dr. Pillay também iniciou uma empresa chamada Grupo NeuroBusiness, a primeira organização do gênero que ajuda as pessoas, tanto no mundo corporativo quanto fora, a superar obstáculos psicológicos e a perceber o seu maior potencial usando métodos orientados para o cérebro, comprovados por pesquisa.

Essa companhia foi eleita uma das Vinte Melhores Condutoras no Desenvolvimento de Liderança no Mundo em 2013 pela Training Industry. Além de ser extremamente qualificado para falar sobre o cérebro de um ponto de vista profissional, Srini também é um testemunho vivo do fato de que os pensamentos se tornam realidade e um especialista – dada sua experiência pessoal – em superar os obstáculos que podem impedir o processo.

Exemplo disso: quando perguntado sobre como chegou a Harvard, Srini respondeu com naturalidade: "Eu liguei para eles". Acontece que foi exatamente o que ele fez! Quando percebeu que queria ir para Harvard, realmente pegou o telefone e ligou. Após perguntar pelo diretor de Harvard, e então pelo reitor, antes de finalmente entrar em contato com o chefe do Departamento de Psiquiatria, enviou seu currículo, foi entrevistado por telefone e, duas semanas depois, recebeu uma ligação informando que estava dentro. O resto é história.

Agora deve-se dizer o que Srini tinha feito especificamente bem antes de dar esse telefonema. Já era um dos melhores alunos de medicina, pianista, poeta e atleta. Mas, como salientou, havia provavelmente muitas outras pessoas com credenciais similares. A diferença foi que, assim que teve esse pensamento, ele agiu. Ele explicou que, do ponto de vista biológico, para que ocorra uma ação, a ação cerebral (ou córtex motor) deve ser ativada. **Para passar da ideia ou pensamento à ação, você deve estar engajado no pensamento, o bastante para torná-lo uma prioridade.**

Seu compromisso veio ao reconhecer que ele simplesmente não suportava a situação em que estava e que precisava sair dela. Quando reconheceu por completo que realmente precisava escolher onde iria fazer sua residência em psiquiatria, a positividade de fazer essa mudança compensou o fato de estar preso na mesma situação de sempre na África do Sul – tanto assim que seu cérebro simplesmente o levou a ligar para Harvard e a deixar o país. Esse tipo de situação, na qual você conscientemente diz para o seu cérebro por que a circunstância atual não é boa e o futuro é muito mais desejável, permite que você faça um acordo com ele para mudar.

Na verdade, os estudos mostram que esse tipo de "prós do futuro" e "contras do agora" (o que ele chama de "pesar a ação") ativa o córtex frontal esquerdo e aumenta seu compromisso de mudança e as chances de você não voltar ao que estava fazendo. Pessoas bem-sucedidas, para quem os pensamentos se tornam ações, sempre *pesam a ação*. E aqueles que não o fazem têm dificuldade em convencer seus cérebros a agir.

No entanto, a pergunta permanece: por que algumas pessoas agem sobre seus pensamentos, enquanto outras não? Conforme a pesquisa de Srini demonstrou, existem de fato alguns obstáculos que podem interferir na evolução do pensamento para a realidade. A boa notícia é que, para cada um desses obstáculos, há também um método facilmente aplicado para superá-los.

Para começar, Srini apontou um sutra antigo (truísmo), de *Os yoga sutras de Patanjali*, que afirma que o desejo e a sua realização são contínuos, separados apenas pelo tempo e lugar. De acordo com Srini, para reduzir a distância entre os dois, simplesmente temos que nutrir as condições certas em nossos cérebros para agir.

Uma das principais razões pelas quais alguns não agem sobre seus pensamentos é que eles os negligenciam para mudar seu entendimento no objetivo mental desde o início. No momento em que uma pessoa bem-sucedida tem um desejo, ela começará a se comportar como uma pessoa que já realizou esse desejo. Por exemplo, pessoas bem-sucedidas que desejam ser bilionárias começarão a pensar como se já possuíssem os bilhões de reais muito antes. Se você quiser se tornar médico ou dançarino, tem que pensar, sentir e trabalhar como um, antes de se tornar um. É a única maneira de chegar lá.

De acordo com Srini, há muita ciência do cérebro para atestar essa perspectiva. Neurologicamente falando, os pensamentos são impulsos ou padrões elétricos no cérebro. Nós os experimentamos em palavras ou imagens, mas são simplesmente elétrons que fluem em um circuito. Esse circuito do "pensamento" deve se conectar ao "fazer" ou ao circuito de ação, para que os pensamentos se tornem realidade. Ele faz isso com mais facilidade se nos imaginarmos já no objetivo, porque efetivamente nossa imaginação programa o GPS do cérebro com um destino.

Quando isso acontece, o cérebro então mapeará a rota para esse destino. Por que, então, muitas pessoas se imaginam em um cruzeiro, mas nunca conseguem viver isso? Ou imaginam estar apaixonados pela pessoa perfeita, mas nunca conhecem ninguém? Ou sonham com o dia em que podem perder peso e nunca conseguem?

Segundo Srini, é porque existe uma maneira correta e errada de empregar a imaginação a serviço de um objetivo. "Pense em atletas experientes", disse ele. "Os cientistas estudaram seus cérebros e sua psicologia há anos e descobriram algumas coisas incríveis." Quando as pessoas se imaginam levantando pesos mais pesados, elas conseguem. Quando elas se imaginam nadando, aumentam a flexibilidade das articulações. Os exemplos não têm fim. Mas há uma fórmula para imaginar. As pessoas que agem usam essa fórmula, enquanto outras desistem de forma prematura porque perdem a confiança.

Atletas experientes raramente perdem a confiança, e isso é devido ao imaginário que eles aprendem a usar. Dois tipos de imaginário são os melhores para aumentar a confiança desde o início: imaginando a superação da adversidade ou seu avanço, e imaginando executar sua ação mais temida (por exemplo, o saque no tênis ou uma tacada no golfe) impecavelmente. Não é a imagem de segurar o troféu no final o que aumenta a confiança, mas a imagem do progresso, de ganhar de virada.

Algumas pessoas, depois de ganhar confiança, ficam ansiosas quando começam a imaginar que estão indo em direção a seus objetivos. Então elas param de imaginar prematuramente. Estudos mostram que a imagem real faz a diferença. Quando você imagina na primeira pessoa, ativa o cérebro com mais força, mas também causa mais ansiedade.

Para lidar com essa ansiedade, Srini sugere mudar para uma perspectiva de terceira pessoa, em que é possível observar uma imagem real distanciada de si mesmo na situação. Imagine, por exemplo, campeões de atletismo. Eles, ao se imaginarem na terceira pessoa, se verão alinhados na linha de partida ou correndo na pista, ou ainda alcançando a linha de chegada primeiro. Na primeira pessoa, eles vão apenas imaginar a pista na frente deles. Ambos os tipos de imaginário são excelentes para o seu cérebro.

Começar em terceira pessoa e, em seguida, mudar para a primeira pessoa pode ajudar a reduzir a ansiedade. Entretanto, Srini adverte: nada disso importa se você realmente não acreditar no seu objetivo. Quando você acredita em sua imagem-pensamento, seu cérebro tentará desenvolver uma resposta a ela. Por exemplo, se eu pedir a você que imagine que está girando a sua mão em vinte graus, o centro de ação do seu cérebro disparará como se estivesse realmente fazendo isso. Mas se eu pedir a você que imagine girar duzentos e setenta graus, seu cérebro simplesmente ficaria estacionado. Nenhuma ativação. Nenhuma ação. É porque o seu cérebro não acredita que isso seja possível.

Quando você não acredita que algo é possível, seu cérebro não desperdiça seu tempo tentando. É por isso que meu objetivo como autor é fazer as pessoas saberem que é possível, de todas as formas que eu puder.

A conclusão?

Aqueles que agem se atrevem a imaginar, e eles imaginam de uma maneira muito específica.

Ação é a palavra em movimento.

PILOTO Nº 8

Como combinar declarações com ações intencionais

Vamos agora criar um plano prático de transformação, no qual as palavras e as ações caminham juntas em direção ao seu objetivo.

Esse plano consiste em três partes fundamentais:

1. **Definição de objetivos claros** (se for preciso, retorne ao Arquivo 5;
2. **Ações diárias consistentes;**
3. **Acompanhamento e ajuste contínuo.**

1. Definição de objetivos claros

Como já abordamos em outros pontos do livro, a primeira etapa é saber exatamente o que você deseja alcançar.

- Seja específico: em vez de dizer "Quero ganhar mais dinheiro", escreva "Quero aumentar minha renda em 50% nos próximos 12 meses".
- Dê um prazo: objetivos vagos sem prazo não têm urgência. Defina datas claras.
- Visualize o resultado: feche os olhos e imagine como será sua vida quando atingir esse objetivo. Sinta as emoções, veja os detalhes.

Exemplo prático:

<u>Declaração:</u> "Eu vou eliminar 10 kg de gordura nos próximos 7 meses, com saúde e disciplina".

<u>Objetivo específico:</u> perder 10 kg de gordura até 31 de dezembro.

2. Ações diárias

Palavras inspiram, mas as ações transformam. Para que suas declarações funcionem, você precisa agir todos os dias, sem exceção.

Aqui está um modelo simples para implementar ações diárias:

- Quebre o objetivo em tarefas pequenas e alcançáveis. Exemplo: se a meta é eliminar 10 kg de gordura, defina:
  - ➔ Comer três refeições balanceadas ao dia.
  - ➔ Caminhar ou treinar trinta minutos.
  - ➔ Fazer musculação três vezes na semana.
  - ➔ Beber dois litros de água.
- Crie um ritual diário: estabeleça ações que você realizará sempre no mesmo horário. A repetição cria constância.
- Monitore seu progresso: use um diário ou aplicativo para registrar suas ações diárias e pequenos resultados.

Lembre-se: cada ação pequena é um passo na direção do seu objetivo. Não subestime o poder do movimento constante.

3. Acompanhamento e ajuste contínuo

Nada é perfeito no começo. O importante é acompanhar o progresso e ajustar quando necessário.

- Avalie semanalmente, perguntando a si mesmo:
  - ➔ "Estou agindo de acordo com minhas declarações?"
  - ➔ "Quais resultados já alcancei?"
  - ➔ "O que posso melhorar na próxima semana?"
- Celebre pequenas vitórias: cada passo em direção ao objetivo é motivo para celebração. Isso reforça sua motivação e seu compromisso.
- Corrija desvios sem culpa: se você falhar um dia, não se culpe. Apenas retome o plano com determinação.

O segredo da disciplina

Se a palavra é a semente, a ação é o cuidado diário que faz a planta crescer. Isso exige disciplina – a capacidade de agir mesmo quando não há motivação ou inspiração. Aliás, a motivação é como o vento: ela vem e vai. A disciplina, por outro lado, é a força constante que mantém você no caminho.

Você não precisa dar passos gigantes todos os dias. O progresso verdadeiro vem de pequenas ações repetidas com consistência. Como diz o ditado: "Devagar e sempre se vai ao longe".

Michael Phelps, o nadador mais condecorado da história, não apenas sonhou em ganhar medalhas olímpicas. Ele treinava todos os dias, inclusive no Natal. A frase "Serei campeão" foi reforçada em um movimento diário, sem desculpas.

As palavras são poderosas, mas **são as ações que transformam a intenção em realidade**. Não permita que suas declarações se tornem apenas promessas vazias. Declare, sim, mas mova-se.

Lembre-se:

- A palavra cria o foco.
- A ação gera os resultados.
- A constância sustenta o progresso.

Escreva hoje mesmo suas declarações.

Defina objetivos claros.

Quebre-os em ações diárias e comece **agora**.

Porque o mundo não recompensa apenas o que você pensa ou diz – ele recompensa o que você **faz**.

E se você já tivesse 1 milhão?

Feche os olhos por um instante e imagine: o dinheiro já está na conta. R$ 1.000.000,00. Livre. Disponível. Real. Agora, a pergunta não é mais *como conseguir*, mas **o que fazer com ele.**

Você viajaria pelo mundo?

Investiria em algo seguro?

Ajudaria a família?

Abriria um negócio?

Mudaria de cidade?

Compraria tempo?

Essa pergunta simples – *"o que você faria se tivesse 1 milhão?"* – revela muito mais do que parece. Ela expõe prioridades, crenças, medos e desejos. Ela mostra se você está vivendo para *conquistar coisas* ou para *criar significado.*

Alguns descobrem que usariam o dinheiro para fugir de uma vida que não gostam. Outros, para finalmente começar aquilo que sempre sonharam. E há quem perceba que nem precisa de tanto para fazer o que realmente importa.

O mais interessante?

É que muita gente não sabe responder.

Por isso, a reflexão é poderosa.

Porque talvez o verdadeiro desafio não seja conquistar o milhão. Seja **saber quem você quer se tornar quando ele chegar**.

A verdade é que a maioria das pessoas sonha em ficar rica. Mas poucas se preparam para isso. Querem ganhar mais, mas não sabem o que fariam com esse "mais". Querem ter patrimônio, mas nunca aprenderam a cuidar do pouco que têm. Seja honesto consigo mesmo: Quantos livros sobre finanças você já leu? Você entende de juros compostos, ativos, fluxo de caixa, investimentos? Você consegue administrar bem um salário modesto?

Se as respostas forem "não", então vale outra pergunta, ainda mais séria: o que te faz pensar que conseguiria administrar um patrimônio milionário?

Acredite: o problema nunca é só o dinheiro. É a mentalidade. É a educação. É a disciplina. É a clareza do que você quer construir – e por quê.

Dinheiro amplifica quem você já é. Se você é desorganizado, ele expande o caos. Se você é intencional, ele expande seu impacto. Riqueza sem preparo é jugo. Com preparo, é dádiva.

> **Para fixar:** o sucesso não é alcançado apenas pela força das palavras, mas pela ação constante que as acompanha. Definir objetivos claros, estabelecer ações diárias consistentes e manter um acompanhamento contínuo são os pilares para transformar suas declarações em realidade. A disciplina de agir todos os dias, mesmo sem motivação, é o que vai realmente transformar suas intenções em resultados concretos. Se você aplicar isso em sua vida, poderá conquistar qualquer objetivo que desejar.

INSIGHTS

Como os milionários lidam com o dinheiro e o que você pode aprender com eles

Milionários têm uma abordagem única quando se trata de dinheiro. Eles não o veem como algo apenas para ser acumulado, mas, sim, como uma ferramenta para criar e expandir sua riqueza. Em vez de se concentrarem em juntar dinheiro, eles investem em negócios, ativos e oportunidades que geram estabilidade financeira a longo prazo.

Uma das principais características dessa mentalidade é o foco no fluxo de caixa, usando o dinheiro para gerar mais dinheiro. Para eles, o objetivo não é apenas gerar renda, mas construir riqueza de maneira constante e sustentável.

Ao contrário do que muitos imaginam, os ricos não dependem de um único salário. Eles criam múltiplas fontes de renda, como investimentos, imóveis, produtos digitais e empreendimentos. Para eles, a liberdade financeira vem da posse e do controle de ativos, não de trabalhar mais horas.

Além disso, esses indivíduos não hesitam em investir em si mesmos, buscando educação contínua e construção de redes de contatos. Eles entendem que ter o mentor certo ou uma boa rede de contatos pode acelerar o caminho para o sucesso. Não por acaso, estão sempre buscando aprimorar suas habilidades e se mantendo à frente das tendências.

Outro ponto importante é que os milionários priorizam fluxo de caixa e ativos em vez de ganhos rápidos. Eles não se deixam seduzir por promessas de enriquecimento fácil. Em vez disso, se concentram em investimentos sólidos que se valorizam ao longo do tempo, buscando sempre uma riqueza sustentável.

Além disso, os milionários não têm receio de aumentar seus preços. Eles sabem que cobrar menos resulta em trabalho excessivo e desvalorização de seu trabalho. Por isso, definem preços premium com confiança, sabendo que o valor que oferecem está nos resultados entregues, não nas horas trabalhadas.

A grande lição aqui é que o sucesso financeiro não está em trabalhar mais, mas em pensar de forma mais inteligente. Ao adotar essa mentalidade, você pode mudar seu caminho financeiro para sempre.

Fonte: Forbes.

ARQUIVO Nº 9

O SILÊNCIO COMO CHAVE PARA O SUCESSO

"Realmente, a única coisa que você precisa fazer é aquietar sua mente. É apenas no silêncio que a verdade suprema chega até você. Quando a mente está subjugada, há apenas paz eterna."

ROBERT ADAMS

Silêncio – mais do que uma simples palavra, hoje é quase um luxo; algo que apenas uma elite privilegiada parece poder desfrutar. Pare e pense: quando foi a última vez que você se permitiu experimentar o silêncio absoluto? Aquele silêncio sem interrupções, sem o zumbido incessante de notificações, sem conversas ao fundo ou o barulho constante das máquinas que dominam o nosso dia a dia?

Na minha chácara, com ajuda do meu pai, ergui um singelo chalé de madeira no coração da nossa horta, rodeado pelo aroma de manjericão, alecrim e hortelã. Para amigos e membros da família, aquela construção parecia um capricho excêntrico; alguns perguntavam, com curiosidade ou ceticismo, qual seria a sua função. Eu sabia, desde o início, que não precisava justificar. Aquele espaço não seria somente uma cabaninha: seria meu refúgio de silêncio. Ali, longe das distrações e ruídos, encontro uma paz que só o silêncio e a natureza podem oferecer, um lugar onde as palavras nem sempre são necessárias e onde os pensamentos podem finalmente descansar.

Umberto Eco profetizou em uma crônica[26] que no futuro "só os ricos teriam direito ao silêncio; mas terão que comprá-lo". Esse futuro chegou. Os mais abastados, quase de forma atávica, têm a arte de saber se isolar; que o digam as ilhas desertas, as propriedades do campo, os recursos tecnológicos, os iates, as mansões bem afastadas dos vizinhos... As classes baixa e média que se virem com o barulho, que, aliás, os cerca de todos os lados!

---

26. "O silêncio está prestes a se tornar um bem caríssimo e, de fato, só está à disposição de pessoas abastadas que podem pagar mansões em meio ao verde, ou de místicos da montanha com mochilas nas costas. [...] Ainda vamos chegar ao momento em que aqueles que não aguentam mais o barulho poderão comprar pacotes de silêncio: uma hora num quarto forrado como o de Proust ao preço de uma poltrona no Scala de Milão." Sobre os *mass media* – A hipnose radiofônica, in *Pape Satàn Aleppe: Crônicas de uma Sociedade Líquida* (2000).

Não raro, vemos vídeos virais mostrando a diferença entre os bairros chiques e os bairros paupérrimos com um contraste gritante: enquanto os primeiros são silenciosos, ordenados e tranquilos, os segundos estão repletos de ruído, desordem e agitação. Esse contraste, embora pareça uma confirmação meramente elitista, é um fato e reflete algo muito mais profundo.

De forma geral, o homem moderno é inexperiente nessa prática fundamental chamada *silêncio contemplativo*. Mas, como observou Thomas K. Carlisle, **"O silêncio é o elemento em que se amoldam as grandes coisas"**.

A maioria das pessoas enxerga o silêncio como um vazio incômodo, algo que precisa ser preenchido urgentemente. No Brasil, o problema parece mais crítico: somos um dos povos mais barulhentos do mundo, avessos ao silêncio e apaixonados por "paredões" com música estridente. Pouca gente parece perceber, mas o ruído em terras tupiniquins torna-se um alívio para o desconforto interno.

Nossos antepassados, que conviviam com o silêncio das florestas e das vastas planícies, reconheciam o poder transformador dessa experiência. Em contraste, a geração atual parece estar desconectada desse hábito fundamental, o que pode explicar, em parte, a crescente falta de paz interior e o aumento de tantos males como a violência e a criminalidade.

Desde tempos antigos, o silêncio é reverenciado como um portal para a transcendência. Cristo se retirava frequentemente para o deserto ou para montes a fim de orar em silêncio. São João da Cruz, o "Doutor Místico", via o silêncio como um meio para apagar os "ruídos da alma" e ouvir a voz de Deus. Para ele, o silêncio era uma preparação necessária para a união divina. Assim como ele, todos os grandes santos místicos, sem exceção, fizeram do silêncio uma prática central em suas vidas espirituais. Santo Antão, o Pai do Monasticismo, retirou-se ao deserto para viver no mais profundo silêncio, buscando encontrar Deus na quietude do coração. São Bento, fundador do monaquismo ocidental, estabeleceu a regra do silêncio em sua ordem, enfatizando que ele era essencial para a contemplação e a disciplina espiritual. Para esses homens religiosos, o silêncio não era um fim em si mesmo, mas um meio poderoso de purificar a mente, acalmar o espírito e criar um espaço onde a presença divina pudesse ser sentida. Era no vazio aparente do silêncio que encontravam plenitude; no aparente nada, descobriram tudo.

Tanto os judeus quanto os árabes têm em alta conta o silêncio. O antropólogo David Le Breton, ao dissertar sobre o silêncio, nos lembra de dois provérbios árabes: "Só abras a boca se tiveres certeza de que o que vais dizer é mais belo que o silêncio" e "És senhor das palavras que não pronunciaste e escravo das palavras que te escaparam".

Várias culturas africanas também vão no mesmo sentido: de que podemos nos salvar pelo silêncio. No mais, o sagrado e o silêncio caminham juntos na história humana. Sobre esse tema, o historiador britânico Peter Burke, no livro *A arte da conversação*, define com oportunidade: "O silêncio religioso é um misto de respeito por uma divindade; uma técnica para abrir o ouvido interior; e um sentido de inadequação de palavras para descrever as realidades espirituais".

Filósofos como Sócrates e Sêneca reconheceram no silêncio uma ferramenta indispensável para a introspecção e o alinhamento com a razão. Enquanto os místicos viam no silêncio um veículo para encontrar o transcendente, os filósofos o valorizavam como o espaço onde verdades universais emergem. Os sábios concordam que, no silêncio, encontramos o que as palavras sozinhas não podem expressar.

No século 20, o escritor Starr Daily defendeu que o silêncio traz equilíbrio à vida e promove até mesmo a cura física. Segundo ele, "os próprios males físicos tendem a desaparecer quando equilibramos nossa vida com momentos de calma e silêncio". A prática do silêncio, relatou, atua como uma terapia natural, restaurando o corpo e a mente.

Norman Vincent Peale recomendava a prática diária do silêncio para desenvolver a paz interior. Ele sugeria reservar pelo menos quinze minutos por dia para estar em completo silêncio, sem falar, ler ou escrever, permitindo que a mente se acalmasse. Essa prática, embora desafiadora no início, pode ser facilitada com técnicas simples, como visualizar a mente como a superfície calma de um lago, sem ondulações.

Pensando na construção da riqueza, não é diferente. Os homens que alcançam grandes feitos sabem que as palavras, por mais poderosas que sejam, necessitam do silêncio para ganhar força. O silêncio é o solo onde as palavras plantadas geram frutos. Assim como a meditação tem o poder de purificar a mente, ela prepara o terreno para a ação assertiva e certeira, alimentada pela reflexão. Não se trata apenas de descanso, mas de um descanso produtivo, capaz de recalibrar os objetivos e direcioná-los para o sucesso.

Randall Stutman, que por décadas foi consultor dos bastidores de muitos dos maiores CEOs e líderes de Wall Street, estudou uma vez como várias centenas de executivos seniores de grandes corporações se recarregavam em seu tempo de inatividade profissional. As respostas foram: natação, vela, ciclismo de longa distância, música clássica, mergulho, motociclismo e pesca. Todas essas atividades, notou ele, tinham uma coisa em comum: a ausência de vozes.

Se você está cercado por outras pessoas constantemente, é provável que pense e aja como elas. "Para ser original, você precisa passar um tempo sozinho. Para ter paz, você também precisa de solidão", escreveu Ryan Holiday. "Silêncio, não apenas ausência de som, mas presença de possibilidades", afirma Joe Dispenza, renomado neurocientista. O silêncio tem o poder de desacelerar nossa mente, permitindo-nos acessar estados mais profundos de inteligência. Ao silenciar o caos interno, nosso cérebro entra em sintonia com frequências mais baixas, mais conectadas ao campo quântico. Nesse estado, o que parece improvável se torna possível. O silêncio cria uma coerência entre corpo e mente, alinhando nossas emoções e intenções com o universo.

Veja, a verdadeira magia da meditação não está na ausência de palavras, mas na sua capacidade de redefinir o que você pensa sobre si mesmo, sobre seus objetivos e sobre o mundo à sua volta. Nesse silêncio, você é capaz de silenciar o "ruído" do medo e da dúvida, permitindo que novas intenções floresçam. Como bem observou James Mattis, general e ex-secretário de Defesa dos EUA, "A solidão permite reflexão enquanto os outros estão reagindo". É na solidão, no silêncio, que você se prepara para agir com clareza, enquanto o resto do mundo age movido pela urgência do barulho.

Bilionários e milionários sabem disso. Eles começam o dia com silêncio. E nesse silêncio buscam não apenas conhecimento, mas também sabedoria, que é uma questão de refletir antes de agir. Bill Gates, por exemplo, dedica semanas inteiras a pensar em silêncio. Ele reflete. Age com calma, porque sabe que a reflexão estratégica surge da quietude da mente. Quanto mais o ruído do mundo tenta invadir, mais ele se recolhe, porque é nesse espaço de silêncio que encontra as respostas que as palavras não podem fornecer.

Ao entrar nesse silêncio criativo, você cria não apenas uma visão, mas também uma assinatura energética que move o universo em direção ao que você deseja. Quando você se dedica ao silêncio com intenções claras e emoções elevadas, a realidade começa a se curvar para se alinhar com seus desejos. O silêncio não é um fardo, mas um aliado no processo de criar uma vida plena, rica em propósito e realização.

Joe Dispenza revela que a verdadeira transformação ocorre quando reconectamos nossa mente com nossa essência. Ele propõe uma fórmula que envolve quatro pilares essenciais:

1. Reconexão com a Inteligência Interior;
2. Responsabilidade pela própria saúde;
3. Criação de um novo eu;
4. Presença absoluta no momento presente.

Por meio do silêncio e da meditação, você acessa um estado em que pode realmente criar seu "novo eu", moldando sua realidade conforme suas intenções. Mas isso só é possível quando você se permite entrar nesse espaço onde o poder das palavras é amplificado.

O silêncio não é apenas a ausência de som, ele é a essência que complementa e potencializa a palavra. Use-o com sabedoria, e o caminho da riqueza e prosperidade será seu.

PILOTO Nº 9

Mergulhando no silêncio criativo

Objetivo: utilizar o silêncio consciente para alinhar pensamentos, emoções e intenções, criando um espaço de clareza e conexão interior.

1. Encontre seu refúgio: escolha um local tranquilo onde você possa ficar livre de distrações por pelo menos dez a quinze minutos. Pode ser um quarto silencioso, um jardim ou até um espaço ao ar livre.
2. Prepare-se: sente-se confortavelmente, com a coluna ereta, ou deite-se, caso prefira. Feche os olhos e faça três respirações profundas, inalando pelo nariz e exalando pela boca. Ao fazer isso, visualize a tensão saindo do seu corpo.
3. Escreva sua intenção: antes de entrar no silêncio, escreva em um caderno ou folha de papel uma intenção clara. Por exemplo: "Quero trazer mais equilíbrio à minha vida" ou "Quero criar uma solução para um desafio específico no trabalho".
4. Entre no silêncio: durante dez minutos, concentre-se apenas na sua respiração. Sempre que um pensamento surgir, gentilmente traga seu foco de volta à sensação do ar entrando e saindo do seu corpo.
5. Visualize: nos últimos dois a três minutos do exercício, traga à mente a intenção que escreveu no início. Imagine-a como se já tivesse se realizado. Veja, sinta e viva a emoção que essa realização traria a você. Pode ser alegria, gratidão ou paz.
6. Registre sua experiência: após o exercício, escreva suas impressões no caderno. Algum insight ou sensação surgiu?

Como se sentiu durante o silêncio? Isso ajudará a criar um registro do seu progresso.

Dica: faça esse exercício de preferência pela manhã, para alinhar suas intenções com o início do dia, ou à noite, para desacelerar e reconectar-se consigo mesmo.

Esse pequeno ritual permitirá que o silêncio se torne não apenas um refúgio, mas também um instrumento prático para enriquecer seu espírito, sua mente e sua realidade.

A riqueza silenciosa

Aproveito este capítulo sobre o silêncio para discorrer sobre a riqueza silenciosa, que reflete a ausência não necessariamente de sons ou de palavras, mas de ruído em torno da fortuna. Por décadas a riqueza foi exibida em alto e bom som. Carros de luxo, propriedades extensas, os últimos *gadgets*... por muito tempo esses foram os símbolos do sucesso.

Quanto maior fosse sua riqueza, mais as pessoas poderiam ver suas conquistas. As mídias sociais transformaram isso em uma demonstração constante de status: quanto mais chamativo o objeto, mais validação ele parecia dar. Se você não estivesse exibindo seu item mais caro ou postando sobre sua última viagem seria bem-sucedido?

Os tempos mudaram, e uma revolução sutil, silenciosa, introspectiva e, ainda assim, poderosa aconteceu: a ascensão da riqueza silenciosa. É a riqueza daqueles que não sentem a necessidade de gritar sobre seu sucesso, que não precisam postar suas conquistas para validação. Em vez disso, dominaram a arte de investir em tempo em vez de coisas.

Um dos principais marcadores da riqueza silenciosa é a priorização do tempo em vez do dinheiro. Os ricos conscientes entendem que o tempo é a moeda mais valiosa. Eles não estão correndo atrás do próximo salário ou lutando para comprar o último objeto brilhante. Em vez disso, encontraram uma maneira de usar sua riqueza para comprar liberdade – liberdade para gastar seu tempo fazendo o que realmente importa para eles. Eles não precisam trabalhar cem horas por semana. Em vez disso, aprenderam a trabalhar de forma mais inteligente, não mais difícil: trabalhar remotamente, investir em negócios que lhes dão flexibilidade ou estruturar sua vida para passar tempo com a família e os amigos... Eles encaram que sua riqueza é mais sobre como eles passam seus dias do que sobre quanto acumulam.

Viver silenciosamente, dessa forma, não significa viver sem luxo ou conforto. Significa viver intencionalmente. Os ricos silenciosos não buscam status ou validação. Eles perceberam que a verdadeira riqueza não é acumular coisas, mas criar uma vida que se encaixe em seus valores e desejos. Eles não seguem tendências. Criam seu próprio caminho.

Enquanto outros podem estar presos no ciclo de compras e ostentação, os ricos silenciosos estão investindo em si mesmos – seja aprendendo novas habilidades, seja viajando para lugares com os quais sempre sonharam ou simplesmente aproveitando momentos de solidão. Os ricos discretos entendem que o verdadeiro sucesso é encontrado no equilíbrio, em viver uma vida em que o tempo é usado com sabedoria e em que cada momento parece significativo. A riqueza silenciosa não grita. Não exige atenção. Mas seu impacto é inegável.

Em um mundo dominado pelo materialismo e pela superficialidade, quem realmente conseguiu o sucesso prefere se afastar das tentações da riqueza excessiva e do consumo desnecessário. Sabe que a verdadeira felicidade vem das experiências, dos relacionamentos autênticos e do autodesenvolvimento, não da acumulação de coisas.

Comprar mais um carro de luxo não vai fazê-lo mais feliz. A verdadeira riqueza está em poder se afastar do barulho e da agitação do mundo para focar o que realmente importa. Viver em paz, sem precisar mostrar ao mundo o quanto você tem. E é isso que as pessoas verdadeiramente ricas buscam. O resto é ruído.

Para fixar: o silêncio é um poderoso aliado na construção de sucesso e riqueza. Ele permite que nossa mente encontre clareza, alinhando pensamentos e emoções. Quando combinado com intenções claras e emoções elevadas, torna fértil o terreno para transformar objetivos em realidades. Aproveite esse recurso essencial para fortalecer as *Palavras que Enriquecem*, ampliando sua capacidade de criar e alcançar.

INSIGHTS

"Acorde cedo, faça exercícios, leia e fique rico"

O que separa os ricos dos pobres? Para Thomas Corley, consultor e autor do best-seller *Rich Habits: The Daily Success Habits of Wealthy Individuals* (Hábitos ricos: os hábitos diários de sucesso dos indivíduos ricos), a resposta está nos hábitos diários, não apenas nas habilidades financeiras ou na sorte.

A chave para alcançar a riqueza, diz Corley, está em pequenas ações cotidianas, como ler, praticar exercícios, e até a hora em que você acorda. Seus estudos revelam que o comportamento diário é o que realmente determina o sucesso financeiro de uma pessoa.

Durante cinco anos, Corley pesquisou a vida de 233 indivíduos com alta renda (ganhos anuais acima de US$ 160 mil e patrimônio superior a US$ 3,2 milhões) e 188 de baixa renda (com ganhos anuais abaixo de US$ 35 mil e patrimônio inferior a US$ 5 mil). O que ele descobriu foi surpreendente: os hábitos mais simples, como a leitura diária e o exercício físico, têm um impacto maior sobre a acumulação de riqueza do que qualquer habilidade financeira específica.

Corley identificou 290 hábitos diferentes, e um dos mais importantes é a leitura. Segundo seu estudo, 88% dos ricos dedicam pelo menos trinta minutos por dia para autoeducação, seja para crescer na carreira, seja para se desenvolver pessoalmente. Eles leem livros relacionados ao trabalho, autodesenvolvimento ou áreas de interesse pessoal. Em comparação, apenas 15% dos pobres adotam esse hábito. A leitura não apenas expande o conhecimento, mas também mantém a mente afiada e motivada.

Outro hábito surpreendente é o exercício físico. Embora muitas pessoas não associem diretamente os exercícios aeróbicos à acumulação de riqueza, Corley descobriu que os ricos se envolvem regularmente em atividades físicas. Exercícios não só melhoram a saúde, mas também aumentam a produção de glicose, combustível vital para o cérebro. A prática regular de atividades físicas estimula a criação de novos neurônios, aprimorando a memória e a cognição. Os ricos, sem saber, estão também aumentando seu QI ao cuidar de sua saúde.

Corley afirma que a diferença entre ricos e pobres não está em como lidam com o dinheiro, mas nos hábitos que seguem todos os dias. Para os ricos, cada pequena ação é uma construção que, com o tempo, leva ao sucesso. "Os ricos veem o sucesso como uma missão", diz ele. Eles sabem que para chegar aonde querem precisam expandir seus conhecimentos, construir relações valiosas e tomar ações diárias consistentes.

Um exemplo disso é como os ricos tratam os relacionamentos. Eles entendem que seu círculo de contatos pode ser um diferencial no sucesso financeiro. Ficar em contato constante com pessoas influentes, por uma ligação rápida ou uma mensagem, pode abrir portas e criar oportunidades. "As pessoas próximas a você vão determinar o seu sucesso. Se você se cercar de pessoas otimistas, positivas e agradecidas, elas vão incentivá-lo a buscar seus sonhos", explica Corley.

A riqueza não é fruto de uma fórmula mágica, mas, sim, de um processo repetido ao longo do tempo, afirma o autor. "Os ricos seguem processos diferentes dos pobres. A vida de um milionário, na maioria das vezes, é mais monótona do que imaginamos. Eles acordam cedo, três horas antes de começar a trabalhar, e fazem coisas rotineiras e, muitas vezes, entediantes. Mas esses hábitos têm um retorno exponencial: em longo prazo, geram sucesso."

Mudar hábitos pode ser difícil, já que eles são formados ao longo de anos. No entanto, Corley defende que é possível transformar até os hábitos negativos. A chave está em associar novos hábitos aos antigos. Por exemplo, se você tem o hábito de beber café, pode começar a beber água antes, "cooptando" o hábito ruim com algo mais saudável. Com o tempo, os hábitos saudáveis tomarão o controle, substituindo os negativos.

Corley aplicou os hábitos que recomendava em sua própria vida e viu resultados concretos. Nos últimos oito anos, ele dobrou sua renda. Quando estava prestes a pagar a faculdade de seus filhos e não tinha dinheiro suficiente, conseguiu aumentar seus rendimentos de maneira a pagar até US$ 80 mil por ano em mensalidades. "Os hábitos ricos me deram a capacidade de proporcionar aos meus filhos a oportunidade de estudar na faculdade", conta com gratidão.

Para Corley, a lição é clara: o sucesso financeiro não vem de decisões esporádicas ou sorte. Ele é resultado de pequenos, mas consistentes, hábitos diários que, ao longo do tempo, criam uma base sólida para a prosperidade.

ARQUIVO Nº 10

ESCREVER PARA ENRIQUECER: O CAMINHO DA EXPRESSÃO

"Escrever é procurar entender, é procurar reproduzir o irreproduzível, é sentir até o último fim o sentimento que permaneceria apenas vago e sufocador. Escrever é também abençoar uma vida que não foi abençoada."

CLARICE LISPECTOR

Napoleon Hill nasceu em 1883, em uma cabana de madeira com apenas um cômodo, na região montanhosa do sudoeste da Virgínia. Naquela época tão remota, em um contexto tão difícil, o destino parecia traçar os rumos de uma criança cuja vida, cheia de contradições, viria a influenciar milhões de pessoas em todo o mundo.

No início, a maior ambição do jovem Napoleon era se tornar o pior dos bandidos. Aquela era a fama que a região onde ele morava carregava consigo. No terceiro ano da escola, ele encontrou um livro sobre Jesse James, um dos maiores fora da lei da época. Essa leitura o impactou de maneira tão profunda que ele decidiu escrever uma história que faria a de Jesse James parecer infantil.

Aos 9 anos, sua reputação de encrenqueiro já havia se espalhado pela vizinhança. Ele andava armado com uma pistola de seis cartuchos, uma herança de um tio. Com ela, desenvolveu um desejo ardente de se tornar perigoso, uma ameaça para qualquer pessoa ou coisa que ousasse cruzar seu caminho.

Em uma das ocasiões, quando sua professora anunciou que ele levaria uma surra por seu péssimo comportamento, o garoto fugiu da escola e se recusou a voltar até que sua avó intercedesse por uma trégua. Como resultado, concordou em deixar a pistola em casa e aceitar três chicotadas, desde que não fossem administradas com demasiada violência. Após a surra, voltou à escola naquela noite e marcou suas iniciais no quadro negro com um revólver. Os buracos na parede permaneceram lá por longos anos.

Tudo se tornou pior quando sua mãe faleceu, deixando-o com seu irmão Vivian, que tinha apenas 4 anos. Um ano depois, o destino bateu novamente à porta, trazendo uma mudança radical: seu pai se casara novamente, apresentando a eles uma madrasta. Muito antes de ela chegar, os dois irmãos "treinaram" para não aceitar facilmente a mulher que viria para tomar o lugar de sua mãe.

Na noite em que ela chegou, os vizinhos e parentes se reuniram para recebê-la, e seu pai, orgulhoso, a apresentou a todos, destacando Napoleon: "Aqui está meu filho Napoleon, o menino mais malvado de Wise County. Não tenho dúvidas de que amanhã ele estará jogando pedras em você". Foi então que sua madrasta, com a sabedoria de quem reconhece o potencial onde ninguém mais vê, exclamou: "Você está errado sobre esse menino. Ele não é o pior da região. Ele é apenas o garoto mais inteligente do condado, que ainda não descobriu como usar sua inteligência".

Pela primeira vez na vida, alguém havia dito algo gentil sobre ele, e isso o impactou profundamente. Naquele momento, ele sabia que aprenderia a amar aquela mulher que, até então, ele só conhecia pelo ódio que havia criado em seu coração.

Napoleon não sabia, naquele instante, que ela transformaria não só a vida de sua família, mas também, e especialmente, a sua. Como sua madrasta, viu potencial onde outros viam apenas confusão. Ela o inspirou a trocar o revólver por uma máquina de escrever e passou a ensiná-lo redação. "Com o revólver, você acerta um alvo de cada vez. Com a escrita, você atinge milhões."

Ainda muito jovem, Napoleon já escrevia colunas semanais para pequenos jornais do interior, com grande sucesso. Se não havia notícias reais, ele as criava. Ele não sabia na época, mas aquele simples gesto de sua madrasta começaria a construir o alicerce do seu futuro. Ela seria a chave para transformar a dor de perder sua mãe em uma fonte de poder e ambição. E assim, percebeu que a escrita seria o meio através do qual poderia atingir o seu destino, sem precisar disparar mais um único tiro.

Se alguém me perguntasse o que Napoleon Hill mais precisou para alcançar seu sucesso, eu diria que foi a troca do caminho da violência pela força das palavras. E, assim como ele, todos nós podemos aprender a escrever nosso próprio futuro.

Quem escreve enriquece

Você já tinha feito associação entre a escrita e a riqueza?

A escrita não é apenas uma ferramenta de comunicação; ela é uma chave poderosa para o autodesenvolvimento e, quando usada de maneira estratégica, pode ser o veículo que leva sua vida e seus negócios a patamares inimagináveis.

Não à toa, citei grandes escritores, como J. K. Rowling e Isaac Asimov ao longo deste livro. Escrever transforma – e muitas pessoas bem-sucedidas sabem disso. Aliás, eu não sei o que seria da minha vida se não tivesse pegado gosto pela escrita. Escrever mudou tudo e me trouxe a vida que eu precisava viver. Mas isso não seria apenas coisa de escritores? Absolutamente não.

Jeff Bradford, executivo do Conselho da Forbes, afirmou que, para qualquer forma de comunicação ser eficaz, é essencial ter boas habilidades de escrita. "Qualquer consultor de gestão dirá que as habilidades de comunicação são vitais para o sucesso nos negócios", diz ele. "Os negócios consistem fundamentalmente em fazer com que outras pessoas façam coisas – fazer com que os funcionários sejam produtivos, que os clientes comprem o seu produto ou serviço, que o governo o deixe em paz –, e você não pode fazer com que essas coisas aconteçam se não conseguir se comunicar bem."

A comunicação assume várias formas: vídeo, fala, telefonemas, mensagens de texto, e-mail, publicidade, blogs e mais. Fazer qualquer uma dessas coisas bem exige uma base sólida de habilidades de escrita.

E por que isso é importante?

Porque boa escrita é essencialmente bom pensamento. Ela segue um caminho lógico, claro e fácil de entender. Escrever o que você deseja comunicar o força a organizar seus pensamentos, e, ao fazer isso, você encontra clareza e direção. E devemos lembrar que "pensamento claro" é uma das leis do sucesso.

Os milionários não são apenas grandes oradores ou líderes carismáticos; muitos deles também são mestres da escrita; não necessariamente a escrita artística ou autoral, mas a escrita prática, útil, econômica. Riqueza, poder e influência, ao contrário do que muitos pensam, não vêm apenas do que você diz para os outros, mas, principalmente, do que você diz para si mesmo. E a escrita é o meio mais poderoso de criar essas conversas internas transformadoras.

Enquanto muitos passam suas manhãs e noites consumindo informações externas, os milionários sabem que **a verdadeira transformação começa de dentro**. E por meio da escrita, eles organizam e direcionam seus pensamentos para moldar seu destino. Eles escrevem para planejar, para refletir, para criar. Cada palavra no papel não é só uma sequência de letras, mas uma manifestação de intenções, uma promessa ao futuro.

Como já discutimos desde as primeiras páginas deste livro, a maneira como falamos conosco molda nossos pensamentos e ações. O que dizemos aos outros fortalece ou enfraquece relacionamentos, constrói ou destrói pontes. E o que escrevemos pode mudar a história – nem que seja a nossa própria. Na era da desinformação e manipulação massiva, em que os discursos muitas vezes se perdem nas mídias digitais, o domínio da palavra continua sendo a ferramenta mais poderosa que temos.

A questão, então, é: como podemos usar esse poder para construir nosso poder pessoal, alcançar o sucesso e conquistar a riqueza? Vamos imaginar que você esteja num dia particularmente confuso. Sua mente está cheia de pensamentos que giram como um furacão: medos, preocupações, ideias soltas, lembranças que não se encaixam. Você concorda que, se pudesse dar forma a esse caos, talvez conseguisse encontrar um caminho claro?

Acredite, uma simples caneta e um pedaço de papel têm o poder de organizar essa confusão.

Me impressiona que a escrita ainda seja uma ferramenta subestimada. Não apenas uma forma de organizar ideias e criar listinhas de tarefas; ela pode ser um espelho da alma, uma lâmpada que ilumina os cantos escuros da mente. Quando você escreve, algo mágico tende a acontecer: você tira os pensamentos do plano abstrato, da nebulosa confusão mental, e os traz para o mundo físico. De repente, eles parecem ganhar forma, peso e estrutura.

Como diz uma ideia popular no mundo das empresas: "O papel aceita tudo". Ele não julga. Ele não interrompe. Ele simplesmente recebe.

Hoje, como escritor de carreira, carrego a convicção de que escrever liberta. E como homem de negócios, digo que escrever enriquece. Se parece estranho ler isso, pesquise sobre Dan S. Kennedy, Jay Abraham, Bill Bonner e Mark Ford.

Kennedy é um mestre em marketing direto. Ele se tornou rico ao escrever de forma persuasiva, transformando palavras em vendas. Seu trabalho é uma prova de que escrever bem pode gerar não apenas lucro, mas também poder e autoridade.

Abraham é um dos maiores consultores de marketing do mundo e também um grande defensor do uso da escrita para educar, persuadir e vender. Ele entende que palavras bem escolhidas têm o poder de aumentar substancialmente o valor de qualquer produto ou serviço, e ensina isso em seus livros e palestras.

Bonner, cofundador da Agora Inc. (a empresa-mãe de publicações como *The Daily Reckoning*), é um exemplo claro de como a escrita pode ser a chave para o sucesso financeiro. Sua capacidade de escrever conteúdos persuasivos gerou grandes lucros ao longo de décadas, especialmente em mercados financeiros e de investimentos.

Ford, conhecido por seu trabalho em marketing e escrita persuasiva, também entendeu como escrever de forma estratégica. Ele ensinou como usar a escrita para construir impérios financeiros e influenciar as decisões dos consumidores de maneira impactante.

A ciência da superação

Em 1980, o psicólogo James W. Pennebaker fez uma descoberta que mudaria para sempre a forma como lidamos com nossas emoções: **a escrita tem o poder de curar**. Seus estudos mostraram que colocar no papel experiências traumáticas pode aliviar a carga emocional, reduzir o estresse e até melhorar a saúde física. Parece simples demais para ser verdade, mas a ciência não mente.

Quando escrevemos sobre nossas dores, damos forma ao caos interno. Transformamos sentimentos nebulosos em palavras concretas. Criamos uma narrativa que nos ajuda a entender o que aconteceu – e, mais importante, a seguir em frente.

O melhor? Não há regras.

Você não precisa ser escritor.

Não precisa seguir um formato.

Não precisa nem mostrar para ninguém.

Basta escrever.

Pesquisadores da Universidade Metodista Meridional, nos EUA, conduziram um estudo com 81 estudantes, divididos em grupos. Uns escreveram sobre seus traumas. Outros, sobre suas melhores expectativas para o futuro. Alguns combinaram os dois temas. E um último grupo escreveu sobre assuntos neutros.

Três semanas depois, aqueles que descreveram um futuro positivo estavam significativamente mais felizes. Cinco meses depois, até os que escreveram sobre traumas começaram a mostrar melhora emocional.

"Acreditamos que colocar experiências difíceis no papel ajuda as pessoas a processá-las e reduzir o impacto emocional", explicou Elizabeth Broadbent, coautora do estudo, à *Scientific American.*

Os efeitos vão além do bem-estar psicológico. Um estudo publicado no *The Oncologist* acompanhou pacientes com leucemia e linfoma que passaram três semanas escrevendo diariamente por vinte minutos. O impacto foi surpreendente: 53,8% relataram mudanças na forma como enxergavam a doença. E essa mudança mental teve reflexos físicos.

Outro estudo, publicado no *Academy of Management Journal*, acompanhou 63 engenheiros demitidos. Eles foram divididos em três grupos: um escrevia sobre temas neutros, outro não fazia nada, e o terceiro colocava no papel seus sentimentos sobre a demissão. Três meses depois, apenas 5% dos engenheiros dos dois primeiros grupos tinham conseguido um novo emprego. No grupo da escrita emocional? 26%. Oito meses depois, os números foram ainda mais impressionantes: apenas 19% daqueles dos primeiros grupos estavam empregados novamente. Entre os que escreveram sobre suas emoções, esse número saltou para 52%. Eles não fizeram mais entrevistas do que os outros. Mas se saíram melhor nelas. Por quê? Porque escrever ajudou a processar os sentimentos. Diminuíram o rancor. Reencontraram a confiança.

Pesquisadores da Universidade de Kentucky descobriram que um simples exercício semanal de escrita sobre gratidão torna as pessoas mais otimistas e motivadas. O estudo foi publicado no *New York Times.*

A verdade é que a escrita não é apenas um hábito. É uma ferramenta de transformação.

Quer clareza mental? Escreva.

Deseja superar um trauma? Escreva.

Pensa em enxergar oportunidades em meio ao caos? Pegue um caderno.

Quer traçar novos rumos para o seu negócio? Rabisque.

A palavra tem poder.

E esse poder está, literalmente, em suas mãos.

PILOTO Nº 10

Exercícios poderosos de escrita

A seguir, apresento algumas ideias e exercícios práticos que você pode incorporar ao seu dia a dia. Cada prática é projetada para ajudá-lo a desbloquear seu potencial interior, liberar emoções e criar uma conexão mais profunda consigo mesmo. Pegue sua caneta, escolha um lugar tranquilo e comece.

1. A vida em cinco minutos

Esse é um exercício rápido que pode ser feito todos os dias, ideal para começar ou encerrar o dia com mais clareza. Escreva respostas curtas para as seguintes perguntas:

- Algo pelo qual sou grato hoje.
- Um desafio que enfrentei ou ainda estou enfrentando.
- Um pequeno passo que darei amanhã para me aproximar de meu objetivo.

Esse hábito simples ajuda a reforçar a gratidão, refletir sobre desafios e planejar ações concretas para o futuro.

2. A carta do perdão

Escolha alguém que você sente que precisa perdoar – pode ser outra pessoa ou até você mesmo. Escreva uma carta expressando seus sentimentos de forma honesta e sem julgamentos. Por exemplo:

> “Querida [Pessoa],
> Tenho carregado isso por muito tempo, mas hoje escolhi libertar-me desse peso. Apesar de tudo, escolho perdoar, porque quero seguir em frente e permitir que você também siga o seu caminho.”

Não é necessário enviar a carta. Apenas o ato de escrever pode ser libertador. Se preferir, queime ou rasgue a carta como um símbolo de desapego.

3. Carta para o futuro

Imagine o “você” daqui a cinco anos. O que você gostaria de dizer a essa versão futura de si mesmo? Quais conselhos e encorajamentos ofereceria? Escreva sobre suas aspirações, sonhos e valores. Por exemplo:

> “Olá, [Seu Nome do Futuro],
> Espero que você esteja vivendo a vida que sempre sonhou. Lembre-se de continuar perseguindo o que é importante para você, mesmo quando parecer difícil. Confie em sua capacidade de crescer e criar algo significativo.”

Essa carta é um exercício de reflexão e alinhamento, ajudando-o a projetar suas metas e se manter comprometido com elas.

4. Declarações de poder

Escreva três declarações afirmativas para áreas importantes da sua vida: carreira, saúde e relacionamentos. Por exemplo:

- "Eu estou avançando na minha carreira com confiança e propósito."
- "Eu cuido do meu corpo com amor e disciplina."
- "Eu cultivo relacionamentos que me fortalecem e me inspiram."

Leia essas afirmações diariamente, em voz alta, para reforçar seus pensamentos e moldar suas ações.

5. Diário da gratidão

Reserve alguns minutos no final do dia para registrar três coisas pelas quais você foi grato. Podem ser momentos simples, como um sorriso, uma refeição gostosa ou uma conversa significativa. Esse exercício treina sua mente para focar o positivo e reforça sentimentos de satisfação.

Leia mais sobre isso no Arquivo 13.

6. Visita aos traumas

Escreva sobre um evento difícil ou traumático que ainda pesa em sua mente. Não se preocupe com gramática ou estrutura – apenas deixe fluir. Depois, leia o que escreveu e tente identificar aprendizados ou maneiras de reinterpretar a experiência. Esse exercício ajuda a processar emoções e reestruturar pensamentos.

7. Visualização escrita

Descreva um momento futuro em que você alcançou algo que deseja profundamente. Seja detalhista: como você se sente? Onde está? Quem está com você? Por exemplo:

"Estou em minha nova casa, rodeado de pessoas que amo. Posso sentir a alegria e a gratidão por ter chegado até aqui, sabendo que cada passo valeu a pena."

Essa técnica ativa sua imaginação e ajuda a programar seu subconsciente para agir em direção aos seus objetivos.

8. Resumo do dia

Ao final do dia, escreva um breve resumo do que aconteceu. Foque momentos significativos, desafios, e como você se sentiu. Esse exercício cria uma rotina de reflexão, ajudando a identificar padrões emocionais e comportamentais.

9. Escreva sobre seus medos

Escolha um medo específico e escreva tudo o que ele faz você sentir. Depois, reescreva essa narrativa com uma abordagem positiva. Por exemplo:

- "Tenho medo de falhar porque acho que não sou bom o suficiente."
- Reescrito: "Mesmo que eu enfrente dificuldades, sei que cada tentativa me torna mais forte e mais experiente".

Esses exercícios são simples, mas podem gerar mudanças significativas em sua vida. Escolha um deles para começar hoje. Lembre-se: escrever é não apenas um ato de organização mental, mas também uma ferramenta para liberar emoções, ressignificar experiências e criar uma conexão mais profunda com seu propósito.

Para fixar: a escrita é uma ferramenta poderosa para descrever, compreender e ressignificar pensamentos e emoções. Ela nos permite organizar a mente, liberar o caos interno e abrir portas para o autoconhecimento. Ao colocar palavras no papel, podemos reescrever nossas histórias, entender nossos medos e traumas e projetar o futuro que desejamos. Não subestime o poder de escrever – seja para clarear sua mente, expressar gratidão, seja para visualizar seu sucesso, a escrita é um passo fundamental na construção de uma vida rica em propósito e significado.

"Sê tu próprio. Mostra tua raridade ao mundo e eles te acumularão de ouro."

Og Mandino é um exemplo de como a crença bem direcionada, a mentalidade de sucesso e o bom uso das palavras podem se entrelaçar para criar não apenas uma carreira milionária, mas também um legado duradouro. Sua jornada, que começa com desafios pessoais e profissionais, se transformou em uma história inspiradora de superação, em que ele aplica, com maestria, os princípios de uma mentalidade orientada ao sucesso.

Nascido Augustine "Og" Mandino II, em 12 de dezembro de 1923, em Natick, Massachusetts, recebeu seu nome em homenagem ao avô paterno. Desde jovem, mostrou grande interesse pelo jornalismo, planejando cursar a Universidade do Missouri. Porém, a morte repentina de sua mãe, em 1940, mudou seus planos, e ele começou a trabalhar em uma fábrica de papel antes de se alistar no Corpo Aéreo do Exército dos Estados Unidos, em 1942. Durante a Segunda Guerra Mundial, Mandino serviu como oficial militar e bombardeiro, participando de trinta missões sobre a Alemanha a bordo de um B-24 Liberator, tendo como colega de voo o famoso ator James Stewart.

Após a guerra, Mandino seguiu a carreira de vendedor de seguros, mas enfrentava sérias dificuldades pessoais, incluindo o alcoolismo. Em um momento de profunda crise, ele considerou o suicídio, mas uma visita a uma biblioteca mudou sua vida. Ali, encontrou livros de desenvolvimento pessoal que o ajudaram a superar seus vícios e a encontrar uma nova direção. Entre os livros que leu, o clássico de W. Clement

Stone, *Atitude mental positiva*, teve um impacto profundo, inspirando-o a mudar sua trajetória.

Mandino, então, seguiu seu novo caminho, buscando uma posição de vendas na Combined Insurance Company, onde, em um ano, quebrou recordes de vendas e foi promovido a gerente. Sua habilidade com palavras e seu conhecimento em vendas o levaram a um emprego na revista *Success Unlimited* e, eventualmente, à posição de editor executivo. Em 1966, ele ajudou a editar a antologia *A Treasury of Success Unlimited* (Um tesouro de sucesso ilimitado), uma obra que consolidou sua influência no campo do sucesso pessoal.

Ao longo da carreira, Mandino tornou-se escritor e palestrante, sendo fortemente influenciado pela Bíblia, por Napoleon Hill, por W. Clement Stone e Emmet Fox. Sua mensagem central era clara: cada pessoa na Terra é um milagre, e a chave para o sucesso reside em direcionar a própria vida com confiança e em alinhamento com as leis da abundância. Ele acreditava que todas as pessoas bem-sucedidas fazem escolhas conscientes sobre seu destino e o caminho para alcançá-lo, mapeando suas vidas com clareza e intenção.

Seu livro mais famoso, *The Greatest Salesman in the World* (O melhor vendedor do mundo), tornou-se um best-seller, com mais de 50 milhões de cópias vendidas e traduzido para mais de 25 idiomas. Mandino também foi presidente da revista *Success Unlimited* até 1976 e foi induzido ao Hall da Fama da National Speakers Association, consolidando seu legado no mundo do sucesso e da motivação.

"Amarei a luz, pois ela me mostra o caminho, mas suportarei a escuridão, pois ela me mostra as estrelas."

"Valorize acima de tudo o amor que você recebe.
Ele continuará a existir depois de o seu ouro
e a sua saúde terem acabado."

"Lembre-se, nos momentos mais sombrios,
de que cada falha é apenas um passo em direção
ao sucesso, cada descoberta do que é falso nos
direciona ao que é verdadeiro, cada provação
esgota alguma forma tentadora de erro, e toda
adversidade, por mais que esconda por um
tempo, traz o caminho para a paz e a realização."

"Toda derrota, todo desgosto, toda perda contêm
sua própria semente, sua própria lição sobre como
melhorar seu desempenho na próxima vez."

"As pessoas que vivem tristes e se sentem
fracassadas nunca exerceram suas opções
para um modo de vida melhor, porque nunca
se conscientizaram de que tinham uma escolha."

"Faça sempre o seu melhor.
O que você plantar agora, colherá mais tarde."

"Trabalhe como se fosse viver para
sempre e viva como se fosse morrer hoje."

ARQUIVO Nº 11

INFLUÊNCIA: A ARTE DE PERSUADIR

“Com palavras, um homem
pode fazer outro amar ou odiar, acreditar
ou duvidar, avançar ou recuar.”

NAPOLEON HILL

Não há sucesso verdadeiro ou riqueza duradoura sem a prática constante da liderança. Todos os homens que alcançam o topo – seja nos negócios, na política, na carreira, na religião, seja até mesmo no lar – são, em essência, líderes.

Qualquer um pode ser um líder? Sim.

É fácil? De maneira alguma.

A verdadeira liderança é rara, e sua escassez se deve ao fato de que a maioria das pessoas não está disposta a dominar o único requisito indispensável para alcançá-la… a capacidade de se liderar primeiro, antes de liderar qualquer outra pessoa.

Você já se perguntou o que os melhores líderes do mundo sabem que o resto de nós não sabe?

Já ficou encucado para decifrar os segredos que fazem alguns serem ouvidos, seguidos e admirados?

Já refletiu por que algumas pessoas conseguem, de forma tão natural, se destacar em um mar de pessoas com as mesmas habilidades e, muitas vezes, até mais qualificadas?

A resposta está em uma única palavra – **influência**. A habilidade de moldar percepções, inspirar ações e conduzir decisões.

Mas como influenciar sem soar como um vendedor insistente e irritante? Como se conectar com pessoas importantes e fazer sua reputação se espalhar? Como obter autoridade, prestígio e poder em algum nível?

Acredito saber a resposta… E acredito também que algumas pessoas não querem que mais pessoas saibam disso. Parece ser um segredo guardado há muito tempo pela elite social, e que constrói dinastias e derruba reinos. É a explicação de como até as origens mais humildes podem levar a sucessos extraordinários.

Isso pode ser a chave para publicar seu livro, lançar um negócio bem-sucedido, obter crédito e acessar eventos importantes. Pode até significar conseguir aquele contato que mudará tudo.

Bem, vamos começar com um truque que vai lhe permitir se conectar até mesmo com as pessoas mais influentes: perguntar. Sim, perguntar. Parece simples, certo? E é! O problema é que a maioria das pessoas não tem coragem de perguntar. Elas ficam inseguras, acham que estão incomodando, ou que suas perguntas não serão bem-vindas. Mas se você realmente deseja expandir sua influência, a primeira coisa que precisa fazer é deixar a vergonha de lado e perguntar.

Perguntar faz as pessoas responderem. Perguntar abre portas. Perguntar demonstra interesse genuíno, uma atitude humilde e, ao mesmo tempo, ambiciosa. Ao perguntar, você começa a construir um vínculo, a abrir um canal de comunicação direto com alguém importante. Foi perguntando, inclusive, que consegui grande parte do conteúdo deste livro. Quando eu desejava saber algo específico sobre A Linguagem dos Milionários, recorri aos meus contatos no WhatsApp, e quase todos (nem tudo permite 100% de aproveitamento) me responderam com prontidão.

Bem, vamos esclarecer uma coisa aqui: não sou ninguém com talento especial. Não nasci em berço de ouro, não sou um líder carismático nem um orador persuasivo. Não tenho biotipo de ator de Hollywood nem talento inato para conquistar as pessoas. Fui o típico garoto estranho e desajustado no ensino médio e aprendi a tocar um instrumento para evitar apanhar (às vezes dava certo). Fui vítima da calvície com apenas 24 anos e por anos luto com o sobrepeso. Em outras palavras, não sou nenhum Dale Carnegie, Napoleon Hill, Thiago Nigro ou Caio Castro. Longe de ser um "fora da curva", muitas vezes sou inseguro e luto com problemas de autoconfiança.

Por que compartilho tudo isso? Para que você sinta pena? Claro que não! Para que saiba que, se eu consegui, você também pode. E se você acredita em mim e está pronto para as outras dicas práticas de como fazer isso com base no que observei atuando com milionários e pessoas de sucesso em diferentes setores, é hora da ação.

O primeiro marco que cruzei quando o assunto é influência trata diretamente da autoconfiança, um dos conceitos-chave das leis do sucesso. Eu tinha apenas 21 anos, já tinha lido uma infinidade de livros sobre negócios e vendas e já tinha crença suficiente de que poderia ir além. Na ocasião, fiquei sabendo que o Dr. Augusto Cury, autor de livros que mudaram minha vida, faria uma palestra em uma cidade próxima à em que eu morava na época.

Decidido a usar o que aprendi com Hill, percebi que a chave estava em me posicionar como uma pessoa diferente. Coloquei meu melhor terno, subi na minha moto e fui até o evento. Cheguei lá, assisti à palestra como um ouvinte comum e esperei o momento de brilhar. No intervalo, avistei o Dr. Cury circulando no *coffee break*, interagindo com os organizadores. Com um coração humilde e a cabeça erguida, me aproximei, me apresentei, e ele me recebeu com grande atenção.

Aquela interação, que guardo até hoje na forma de foto, foi a minha verdadeira vitória. Não só me conectei com alguém que admirava, mas também aprendi que, ao demonstrar autoconfiança, as portas se abrem de maneiras que você nunca imaginou. O momento certamente não fez diferença alguma na vida dele, mas para mim foi decisivo. Percebi que, ao assumir o controle da minha própria confiança, eu poderia, sim, estabelecer conexões significativas e transformar minha realidade.

Dois anos depois desse episódio, quando já tentava a vida no universo digital, descobri que uma das maiores figuras de autoridade do setor na época morava na minha cidade. E o mais surpreendente: eu não fazia a menor ideia disso. Estou falando do Pedro Quintanilha, que àquela época já era mentorado por Flávio Augusto da Silva, hoje seu sócio. Fiquei sabendo disso por meio de um vídeo em que Flávio mencionava o nome dele, e foi aí que caiu a ficha.

Pedro estava prestes a lançar um evento importante sobre empreendedorismo, e naquele instante algo dentro de mim disse que essa seria a minha chance. Então, sem pensar duas vezes, decidi me oferecer como voluntário. Usando alguns truques de escrita persuasiva, enviei uma mensagem na página do evento e consegui o contato de seu sócio, o Dudu. O objetivo era claro: chegar até o Pedro. Eu sabia que esse evento poderia ser a porta de entrada de que eu precisava para novos horizontes.

E não é que as coisas começaram a acontecer de forma muito mais rápida do que eu imaginava? Antes mesmo de o evento começar, Pedro me chamou para uma reunião no escritório dele. Claro, a oportunidade de estar ali foi um grande passo para alcançar meu objetivo. No mês seguinte, fui ao evento como participante, mas, mais importante ainda, mostrei quem eu era. E, para minha surpresa, ele gostou tanto do meu desempenho que me convidou para trabalhar com ele. O contrato durou um ano, mas a parceria e a amizade se estenderam por mais de uma década.

Esse foi o início de uma relação que, até hoje, é fundamental para o meu crescimento profissional. Pedro ainda é um dos meus mentores, e me ajudou imensamente ao longo dos anos. Sendo muito bem relacionado e tendo uma rede de contatos impressionante, ele me apresentou a outras pessoas-chave.

Repare: a influência é como um jogo de pontos. Cada vez que você se conecta com uma pessoa importante, fica mais próximo do próximo ponto. E assim vai, uma conexão de cada vez, até você perceber que seu círculo de influência está muito mais robusto do que imaginava. Este é o segredo para fazer a roda girar: conectar-se, de forma estratégica, com as pessoas certas. Isso não significa usar as pessoas como peões num tabuleiro. É possível fazer tudo isso de forma honesta, verdadeira. Mas sejamos sinceros: todos somos movidos por interesses, por mais genuínos que sejam. Portanto, a influência requer sagacidade.

Uma maneira eficaz de medir a qualidade da sua rede de contatos é esta: se hoje tudo desmoronasse – se você quebrasse, ficasse desempregado ou precisasse de ajuda urgente –, haveria pelo menos cinco pessoas para quem poderia ligar, com alguma certeza de que elas o ajudariam? Se a resposta for sim, ótimo, você está construindo relacionamentos sólidos. Mas, se for não, talvez você não esteja ajudando pessoas o suficiente. E repare: eu disse *ajudar*, não *se aproveitar*.

Vamos lá, minha origem é pobre, mas tive uma sorte imensa. Sorte de ter nascido em um momento em que a internet revolucionou tudo, democratizando o acesso à informação e criando oportunidades que antes eram inimagináveis. O que eu construí, tanto em carreira quanto em sucesso, devo a isso – e ao esforço constante de aproveitar essas chances.

Claro, seria maravilhoso ter nascido com o privilégio de ter um iate para passar o verão, fazer parte do círculo das pessoas bem-sucedidas desde cedo, entender a linguagem do dinheiro e jogar tênis com figurões do mundo dos negócios. Imagine só se hospedar em hotéis chiques nas férias e não precisar trabalhar doze horas por dia como vendedor de jornal para pagar a faculdade. Seria o máximo!

Mas não foi bem assim que aconteceu. Só passei a ter acesso a certas coisas bem depois, já consolidado como escritor. Porém, posso afirmar com certeza que as dificuldades que enfrentei foram essenciais para me fortalecer. Elas me trouxeram coragem e me prepararam para lidar com todo tipo de pessoa, até as mais ricas.

Enquanto começava a traçar meu caminho até o que considero o topo, conheci figuras extremamente bem-sucedidas e aprendi muito com elas. E a lição mais valiosa que recebi, logo no começo, foi sobre o melhor jeito de se conectar com pessoas que sabem o valor do próprio tempo: oferecer algo antes de qualquer coisa.

Veja, quando você está começando, pode sentir que não tem muito a oferecer, especialmente em termos financeiros ou de oportunidades de negócios. Você pode achar que precisa dessas pessoas mais do que elas de você. Mas deixa eu lhe contar: você tem algo que elas não têm – uma perspectiva nova, uma visão limpa e descomplicada, sem a visão embaçada que os anos de experiência nos negócios podem trazer.

Essas pessoas frequentemente estão fechadas em seus próprios círculos, seguindo suas rotinas. Se você consegue apresentar uma nova ideia, que seja realmente boa, ou consegue ajudar a resolver um problema de um jeito diferente, isso se torna extremamente valioso para elas.

No fim das contas, elas são humanas como qualquer um. Humanos gostam de se conectar com quem genuinamente se interessa por eles. Ao demonstrar esse interesse verdadeiro, você vai construindo confiança e credibilidade, e com o tempo vão querer retribuir. É da natureza humana.

Agora, um aviso importante: não se sinta no direito de pedir favores. Se você fizer isso, as portas vão se fechar.

Muitos estão competindo pela atenção dessas pessoas, então elas ficam extremamente sensíveis a quem está sendo oportunista. O que você realmente quer é informação. Como elas chegaram lá? O que funcionou para elas? O que não funcionou? A chave é oferecer ajuda primeiro, observar atentamente o que elas estão fazendo, entender o jogo delas. Isso vai acelerar o que você está construindo.

Uma coisa que muitos não percebem é que, com exceção de quem atua como influenciador, as pessoas realmente ricas e poderosas costumam ser discretas. Em um mundo em que a ostentação é celebrada, os ultrarricos preferem a privacidade. Eles não estão por aí mostrando carros caros ou roupas de marca. Não vemos fotos deles nas redes sociais ostentando suas riquezas (cinco dos meus amigos mais ricos fazem questão de manter a discrição). O que você vê na internet é apenas a ponta do iceberg. O dinheiro grande adora o silêncio e a discrição, como bem destaquei no Arquivo 9.

Ter dinheiro significa ter a liberdade de escolher o que você quiser, mas o sucesso financeiro também atrai inveja e inimigos. Esse tipo de atenção indesejada coloca em risco a segurança das pessoas que enriquecem, expondo-as a roubos, extorsões e até sequestros. Tive noção disso quando minha casa foi invadida em 2020. Graças a Deus foi em um momento em que não estávamos, mas a sensação de vulnerabilidade foi imensa. Naquela situação, percebi que, ao mesmo tempo que o dinheiro oferece oportunidades incríveis, ele também exige cuidados que vão muito além da gestão financeira. Muitas pessoas sonham em enriquecer, mas não têm ideia dos riscos que isso implica.

E é claro, existem as razões mais obscuras para manter a riqueza em segredo, como lavagem de dinheiro e outras atividades ilegais. Quem pratica essas coisas quer se manter invisível, obviamente. Mas estamos focando a parte legítima da população rica, lembra?

Amarrando e resumindo, aconselho a colocar de lado a ideia de "conseguir que pessoas influentes façam algo por mim". Em vez disso, tente ajudá-las (veja como eu me ofereci como voluntário no evento do Pedro). Mas também se lembre de matar o dragão da insegurança, desenvolver a autoconfiança e fazer pedidos ousados, mesmo que de forma humilde. Foi isso que eu fiz; é o que ainda faço. Em outras palavras: faça amigos. O grande barato é que qualquer pessoa pode fazer amigos e influenciar pessoas. Você só precisa perguntar, ajudar, ser confiante, solícito e sagaz.

Eu consegui, e acredito que você consegue também.

O uso das palavras no contexto da influência

Certa vez, em um tribunal dos Estados Unidos, um advogado jovem e inexperiente entrou na sala para defender um réu em um caso bastante delicado. O promotor era um veterano experiente, conhecido por sua retórica afiada e sua capacidade de desmontar argumentos. O caso parecia perdido. A evidência contra o réu era esmagadora, e o público já esperava um veredicto condenatório.

Mas, então, o jovem advogado começou sua defesa. Ele não atacou a evidência diretamente, nem tentou provar a inocência do cliente com uma torrente de fatos. Em vez disso, construiu um discurso. Com uma voz calma e controlada, apresentou uma narrativa envolvente, apresentou um contexto emocional e plantou a semente da dúvida na mente dos jurados. No final, conseguiu transformar um caso perdido em uma absolvição inesperada.

O que ocorreu ali não foi a mera apresentação de dados que salvou seu cliente, mas o poder transformador das palavras, capazes de reconfigurar percepções, inspirar confiança e, por fim, mudar o curso da história.

As palavras têm um impacto imenso em todos os aspectos da vida, mas especialmente nos relacionamentos humanos. Uma única palavra pode abrir portas ou fechá-las para sempre. Pode criar alianças ou destruir laços. Pode inspirar lealdade ou gerar ressentimento. Quem entende isso domina uma das ferramentas mais poderosas que a humanidade já conheceu.

Em qualquer relação, seja ela profissional, pessoal, seja romântica, a comunicação desempenha papel central. Muitas vezes, problemas aparentemente "insolúveis" em casamentos, amizades ou negócios poderiam ser resolvidos facilmente com o uso correto da linguagem.

Entre os muitos escritos da humanidade, da Bíblia Sagrada aos manuais modernos de relacionamento e negócios, você encontra ensinamentos como:

1. **As palavras constroem ou destroem a confiança.** A confiança é a base de qualquer relacionamento duradouro. Uma única palavra mal colocada pode arruinar anos de construção de confiança. Um comentário crítico no momento errado pode minar a autoestima de alguém, enquanto uma palavra de incentivo pode restaurar sua esperança.
2. **O tom da palavra importa tanto quanto seu significado.** Não é apenas o que dizemos, mas como dizemos. Um "obrigado" dito com sinceridade pode fortalecer um vínculo, enquanto um "obrigado" sarcástico pode miná-lo. O tom da voz, a escolha das palavras e até a linguagem corporal reforçam ou contradizem a mensagem.
3. **As palavras criam realidades emocionais.** Se alguém diz repetidamente a uma criança que ela é incompetente, essa criança, com o tempo, começará a acreditar nisso. O mesmo ocorre em relações amorosas e profissionais. Um chefe que motiva sua equipe com palavras encorajadoras gera mais produtividade do que aquele que usa críticas destrutivas.
4. **A palavra certa no momento certo pode transformar um destino.** Muitos grandes empreendedores, artistas e inventores chegaram aonde estão porque, em algum momento de suas vidas, ouviram a palavra certa. Às vezes, um simples "Você é capaz" no momento exato pode ser a faísca necessária para mudar um destino.

No mundo dos negócios, os profissionais mais bem-sucedidos não são apenas os mais habilidosos tecnicamente. São os que sabem se comunicar com clareza e persuasão. Um vendedor de elite não apenas descreve um produto, ele conta uma história que faz com que o cliente visualize a solução em sua vida. Um líder eficaz não apenas dá ordens, ele inspira seus colaboradores a trabalharem com propósito. Um empreendedor bem-sucedido não apenas oferece um serviço, ele cria uma narrativa envolvente que atrai investidores, parceiros e clientes.

As palavras moldam nossa percepção de valor. A mesma ideia, vendida com palavras diferentes, pode ter um impacto financeiro drástico. Empresas gastam milhões apenas para encontrar o slogan perfeito, pois sabem que a forma como se comunicam define sua marca no mercado.

De forma geral, aqueles que dominam o uso consciente da palavra têm uma vantagem gigantesca na vida. Pois a forma como falamos define a forma como tratamos os outros e como eles nos tratam. Imagine o impacto se todos adotassem princípios da boa comunicação:

- **No casamento:** se em vez de críticas constantes, cada cônjuge escolhesse palavras de encorajamento e gratidão.
- **Nos negócios:** se cada negociação fosse conduzida com respeito, clareza e objetividade, sem manipulações negativas.
- **Na política:** se os discursos fossem pautados na verdade e no bem comum, em vez de em estratégias para incitar ódio e divisão.

Sim, a palavra bem usada tem o poder de transformar o mundo para melhor.

As leis do sucesso e o poder da palavra nos relacionamentos

Napoleon Hill identificou princípios fundamentais que conduzem ao sucesso, e muitos deles estão diretamente ligados à forma como utilizamos a linguagem. Se queremos construir relacionamentos prósperos, pessoais ou profissionais, devemos aplicar esses princípios conscientemente em nossa comunicação.

A seguir, veremos como algumas das *Leis do Sucesso e do Triunfo* podem ser aplicadas aos relacionamentos, acompanhadas de exemplos práticos de declarações que podemos utilizar para fortalecer conexões e influenciar positivamente aqueles ao nosso redor.

1. Personalidade agradável – "As palavras certas criam magnetismo pessoal"

Hill dizia que uma personalidade agradável é um dos fatores-chave para o sucesso. Pessoas são naturalmente atraídas por aquelas que transmitem energia positiva, confiança e cordialidade. Uma personalidade magnética se constrói não apenas com aparência ou comportamento, mas também com palavras bem escolhidas.

Exemplo prático:

Imagine dois líderes de equipe. O primeiro dá ordens ríspidas e secas:

- "Preciso desse relatório até o fim do dia. Não vou tolerar erros!"

O segundo, mantendo firmeza, mas com carisma e respeito, diz:

- "Você é um profissional competente. Confio que conseguirá entregar esse relatório até o fim do dia com a qualidade de sempre."

A diferença é clara. Ambos pedem a mesma coisa, mas o segundo cria um ambiente de cooperação e incentivo, despertando no outro a vontade de corresponder às expectativas.

> **Modelo de frase para aplicar no dia a dia:**
>
> "Gosto de como você pensa.
> Você tem um jeito único de enxergar as coisas."

Pessoas se sentem atraídas por aqueles que valorizam suas qualidades, e isso cria laços mais fortes.

2. A Regra de Ouro – "Fale com os outros como gostaria que falassem com você"

A Regra de Ouro de Napoleon Hill deriva do ensinamento bíblico "Faça aos outros aquilo que gostaria que fizessem a você". Esse princípio, quando aplicado à comunicação, transforma qualquer relacionamento. Em um desentendimento, muitas pessoas atacam, criticam e reagem com palavras duras. Mas um grande comunicador age com empatia e equilíbrio emocional.

Exemplo prático:

- "Isso é culpa sua! Se você tivesse prestado mais atenção, não estaríamos nessa situação!"
- "Eu entendo que isso foi um erro, e todos erramos. Como podemos resolver isso juntos?"

O segundo exemplo não apenas evita confrontos desnecessários, mas também fortalece a relação ao demonstrar que ambas as partes estão do mesmo lado.

Modelo de frase para aplicar no dia a dia:

"Se eu estivesse no seu lugar, acho que também me sentiria assim. Como posso ajudar?"

Esse tipo de abordagem transforma desavenças em oportunidades para fortalecer laços.

3. Decisão – "Palavras firmes criam influência e respeito"

Pessoas indecisas raramente inspiram confiança. Hill ensinava que o sucesso está diretamente ligado à capacidade de tomar decisões rápidas e bem fundamentadas. No contexto dos relacionamentos, isso significa evitar discursos vagos e inseguros. As palavras devem refletir clareza e comprometimento.

Exemplo prático:

- "Talvez eu possa ajudar, mas não sei... Quem sabe, né?"
- "Pode contar comigo. Vamos resolver isso juntos."

O segundo exemplo transmite segurança e autoridade, dois fatores essenciais para ser respeitado e admirado.

> **Modelo de frase para aplicar no dia a dia:**
>
> "Sim, eu quero isso.
> Estou comprometido e pronto para agir."

Quando falamos com **clareza e convicção**, as pessoas ao nosso redor sentem que podem confiar em nós.

4. Mastermind — "Palavras fortalecem alianças poderosas"

Aprendemos com Hill que ninguém alcança o sucesso sozinho. O princípio do Mastermind se baseia na ideia de que duas ou mais mentes alinhadas para um objetivo comum multiplicam sua força e inteligência. Nos relacionamentos, isso significa valorizar o trabalho em equipe, reconhecer o valor dos outros e construir parcerias baseadas na comunicação positiva.

Exemplo prático:

- "Esse projeto só saiu porque eu fiz tudo."
- "Nós conseguimos isso juntos. Cada um aqui tem um papel fundamental."

A diferença é gritante. No primeiro caso, a pessoa se coloca acima dos outros, gerando ressentimento. No segundo, reforça o espírito de equipe e incentiva futuras colaborações.

Modelo de frase para aplicar no dia a dia:

"Admiro seu trabalho. Trabalhando juntos, podemos alcançar algo incrível."

Líderes que aplicam esse princípio criam grupos altamente motivados e produtivos.

5. O sexto sentido – "A intuição é reforçada pelas palavras que escolhemos usar"

O sexto sentido, segundo Hill, é o estado mental em que a experiência e o conhecimento se unem à intuição. Ele dizia que as mentes mais bem treinadas desenvolvem um instinto aguçado para tomar decisões e construir grandes realizações. Isso se aplica também aos relacionamentos. Às vezes, não é o que a pessoa diz, mas o que não diz, que revela sua intenção.

Quem cultiva a sensibilidade para interpretar palavras, tons e contextos consegue **ler nas entrelinhas** e entender melhor as pessoas.

Exemplo prático:

Se alguém diz "Estou bem", mas o tom e a expressão mostram o contrário, uma pessoa com um **sexto sentido treinado na comunicação** não ignora isso e responde:

- "Parece que tem algo te incomodando. Quer falar sobre isso?"

O sexto sentido nos ajuda a **ler as emoções ocultas por trás das palavras** e a responder de forma mais eficaz.

Modelo de frase para aplicar no dia a dia:

"Sinto que há algo além do que você está dizendo.
Se precisar, estou aqui para ouvir."

Esse tipo de comunicação gera **confiança, aprofundamento nos laços e conexões autênticas.**

Citação poderosa

"Não podemos controlar a maneira como as pessoas interpretam nossas ideias ou pensamentos, mas podemos controlar as palavras e os tons que escolhemos para transmiti-los. A paz é construída sobre o entendimento, e as guerras são construídas sobre mal-entendidos. Nunca subestime o poder de uma única palavra, e nunca jogue palavras de forma imprudente. Uma palavra errada, ou mal interpretada, pode mudar o significado de uma frase inteira e começar uma guerra. E uma palavra certa, ou uma palavra gentil, pode lhe conceder os céus e abrir portas."

— SUZY KASSEM, *RISE UP AND SALUTE THE SUN: THE WRITINGS OF SUZY KASSEM*

(LEVANTE-SE E SAÚDE O SOL: OS ESCRITOS DE SUZY KASSEM)

Saber falar e saber calar

A palavra falada é o meio pelo qual você expressa sua personalidade com mais frequência. Por isso, o tom de voz deve estar totalmente sob controle, para que possa ser alterado ou modulado para transmitir qualquer significado desejado, somando-se às palavras utilizadas. Como a voz é a expressão mais direta do seu profundo eu, você deve ter muito cuidado para usá-la de modo plenamente favorável.

O hábito de sorrir, como tantos outros, está diretamente ligado à atitude mental da pessoa e é a maneira perfeita de identificar a natureza de sua atitude. Os músculos do rosto produzem um delineamento quando se sorri, enquanto uma testa franzida produz uma composição totalmente diferente, mas ambos demonstram com precisão absoluta o que se passa na mente. O sorriso, o tom da voz, a expressão do rosto são janelas abertas pelas quais qualquer um pode ver e sentir o que se passa na cabeça de alguém.

Tato é saber dizer a coisa certa na hora certa. As pessoas demonstram falta de tato de várias maneiras, mas, entre as mais comuns, estão as seguintes:

- Um tom de voz resmungão e irritado revelando desprazer ou atitude mental negativa de quem fala.
- O hábito de falar quando o silêncio seria preferível.
- Interromper a fala do outro.
- Uso excessivo do pronome eu.
- Dar opinião não solicitada e sem motivo, especialmente sobre assuntos com os quais não se está familiarizado.
- Atrever-se por amizade ou conhecimento a pedir favores que não se tem o direito de pedir.
- Falar livremente sobre as coisas de que não se gosta.

A tolerância exibe uma abertura mental sobre qualquer assunto e com todo mundo o tempo todo. Além de ser uma das características mais importantes de uma personalidade agradável, uma mente aberta sobre todos os assuntos é uma das doze Grandes Riquezas da Vida.

Leve em conta a franqueza nos modos e nas palavras. As pessoas de bom caráter sempre têm a coragem de lidar aberta e diretamente com as outras pessoas e observam esse hábito, mesmo que às vezes isso possa prejudicá-las. Talvez a maior recompensa seja a possibilidade de manter a consciência tranquila.

Um senso de humor bem resolvido ajuda as pessoas a se tornarem mais flexíveis e ajustáveis às diversas circunstâncias da vida. Também permite que se relaxe. Além do mais, um bom senso de humor evita que você leve a si e a vida a sério demais, uma tendência de muita gente.

A fé no Criador enseja a fé em outras questões. Enquanto a dúvida gera mais dúvidas, a fé é o portão principal pelo qual se dá ao cérebro livre acesso ao grande poder universal do pensamento. É inevitável que a fé esteja entremeada em todos os princípios da filosofia da realização individual. Porque o poder intangível da fé é a essência de todas as grandes realizações, não importando qual seja sua fonte ou natureza.

PILOTO Nº 11

Uma palavra poderosa para persuadir qualquer pessoa

Quando perguntamos a muitas pessoas qual superpoder gostariam de ter, a resposta comum envolve algo relacionado ao controle da mente. A ideia é tentadora, não é mesmo? Isso é possível de alguma forma com o poder da influência.

Persuasão é influenciar os pensamentos ou ações de alguém por meio da comunicação verbal ou não verbal. Parece magia, certo? Então, por diversão, vamos tratar isso como magia. O feitiço que você aprenderá hoje é o simples, mas poderoso, "porque". Se você está pronto, vamos fazer uma viagem no tempo:

1978, Universidade de Harvard. Durante uma pesquisa sobre o poder persuasivo da palavra "porque", Ellen Langer criou um experimento simples. Ela colocou um grupo de pessoas em uma fila para usar a máquina de xerox. A missão era pedir para passar na frente de todos e usar a máquina antes deles. Isso foi feito de três maneiras diferentes, com três perguntas distintas:

1. "Com licença, eu tenho cinco páginas. Posso usar a máquina de xerox?"
2. "Com licença, eu tenho cinco páginas. Posso usar a máquina de xerox, porque preciso fazer cópias?"
3. "Com licença, eu tenho cinco páginas. Posso usar a máquina de xerox, porque estou com pressa?"

Os resultados?

A primeira pergunta obteve uma taxa de aceitação de 60%, enquanto as outras duas, que usaram a palavra mágica "porque", alcançaram taxas de aceitação de 93% e 94%, respectivamente. Adicionar "porque", seguido por um motivo válido ou até mesmo trivial, aumentou significativamente os níveis de persuasão.

Depois disso, o experimento foi repetido, mas com um pedido maior: copiar vinte páginas em vez de cinco (mais arriscado). Nesse caso, apenas o motivo "porque estou com pressa" resultou em maior conformidade.

Agora, vamos entender a magia aqui:

Cialdini explica que esse efeito ocorre porque gostamos de nos dar razões para fazer algo. Quando alguém faz um pedido e o acompanha de uma justificativa, somos mais propensos a aceitar, pois (para questões de baixo impacto) não analisamos criticamente a razão e simplesmente aceitamos que há uma. Para questões de maior impacto, por outro lado, paramos para analisar a razão. Então, o "porque" ainda ajuda, mas é melhor que seja seguido por uma razão válida.

E aí está uma nova técnica para você adicionar à sua receita de *Palavras que Enriquecem*: "porque".

O desafio da vida e o legado do líder

Em uma reunião empresarial, Marcos Trindade, fundador da FSB e do Rituaali, compartilhou uma visão única sobre como ele enxerga o papel das decisões em sua trajetória.

Ele começou dizendo que, para ele, o mais importante na vida é **o próprio viver.** "O que realmente importa é como você conduz a sua jornada", afirmou. Para Marcos, as oportunidades surgem o tempo todo, mas muitas vezes as rejeitamos, pois vêm **disfarçadas de muito trabalho.** E, no fundo, o motor do crescimento está justamente no desconforto. "Se você está confortável, vai crescer pouco. Se você sair do conforto e enfrentar o desconforto, vai crescer muito. O crescimento acontece quando você enfrenta o que te desafia."

Marcos destacou que o medo, muitas vezes, nos paralisa e nos impede de avançar. "O medo é o maior inimigo do crescimento", afirmou, lembrando que, quando decidimos dar o melhor de nós, deixando de lado cargos e títulos, estamos realmente nos desafiando. Ele questiona: "Você se sente desafiado todos os dias? Ou está apenas cumprindo tarefas?"

A liderança, para ele, não se resume a um cargo ou a um crachá. É sobre **inspirar, envolver e, acima de tudo, crescer junto com a equipe.** "Você lidera com paixão? Seu time cresce com você ou sofre com você?" Ele acredita que, para realmente haver crescimento, os liderados precisam crescer junto com o líder. "Se o time é fraco, é porque o líder é fraco. Se o time está bombando, o líder é forte."

Por fim, ele levanta uma questão fundamental: "Qual é o legado que você está deixando? O que ficará após sua passagem?" Marcos nos convida a refletir sobre o impacto que estamos criando não apenas em nossas vidas, mas nas vidas dos outros ao nosso redor, principalmente daqueles que nos seguem e trabalham conosco. O verdadeiro sucesso está em deixar algo duradouro, algo que vá além das vitórias pessoais e que inspire os outros a crescerem também.

Para fixar: a comunicação eficaz baseia-se não apenas no que dizemos, mas também em como escolhemos as palavras e os tons que usamos. As palavras são uma ferramenta poderosa que, quando aplicada com sabedoria, cria vínculos, gera oportunidades e nos conduz ao sucesso.

INSIGHTS

As doze Grandes Riquezas da Vida

De acordo com Napoleon Hill, as doze Grandes Riquezas da Vida são características que podem ser cultivadas para alcançar uma vida plena e bem-sucedida. Hill as descreve como elementos essenciais para o sucesso pessoal e profissional. São elas:

1. Mentalidade positiva. A base de todas as riquezas. Como você pensa determina sua riqueza. Mentalidade de abundância, gratidão e amor traz resultados positivos.
2. Saúde. A saúde é a riqueza mais importante. Cuidar do corpo e da mente é essencial para viver uma vida rica e produtiva.
3. Relacionamentos amorosos. Comece amando a si mesmo. Relacionamentos saudáveis e profundos com amigos, parceiros e família geram imensa riqueza emocional.
4. Viver sem medo. Livre-se do medo que limita seu potencial. A verdadeira riqueza é estar livre do medo de falhar e do medo do julgamento dos outros.
5. Sonhos e conquistas. A capacidade de tornar sonhos realidade é um sinal claro de riqueza. Realizar seu potencial mais alto é a verdadeira medida do sucesso.
6. Trabalho que você ama. Trabalhar em algo que você ama faz a diferença. Amor pelo trabalho cria satisfação pessoal e profissional, além de impactar positivamente os outros.
7. Fé. A fé conecta nossa mente à inteligência universal. A fé é a base de milagres e uma alquimia de riqueza espiritual e material.

8. Mente aberta. A verdadeira educação e compreensão só acontecem quando temos uma mente aberta, o que nos enriquece com conhecimento e empatia.
9. Compartilhar com os outros. A verdadeira felicidade e riqueza vêm do compartilhamento. A generosidade e a colaboração geram riqueza duradoura.
10. Autodisciplina. Dominar seus hábitos e pensamentos é crucial para o sucesso. A autodisciplina, combinada com humildade, leva a grandes conquistas.
11. Capacidade de compreender as pessoas. A compreensão mútua cria harmonia e amizades duradouras. Líderes eficazes sabem entender a si mesmos e aos outros.
12. Segurança financeira. A segurança financeira é tangível e necessária, mas não deve ser sua única medida de sucesso. Equilibre as outras riquezas para uma vida completa.

Essas riquezas, segundo Napoleon Hill, são não apenas materiais, mas também espirituais, emocionais e psicológicas. Elas formam a base de uma vida bem-sucedida e equilibrada, que vai além do dinheiro e das posses.

ARQUIVO Nº 12

ENFRENTANDO O MEDO: O RAIO X DA MENTE DE UM VENCEDOR

"Coragem é a resistência ao medo, domínio do medo, e não a ausência do medo."

MARK TWAIN

Quando recebeu a ordem de liderar o povo na conquista da Terra Prometida, Josué, um personagem importante na história dos hebreus, pôde ouvir da boca do próprio Deus: "Não fui eu que te ordenei? Sê forte e corajoso. Não temas, nem te espantes, porque o Senhor teu Deus está contigo por onde quer que andares" (Josué 1:9).

Talvez você não saiba, mas, na maioria das traduções, a expressão "não temas" aparece repetidamente na Bíblia. O medo, se não for controlado, nos paralisa, impedindo-nos de crescer e conquistar. Ele distorce nossa percepção da realidade, nos fazendo imaginar cenários desastrosos e nos paralisando antes mesmo que possamos tentar. Por isso, a Bíblia não apenas diz "não temas", mas também nos lembra de onde vem a verdadeira coragem: da fé, da ação e do conhecimento de que não estamos sozinhos.

Vamos falar de Ana, uma jovem muito talentosa e competente, mas que em algum momento deixou o medo tornar-se um companheiro. Quando recebeu a promoção para liderar uma equipe em sua empresa e precisou fazer sua primeira apresentação importante, o pavor tomou conta.

Mesmo procurando se preparar, nas semanas que antecederam a reunião, a mente de Ana foi dominada por pensamentos negativos: "E se eu esquecer o que tenho que dizer? Vão perceber que eu não estou preparada". O peso da insegurança a paralisava. Em vez de se deixar levar pela confiança, ela gastava horas remoendo cenários desastrosos que só existiam na sua cabeça.

No dia da apresentação, ela entrou na sala com o coração disparado. Suas mãos tremiam, e cada olhar dos diretores parecia uma acusação silenciosa de incompetência. Quando começou a falar, sua voz estava baixa e hesitante. No meio do discurso, esqueceu os dados que deveria apresentar, gaguejou e se atrapalhou com os slides. O silêncio desconfortável na sala tornou a situação ainda pior. No final, ninguém fez perguntas – não porque o conteúdo estivesse claro, mas porque parecia que todos queriam encerrar aquela situação o mais rápido possível.

Ana saiu da sala devastada. Sentiu vergonha, raiva de si mesma e a certeza de que havia decepcionado não apenas os diretores, mas também toda a equipe que acreditava em sua capacidade. Durante dias, reviveu cada momento da apresentação em sua mente, torturando-se com pensamentos como "Por que eu não me preparei melhor?" e "Eu nunca deveria ter aceitado essa promoção".

O impacto no trabalho foi imediato. Ana começou a evitar reuniões, recusava desafios e até mesmo interações simples com seus colegas. Cada tarefa parecia carregada do peso do fracasso, e sua produtividade despencou. Os diretores começaram a notar sua mudança de comportamento, e a confiança que haviam depositado nela começou a se dissolver. Ana estava presa em um ciclo de autossabotagem, convencida de que não era capaz de dar conta de suas responsabilidades.

O caso de Ana nos ajuda a lembrar que o medo é uma das emoções primordiais do ser humano. Ele já foi essencial para a sobrevivência de nossos ancestrais, ajudando-os a identificar ameaças e reagir rapidamente. Hoje ainda é muito útil para nos alertar de situações de perigo. Porém, em nosso mundo moderno, muitas vezes ultrapassa seu papel protetor e se transforma em um obstáculo. Talvez você saiba melhor do que ninguém como o medo paralisa, impede decisões e destrói sonhos antes mesmo que possam nascer. Mas e se você pudesse desarmar o medo com as palavras? Não só as que você ouve, mas principalmente as que você fala para si mesmo?

Outra coisa comum que observei nas atitudes mais bem-sucedidas que conheci foi o domínio do medo. Por isso vamos explorar agora como o poder das palavras pode ser uma ferramenta transformadora para vencer esse terrível vilão, usando exemplos práticos, fundamentos científicos e estratégias comprovadas...

Compreendendo o medo

Do ponto de vista da psicologia e da neurociência, o medo é uma resposta emocional que surge diante da percepção de perigo, real ou imaginado. Essa emoção é regulada pela *amígdala*, uma pequena estrutura no cérebro que atua como um alarme, sinalizando quando há algo que ameaça nossa segurança.

No entanto, o cérebro humano nem sempre distingue o que é uma ameaça real (um carro em alta velocidade vindo em sua direção) do que é uma ameaça percebida (o medo de fracassar em uma apresentação). Esse "erro de cálculo" é muitas vezes reforçado pelas palavras que usamos internamente, como "Eu nunca vou conseguir", "Isso é impossível" ou "Eu sou incapaz".

A boa notícia é que, da mesma forma que as palavras podem amplificar o medo, elas também podem ser usadas para neutralizá-lo. O medo muitas vezes surge com uma narrativa interna. Estudos mostram que as palavras que escolhemos para descrever nossas experiências afetam diretamente como as percebemos.

Segundo a psicóloga Lisa Feldman Barrett, autora de *How Emotions Are Made* (Como as emoções são feitas), as emoções não surgem apenas como respostas automáticas, mas são construídas pelo cérebro com base nas interpretações que fazemos da realidade.

Por exemplo, diante de um desafio, dizer "Estou nervoso" reforça a sensação de ansiedade, enquanto dizer "Estou empolgado" ativa áreas do cérebro relacionadas à motivação e ao foco. Isso é conhecido como reinterpretação cognitiva, e é uma das maneiras mais eficazes de usar as palavras para alterar nossa experiência emocional. Ou seja, o medo é, essencialmente, uma história que contamos para nós mesmos. Quando dizemos "Eu não posso fazer isso", estamos afirmando uma narrativa de incapacidade. Quando pensamos "E se eu fracassar?", estamos projetando um cenário de derrota antes mesmo de tentar.

Por outro lado, se reescrevermos essas histórias, mudamos nosso relacionamento com o medo. Veja um exemplo simples:

- Narrativa baseada no medo: "Eu vou falhar nessa apresentação e todos vão perceber que sou incompetente".
- Narrativa reescrita: "Eu me preparei para essa apresentação, e mesmo que algo dê errado, vou aprender com a experiência e melhorar".

Essa reescrita é fundamentada no poder das palavras. Segundo a terapia cognitivo-comportamental (TCC), alterar o diálogo interno é uma estratégia essencial para reduzir a ansiedade e o medo.

A neurociência confirma que as palavras têm o poder de alterar nosso estado emocional. Um estudo publicado na revista *Social Cognitive and Affective Neuroscience* revelou que o simples ato de rotular emoções com palavras pode reduzir a atividade da amígdala, acalmando o sistema nervoso. Além disso, as afirmações positivas – declarações claras e otimistas – ativam o córtex pré-frontal, a área do cérebro associada à tomada de decisões e ao controle emocional. Afirmações como "Eu sou capaz" ou "Eu posso lidar com isso" fortalecem as conexões neurais que apoiam a resiliência emocional.

Voltando à história de Ana... Nossa personagem passou dias imersa em um turbilhão de emoções após sua apresentação desastrosa. A sensação de fracasso parecia inescapável, mas o impacto mais duro veio quando seu superior a chamou para uma conversa difícil, que expressou a insatisfação com o trabalho da líder. As palavras usadas por ele atingiram Ana como um raio. A perspectiva de perder o emprego que tanto amava foi o choque de realidade que ela precisava. Após o encontro, ela não chorou nem se lamentou. Em vez disso, decidiu que não deixaria o medo definir seu futuro. Naquele mesmo dia, pediu ao chefe uma segunda chance: "Eu sei que posso fazer melhor. Quero apresentar novamente. Me dê mais uma oportunidade, e prometo que não vou decepcioná-lo". Ele concordou.

Determinada a virar o jogo, Ana usou uma abordagem completamente diferente dessa vez. Primeiro, analisou cada erro que havia cometido, desde a preparação até a execução. Percebeu que o medo e a falta de organização foram seus maiores inimigos. Em seguida, começou a preparar sua nova apresentação. Ensaiou exaustivamente, repetindo sua fala em frente ao espelho e até gravando vídeos para identificar pontos de melhoria. Além disso, começou a usar uma técnica que havia lido em um artigo sobre controle emocional: afirmações positivas. Todos os dias, antes de praticar, ela dizia para si mesma: "Eu sou confiante. Estou preparada. Vou entregar o melhor de mim". Ela também buscou ajuda. Pediu feedback para colegas próximos e até participou de um workshop de comunicação. Pela primeira vez, sentiu que estava se equipando não só com dados, mas também com ferramentas emocionais para enfrentar o medo.

No dia da nova apresentação, a tensão ainda estava presente, mas algo havia mudado. Ana entrou no setor com os ombros erguidos e uma postura firme. Antes de começar, foi até o banheiro, alongou-se, respirou fundo, fez a pose de poder[27] e repetiu mentalmente: "Estou pronta para brilhar".

Dessa vez, sua voz saiu clara e confiante. Ela apresentou os dados com precisão, fez pausas estratégicas e usou histórias para engajar o público. Quando um dos diretores fez uma pergunta difícil, em vez de se intimidar, Ana respondeu com calma, mostrando que estava no controle. Ao final, a sala foi tomada por aplausos. Os diretores fizeram perguntas adicionais, não por falta de clareza, mas porque estavam genuinamente interessados no conteúdo. Quando terminou, seu chefe a cumprimentou com um sorriso: "Isso foi impressionante. É disso que precisamos".

A apresentação não apenas salvou o emprego de Ana, mas também restaurou sua confiança. Mais importante, ela percebeu que o fracasso inicial não havia sido o fim, mas um ponto de partida. Ela não era mais a mesma pessoa que havia entrado naquela sala dias antes, cheia de dúvidas e inseguranças. Agora, sabia que o medo podia ser enfrentado – e superado – com preparação, estratégia e as palavras certas.

Se pudéssemos tirar um raio X da mente de um vencedor, veríamos que ele não é destemido por natureza, mas, sim, alguém que aprendeu a dominar o medo e usá-lo como combustível. No lugar de paralisia, encontraríamos resiliência; onde muitos enxergam obstáculos, ele vê oportunidades de crescimento. O medo ainda existe, mas não dita suas ações – ele se tornou um alerta, não uma prisão. Enquanto a maioria foge do desconforto, o vencedor avança, porque sabe que é do outro lado do medo que os grandes resultados acontecem.

27. Também chamada de "pose da Mulher-Maravilha", trata-se de uma técnica de linguagem corporal que consiste em ficar de pé com as pernas afastadas na largura dos ombros, as mãos na cintura, o olhar forte e a cabeça erguida. Essa pose é uma ferramenta que pode ajudar a aumentar a autoconfiança e o sentimento de segurança e empolgação. Método estudado pela psicóloga e professora de Harvard, Amy Cuddy, a pose da Mulher-Maravilha pode ser usada antes de situações de exposição da fala, como entrevistas de emprego, palestras, reuniões de negócios, gravações de vídeos ou lives.

PILOTO Nº 12

Declaração poderosa para lidar com o medo

"Eu sou mais forte do que qualquer medo. Cada desafio é uma oportunidade de crescimento. Eu enfrento meus medos com coragem e, ao fazer isso, me torno mais capaz a cada dia. O que eu temo não tem o poder de me paralisar, porque tenho Deus dentro de mim e sou o mestre dos meus pensamentos."

Os seis medos da humanidade e o poder das palavras

Napoleon Hill identificou seis medos principais que paralisam a humanidade e impedem o progresso. Medo da pobreza, medo da crítica, medo da doença, medo da perda do amor, medo da velhice e medo da morte.

Cada um desses medos age como uma corrente invisível que prende o indivíduo e limita seu potencial. Mas o que poucas pessoas percebem é que as palavras que escolhemos usar todos os dias podem alimentar ou dissipar esses medos.

Vamos explorar como cada um desses medos se manifesta e como a linguagem pode ser usada para combatê-los e transformar a mentalidade para alcançar o sucesso.

1. O medo da pobreza — "Eu sou incapaz de gerar riqueza"

O medo da pobreza não é apenas o medo de não ter dinheiro, mas, sim, o medo da insegurança financeira, da escassez, da falta de controle sobre as próprias ações e da falta de confiança da Providência Divina. Muitas pessoas, sem perceber, reforçam esse medo com palavras como:

- "Nunca tenho dinheiro suficiente."
- "A vida é difícil, só os ricos conseguem prosperar."

Essas frases criam uma programação mental de escassez. Em vez disso, devemos usar palavras que ativam a mentalidade de abundância:

- "Eu sou capaz de gerar riqueza com meu esforço e inteligência."
- "Oportunidades estão por toda parte, e eu posso aproveitá-las."

As palavras que você usa para falar sobre dinheiro moldam sua relação com ele.

2. O medo da crítica – "A opinião dos outros define meu valor"

O medo da crítica paralisa milhões de pessoas. Ele impede alguém de tomar decisões, expressar suas ideias e perseguir seus sonhos por medo do que os outros vão pensar. Muitas vezes, **esse medo é alimentado pela própria linguagem interna**, por frases como:

- "E se rirem de mim?"
- "O que vão dizer se eu falhar?"

A solução é **reprogramar essa narrativa mental** com afirmações de autoconfiança:

- "A opinião dos outros não define meu valor."
- "Prefiro arriscar e falhar a viver com arrependimento."

As palavras que você usa sobre si mesmo determinam sua coragem para agir.

3. O medo da doença – "Meu corpo é fraco e debilitado"

O medo da doença é um dos mais comuns, e muitas vezes é reforçado pelas palavras que escolhemos diariamente. Quantas vezes já ouvimos alguém dizer:

- "Minha saúde é frágil, sempre fico doente."
- "Tenho certeza de que algo ruim vai acontecer comigo."

O corpo responde ao que a mente acredita. Em vez disso, devemos reforçar pensamentos e palavras que promovam bem-estar e vitalidade:

- "Meu corpo é forte e saudável."
- "Eu cuido da minha saúde e sou grato por minha energia."

A mente e o corpo estão interligados. A forma como falamos sobre nossa saúde influencia diretamente nossa realidade.

4. O medo da perda do amor – "Não sou digno de amor e conexão"

Esse medo se manifesta de várias formas: insegurança, ciúmes, medo do abandono e até mesmo comportamentos destrutivos em relacionamentos. Pessoas que carregam esse medo frequentemente usam palavras que reforçam sua insegurança:

- "Ninguém me ama de verdade."
- "Todo relacionamento termina em sofrimento."

Essas frases criam uma profecia autorrealizável. Para substituir essa mentalidade, devemos usar palavras que reflitam autovalorização e confiança:

- "Eu sou digno de amor e conexão."
- "Atraio relacionamentos saudáveis e harmoniosos para minha vida."

As palavras que escolhemos sobre o amor moldam nossas relações.

5. O medo da velhice – "Cada fase da vida me traz sabedoria e força"

O medo da velhice não é apenas o receio das rugas ou do tempo passando, mas, sim, o medo da perda de relevância, da inutilidade e da fragilidade. Muitos reforçam esse medo sem perceber, dizendo coisas como:

- "Estou ficando velho, já não sirvo para nada."
- "Depois de certa idade, a vida perde a graça."

Em vez disso, devemos mudar nossa narrativa sobre o envelhecimento:

- "Cada fase da vida me traz sabedoria e força."
- "Sou útil e valorizado em qualquer idade."

O envelhecimento não precisa ser visto como um declínio, mas, sim, como uma evolução.

6. O medo da morte – "E se algo acontecer comigo de repente?"

O medo da morte é o mais universal dos medos. Ele pode nos impedir de aproveitar o presente e de tomar decisões importantes. Muitas pessoas alimentam esse medo com palavras que reforçam a angústia:

- "Tenho medo de morrer."
- "A vida é curta demais, e isso me assusta."

A solução? Mudar a perspectiva e adotar palavras que tragam aceitação e gratidão pela vida:

- "A vida é um presente que eu celebro todos os dias."
- "Cada momento é uma oportunidade de crescimento e aprendizado."

O medo da morte desaparece quando passamos a viver com intensidade e propósito.

Esses seis medos impedem a prosperidade. O que Hill talvez não tenha enfatizado o suficiente é que esses medos são alimentados, principalmente, pelas palavras que escolhemos usar diariamente.

Se quisermos superar essas limitações, precisamos reprogramar nosso diálogo interno e externo. A escolha das palavras certas pode transformar medo em coragem, escassez em abundância e dúvida em confiança.

"Dizem que antes de entrar no mar, o rio treme de medo; olha para trás todo o percurso, os cumes e as montanhas, o longo e sinuoso caminho que

atravessou entre selvas e povos, e vê diante de si um oceano tão grande que entrar nele só pode significar desaparecer para sempre.

Mas não há outra maneira.

O rio não pode voltar.

Ninguém pode voltar.

Voltar atrás é impossível na existência.

Não tem outro jeito, o rio não pode voltar.

O rio precisa aceitar sua natureza e entrar no oceano. Somente entrando no oceano o medo diluirá.

Porque só então o rio saberá que não se trata de desaparecer no oceano, mas de se tornar oceano."

— O RIO E O OCEANO, DE KHALIL GIBRAN, POETA LIBANÊS.

Para fixar: para vencer o medo, é preciso examinar nossos pensamentos e reescrever as narrativas que contamos a nós mesmos. A chave para transformar o medo em coragem está no poder das palavras. Ao substituir pensamentos negativos por afirmações positivas, podemos neutralizar o medo e abrir caminho para o sucesso e a realização.

Doze princípios do Primo Rico para os Investimentos

Thiago Nigro é uma das figuras mais influentes quando se trata de educação financeira no Brasil. Ao longo de sua trajetória, ele aprendeu com os próprios acertos e erros e, a partir de sua experiência prática e do conhecimento acumulado, desenvolveu doze princípios fundamentais que guiam sua abordagem aos investimentos.

Durante uma live transmitida para mais de cem mil pessoas, o especialista em investimentos compartilhou com seus seguidores as "leis do dinheiro" que ele considera essenciais para alcançar o sucesso financeiro. Essas leis, segundo Nigro, são as chaves para navegar tanto nos momentos de turbulência quanto nos períodos de tranquilidade.

1. **Dinheiro nunca é um fim. É um meio.** Para Thiago Nigro, o dinheiro deve ser visto como uma ferramenta, e não como um objetivo em si. Ele acredita que o dinheiro é um meio para conquistar mais liberdade, segurança e a possibilidade de proporcionar uma vida melhor para as pessoas que amamos. "Não tem problema você ir atrás do dinheiro, isso é bom. Mas, se você passar da ambição à ganância, que é a linha da ética, isso vai ser um problema", afirma. O dinheiro, segundo ele, é um meio para alcançar nossos maiores objetivos, e não o fim de nossa jornada.
2. **Nunca perca dinheiro.** Inspirado por Warren Buffett, Nigro segue a regra fundamental que defende a preservação do capital. Perder dinheiro, para ele, torna muito mais difícil a recuperação. Como ele explica: "Se você investe

R$ 100 mil e agora tem R$ 50 mil, perdeu 50%. Mas para esse dinheiro virar R$ 100 mil novamente, você agora precisa ganhar 100%". Portanto, proteger o capital é uma prioridade nos investimentos.

3. **Cuidado com ganância, medo e impaciência.** Esses três sentimentos são os maiores inimigos dos investidores, de acordo com Nigro. A ganância leva o investidor a comprar quando os ativos estão no topo, e o medo o faz vender quando os preços estão no fundo. "Em princípio, são esses os elementos que geram prejuízos", alerta.
4. **Pague-se primeiro. Não espere sobrar dinheiro para investir.** Muitas pessoas fazem o contrário: investem apenas o que sobra no final do mês. Para Nigro, a prioridade deve ser diferente. "Depois dos custos obrigatórios, uma parcela da sua renda deve ser investida. O resto é para lazer", diz. Isso cria disciplina financeira e uma mentalidade de prosperidade a longo prazo.
5. **O dinheiro não é a raiz de todo mal.** O dinheiro, segundo Nigro, não é algo negativo. Pelo contrário, ele acredita que a riqueza tem o poder de aumentar o impacto positivo que uma pessoa pode ter na sociedade. "Você potencializa o tamanho da sua ajuda. Quanto mais você tem, mais pode servir", afirma, desmistificando a ideia de que a riqueza é algo vil.
6. **Se você não tem dinheiro, não use**. O hábito de se endividar para antecipar sonhos é perigoso. Nigro alerta sobre a importância de não usar dinheiro que não se tem, especialmente para adquirir passivos. "O problema é antecipar sonhos que são passivos. Muitas empresas usam capital de terceiros para adquirir ativos, não passivos", explica.

7. **Plante agora para colher amanhã.** Os frutos do trabalho e dos investimentos surgem com o tempo. "Se você quer colher uma coisa que não plantou, não adianta", diz Nigro, enfatizando a importância de fazer investimentos no presente para garantir um futuro financeiro seguro.
8. **Comece agora. O tempo é o recurso mais valioso em qualquer jornada financeira.** Quando o assunto é o poder dos juros compostos, cada dia conta. "Não vacile, não jogue para amanhã o que você pode começar hoje", aconselha. O mesmo se aplica a qualquer área da vida, seja para estudar, investir, seja para cuidar da saúde.
9. **Foque os aportes, pense a longo prazo e tenha disciplina.** A disciplina é essencial para alcançar resultados sólidos e duradouros. Não adianta fazer um único investimento e esperar resultados milagrosos. "Para potencializar os resultados a longo prazo, é imprescindível fazer aportes periódicos", afirma Nigro, ressaltando a importância da constância.
10. **Ganhar dinheiro não é olhar bola de cristal.** Investir com sucesso não significa ter sorte, mas, sim, se preparar adequadamente. "Estude. O conhecimento se materializa em dinheiro ou em resultado. Se você quer um output diferente, mude o input", diz Nigro. O sucesso no mundo dos investimentos é uma questão de aprendizado constante e de estar bem preparado.
11. **Economizar só no cafezinho não vai deixá-lo rico.** Embora seja importante controlar os custos, Nigro adverte que o foco excessivo em pequenos cortes não levará à riqueza. "Corte despesas de forma inteligente, mas não sacrifique aquilo que o estimula. Fique atento ao que realmente impacta sua jornada financeira", sugere.

12. **Compre ativos. Nunca compre passivos.** Nigro enfatiza que o segredo para enriquecer está em gastar de maneira inteligente, investindo em ativos que gerem retorno. "Você deve gastar com coisas que vão fazê-lo crescer, jogá-lo para a direção que está buscando", conclui.

Esses princípios não são apenas regras financeiras, mas uma filosofia de vida. Thiago Nigro mostra que alcançar a liberdade financeira é possível para qualquer pessoa disposta a aprender e a seguir esses passos com disciplina e consistência. Para ele, o segredo do sucesso não está em encontrar atalhos, mas em adotar uma mentalidade de longo prazo e construir uma base sólida para o futuro.

ARQUIVO Nº 13

MENTALIDADE DE RIQUEZA: O QUE OS MILIONÁRIOS PENSAM SOBRE DINHEIRO

"O dinheiro não traz felicidade — para quem não sabe o que fazer com ele."

— MACHADO DE ASSIS (AUTORIA INCERTA)

Em 1985, um jovem cantor de Oklahoma subia ao palco de bares pequenos, tocando para um público que mal prestava atenção. Ele não tinha fama, não tinha dinheiro e nem ao menos a certeza de que um dia teria sucesso. Mas tinha algo que poucos costumam ter: uma visão clara do que queria e um compromisso absoluto com o próprio sonho. Esse jovem era Garth Brooks, e a história de sua ascensão ao topo da indústria musical é um peculiar estudo de caso sobre fama, sucesso e riqueza. Engana-se, porém, quem pensa que se trata apenas de talento ou sorte... Ele seguiu princípios que qualquer pessoa pode seguir para conquistar a prosperidade.

Brooks hoje é reconhecido como um dos artistas musicais mais vendidos do mundo, tendo vendido mais de 170 milhões de discos. A Billboard o classificou como o maior artista solo masculino na parada Billboard 200 de todos os tempos. Em 2020, de acordo com a RIAA (Associação Americana da Indústria de Gravação), ele foi o artista de álbuns solo mais vendido nos Estados Unidos, com 162 milhões de unidades vendidas no mercado interno, à frente de Elvis Presley, e atrás apenas dos Beatles em vendas totais de álbuns.

Brooks entrou para o Country Music Hall of Fame em 21 de outubro de 2012 e, no ano anterior, para o Songwriters Hall of Fame. Também entrou na lista do Musicians Hall of Fame and Museum, em 2016, com seus músicos de estúdio, The G-Men. Em 2020, tornou-se o mais jovem ganhador do Prêmio Gershwin de Canção Popular, da Biblioteca do Congresso.

Por que decidi iniciar este capítulo citando um *artista fenômeno*? Porque ele personifica os princípios fundamentais sobre riqueza que conhecemos como as *Leis do Sucesso e do Triunfo*.

Por exemplo, aprendemos, no Arquivo 6, que todo triunfo começa com um desejo ardente, seguido de uma decisão firme. Brooks não nasceu em uma família rica, não teve certos privilégios, mas decidiu que viveria de música. Quando começou a tocar em bares, poderia ter aceitado que aquilo era o máximo que conseguiria, como muitos frequentemente fazem. Em vez disso, tomou uma decisão inegociável: ir para Nashville, a capital da música country, e encontrar seu caminho até o topo. Muitas pessoas falham porque ficam presas na indecisão. Querem o sucesso, mas não decidem de verdade. Não costumam dizer "É isso que eu vou fazer, custe o que custar"; pelo contrário, dizem "Será que devo?". Garth decidiu – e os resultados vieram.

Persistência. Antes de vender milhões de álbuns, Garth Brooks aceitou tocar em qualquer lugar onde lhe dessem uma oportunidade. Ele não se importava com a plateia pequena, com os cachês baixos ou com a falta de reconhecimento. Enquanto outros esperavam a "grande chance", ele fazia sua chance acontecer. Estudava os melhores arranjos, refinava sua apresentação e trabalhava mais do que qualquer um ao seu redor.

Como vimos no Arquivo 12, o medo da pobreza paralisa mais pessoas do que qualquer outro medo. Pessoas preferem a "segurança da mediocridade" à "liberdade dos riscos". Brooks não caiu nessa armadilha. Ele sabia que o sucesso é uma questão de tempo para aqueles que estão dispostos a pagar o preço do esforço contínuo.

O que também separa Garth Brooks de outros artistas não é apenas seu talento. É sua conexão emocional com o público. A Regra de Ouro nos ensina a tratar os outros como gostaríamos de ser tratados; essa é uma das maiores chaves do sucesso. Brooks via seus fãs não como meros consumidores, mas como pessoas com quem ele tinha um compromisso genuíno. Ele não apenas se apresentava, entregava uma experiência emocional.

Ninguém conquista o sucesso sozinho. Napoleon Hill ensina em seus livros que todas as pessoas ricas e bem-sucedidas constroem redes de apoio que valorizam a cooperação. Garth Brooks teve seu "Mastermind", cercando-se dos melhores compositores, músicos e empresários da indústria. Ele não tentava fazer tudo sozinho – ele absorvia o conhecimento dos mais experientes e usava isso para crescer mais rápido. O erro de muitas pessoas é achar que podem chegar ao topo sem buscar mentores ou sem colaborar com outras mentes brilhantes.

Entendemos o princípio do sexto sentido como a capacidade de perceber oportunidades que outros ignoram. Esse artista de sucesso usou isso, decidindo não apenas seguir o padrão da música country, mas inovar. Incorporou elementos de rock e pop em suas apresentações e levou os shows de música country para um nível nunca antes visto. Ele soube interpretar o mercado e arriscou em momentos estratégicos, sempre confiando na sua intuição. Muitas pessoas falham porque ignoram a própria intuição. Têm ideias, percebem oportunidades, mas hesitam por medo do desconhecido. Brooks seguiu seu instinto e colheu os frutos.

Não é possível criar propósito, conquistar sucesso e obter prosperidade sem estar alicerçado em princípios. **Toda construção duradoura exige fundamentos sólidos**, e o mesmo vale para a riqueza e a realização pessoal. Não se pode querer usar o poder das palavras sem conhecer as leis que sustentam seu impacto – e por isso o uso de um exemplo concreto como este, de um bem-sucedido cantor country.

Napoleon Hill dedicou a vida a investigar essas leis e os padrões de pensamento e comportamento das pessoas mais ricas e bem-sucedidas da sua época. Foi um dos pioneiros na concepção da chamada "mentalidade de riqueza" – tema central de sua obra mais famosa. Você já deve estar familiarizado com o fato de que Hill entrevistou personalidades prósperas, buscando identificar os "elementos comuns" que moldavam sua mentalidade, hábitos e forma de enxergar a vida. Em sua obra, ele argumenta sobre o papel fundamental do subconsciente na obtenção de resultados.

Hill via o cérebro como uma "Estação Emissora e Receptora do Pensamento" e defendia que emoções positivas e negativas não podem ocupar a mente simultaneamente. Nosso papel, portanto, seria garantir que as emoções positivas prevaleçam, tornando-se a influência dominante em nosso interior.

Outro grande estudioso da mente, o Dr. Joseph Murphy, aprofundou essa discussão em *O Poder do Subconsciente*. Ele descreve o subconsciente como uma força capaz de liberar potenciais ocultos e permitir que o indivíduo conquiste aquilo que deseja.

Outros autores, como W. Clemente Stone, Bob Proctor, Jim Rohn, Earl Nightingale, Norman Vincent Peale, Zig Ziglar, Og Mandino, Robert Kiyosaki e T. Harv Eker, compartilharam de uma crença central: a riqueza, em última análise, não é apenas um resultado externo, mas uma convicção interna enraizada no subconsciente. Impregnar a mente com a ideia de prosperidade cria uma espécie de "consciência da riqueza", que orienta pensamentos, decisões e ações em direção ao sucesso.

Essa ideia nos remete ao conceito de autossugestão, tratado com detalhes no Arquivo 4. Quando introduziu essa prática em seu método psicoterapêutico no início do século 20, obteve resultados surpreendentes. Ele percebeu que, ao ensinar seus pacientes a repetirem afirmações positivas de forma sistemática, eles conseguiam influenciar diretamente seus estados mentais e físicos, promovendo curas e mudanças comportamentais significativas. Sua frase mais famosa, "Todos os dias, sob todos os aspectos, estou ficando cada vez melhor", tornou-se um mantra de reprogramação mental adotado por milhares de pessoas ao redor do mundo. Para Coué:

> A autossugestão é um instrumento que nasce conosco, e esse instrumento, ou melhor, essa força é dotada de um poder inaudito, incalculável, que, conforme as circunstâncias, produz os melhores ou os piores efeitos. O conhecimento dessa força é útil a cada um de nós e, particularmente, é indispensável aos

médicos, aos psicólogos, aos magistrados, aos advogados e aos educadores da juventude.

A questão, então, não é *se* a autossugestão funciona, mas *como* utilizá-la da maneira mais eficaz para reprogramar nossas crenças e moldar uma realidade mais próspera financeiramente. No Piloto Nº 13, exponho um texto de Bob Proctor que pode ser muito poderoso como modelo de autossugestão no trato com o dinheiro. Confira!

PILOTO Nº 13

Você e o dinheiro

POR BOB PROCTOR

Tenho uma pergunta incomum para você…

Quão confortável você se sente ao falar sobre dinheiro?

Quando comecei a estudar esse assunto, eu não me sentia nada confortável em falar sobre isso. Como resultado, nunca tive muito.

Eu ganhava US$ 4.000 por ano e devia US$ 6.000.

No entanto, quando comecei a me sentir confortável com a ideia do dinheiro, tudo mudou. Não demorou muito para que eu soubesse que nunca mais teria que me preocupar com dinheiro.

E você? Você consegue se imaginar em uma posição em que nunca mais precisará se preocupar com dinheiro?

Pense nisso por alguns momentos, porque sua resposta a essa pergunta ajudará a entender o quão confortável você está com ele.

Se você consegue se visualizar desfrutando da abundância e da liberdade financeira com facilidade, isso é fantástico!

Por outro lado, se essa ideia lhe causa desconforto por qualquer motivo, saiba que você pode começar a mudar isso hoje.

Dinheiro NÃO é o objetivo!

Quer gostemos, quer não, o dinheiro terá uma influência maior em nossas vidas do que quase qualquer outro recurso que possamos imaginar.

Por isso, quero ajudá-lo a desenvolver uma relação saudável com o dinheiro. Você precisa dele não apenas para viver do jeito que deseja, mas também para fazer muito bem ao mundo.

E deixe-me dizer algo…

Pessoas ricas nunca se sentem desconfortáveis quando o assunto é dinheiro. Você pode pensar que isso acontece porque elas já têm muito.

Mas não é por isso.

As pessoas não se sentem confortáveis com o dinheiro porque o possuem; elas o possuem porque se sentem confortáveis com ele.

Em outras palavras, um dos motivos pelos quais as pessoas ricas têm dinheiro é porque desenvolveram uma mentalidade de prosperidade. É muito mais fácil do que você imagina!

Aqui está um exercício divertido para ajudá-lo a começar a se sentir mais confortável com o dinheiro imediatamente...

Carregue dinheiro com você por trinta dias.

Pegue uma nota de cem dólares (ou algumas, se preferir) e coloque-a sobre outras cédulas. Faça o maço parecer o mais grosso possível. Se necessário, corte algumas folhas de papel no tamanho de notas de dinheiro e adicione à pilha. Em seguida, coloque o dinheiro no bolso ou na bolsa.

Não gaste esse dinheiro. Apenas carregue-o com você.

De vez em quando, retire-o, olhe para ele e comece a contar. Literalmente, conte o dinheiro. Quanto mais você o carregar e interagir com ele, mais confortável começará a se sentir com ele.

E quanto mais confortável você se sentir com o dinheiro, mais dinheiro você atrairá.

Eu amo esse exercício, e acredito que você também vai adorar!

Ele ajuda a criar uma nova imagem de si mesmo, na qual você tem dinheiro suficiente para não precisar se preocupar com ele.

E, ao fazer isso por trinta dias, você começa a convencer seu subconsciente de que é rico e que é maravilhoso se sentir assim. Sua mente subconsciente começará automaticamente a buscar maneiras de tornar essa sensação "imaginária" de riqueza uma realidade material.

Rompa o padrão

Eu acredito em você.

EU SEI que você é capaz de ganhar tanto dinheiro quanto desejar.

No entanto, se você não acredita nisso, acabará impondo um limite artificial à quantia de dinheiro que pode ganhar. E, assim, limitará também o quanto pode fazer pelo bem dos outros.

Se você deseja dar um salto quântico e romper o padrão de pequenos aumentos de renda, precisará se esforçar um pouco mais para desenvolver uma mentalidade que atraia prosperidade.

Você faz isso incorporando a ideia de riqueza e abundância na sua mentalidade, pensando e "sentindo" essas palavras com a maior frequência possível – não apenas quando pegar seu dinheiro para brincar com ele.

Reserve cinco minutos, três ou quatro vezes ao dia, e sinta-se como se já fosse rico e próspero.

Quando você "sente riqueza e abundância", desperta forças reais dentro de si. O sentimento de riqueza literalmente gera riqueza. Quanto mais você sentir isso, melhor.

Veja bem, sua mente subconsciente amplifica qualquer ideia que você deposita nela – seja a ideia de riqueza, seja a crença de que você só pode ganhar uma renda mediana.

Escolha a riqueza.

E mais…

Escolha as palavras certas.

Além de visualizar e sentir a abundância, use afirmações que ressoem com você para ajudá-lo a desenvolver uma consciência de prosperidade.

Não escolha frases vagas e irreais, nas quais você não acredita. Isso o colocará na vibração errada. Escolha palavras e frases que, quando você as diz, fazem você se sentir melhor.

Minha afirmação favorita para aumentar a prosperidade é:

> "Estou tão feliz e grato agora que o dinheiro vem para mim em quantidades cada vez maiores, através de múltiplas fontes, de forma contínua."

Por que suas afirmações podem não ter funcionado no passado

Se você já tentou usar afirmações antes e não obteve resultados, provavelmente foi por um ou dois motivos:

1. Sua afirmação gera um conflito mental.

Se você disser "Eu sou próspero" e, logo em seguida, pensar "Isso é uma bobagem, nunca vai acontecer", sua mente subconsciente rejeitará a afirmação.

Por quê?

Porque sua mente subconsciente aceita aquilo que você realmente acredita ser verdade, e não apenas palavras soltas ou declarações vazias. A ideia ou crença dominante sempre será aceita.

Então, escolha afirmações que criem ideias sem disparar um alarme em sua mente subconsciente. Por exemplo, em vez de dizer "Eu sou milionário" e não acreditar, diga: "Estou tão feliz e grato que minha renda está aumentando a cada dia".

2. Você plantou sua afirmação em solo infértil.

As afirmações são como sementes. Você precisa prepará-las para crescer no ambiente certo.

Se sua mente estiver cheia de pensamentos negativos e crenças limitantes, a semente da prosperidade não terá espaço para crescer.

No entanto, quanto mais você escolher pensamentos positivos, mais rápido suas afirmações funcionarão.

Um alerta importante...

Enquanto você trabalha para se sentir mais confortável com o dinheiro e constrói uma nova mentalidade, evite conversar com muitas pessoas sobre isso.

Ouvir comentários negativos de quem não entende a verdade não lhe fará bem algum. Pelo contrário, pode apenas fazê-lo duvidar de si mesmo.

Você não pode permitir que isso aconteça. Porque, quando pensar sobre você e o dinheiro, sua mente precisa visualizar uma imagem poderosa e próspera!

Para o seu sucesso,

BOB PROCTOR

P.S.: você pode achar que carregar dinheiro no bolso e contar de tempos em tempos parece um jogo bobo. Mas não é. Você está enviando mensagens de prosperidade para sua mente subconsciente. Comprometa-se com esse exercício e compartilhe seu compromisso. Depois, pratique. Você ficará surpreso com os resultados!

A força da gratidão na criação de riqueza

Agora quero dissertar sobre como a gratidão transformou completamente minha relação com o dinheiro...

Veja, a forma como uma pessoa lida com o dinheiro é um reflexo direto de sua mentalidade. Para alguns, ele é fonte de estresse e preocupação; para outros, um recurso que flui naturalmente, sem resistência. O que diferencia essas perspectivas? A forma como cada um percebe e interage com a riqueza. E é aqui que entra um princípio muitas vezes subestimado: **a gratidão.**

Agradecer pelo dinheiro que se ganha e pelo dinheiro que se gasta não é só um gesto simbólico, é uma mudança de mentalidade capaz de transformar a maneira como a prosperidade se manifesta na vida de alguém. Mais do que um ato emocional, a gratidão é uma ferramenta prática, que pode reprogramar crenças limitantes e abrir caminhos para a abundância.

Uma técnica que exemplifica essa abordagem é o "Arigato Money" (*arigato*, em japonês, significa "obrigado"; *money*, em inglês, "dinheiro"). O conceito ganhou notoriedade após uma entrevista emblemática entre Ken Honda,[28] um dos mais renomados escritores japoneses sobre finanças e mentalidade de prosperidade, e Wahei Takeda, bilionário frequentemente chamado de "Warren Buffett japonês".

Honda defende que a gratidão é um elemento essencial para a prosperidade e que o ato de agradecer pelo dinheiro que entra (*arigato in*) e pelo dinheiro que sai *(arigato out)* pode transformar a forma como nos relacionamos com a riqueza. Ele afirma que a gratidão é a coisa

28. Honda explora o conceito no livro *Happy Money: The Japanese Art of Making Peace with Your Money* (Dinheiro feliz: a arte japonesa de fazer as pazes com seu dinheiro).

mais importante que alguém pode praticar na vida – e com dinheiro não é diferente.

O autor afirma sempre expressar gratidão por cada quantia que recebe e por cada quantia que gasta. Quando fecha um negócio, diz *arigato* ao dinheiro que chega. Quando paga contas e fornecedores, faz o mesmo. Segundo ele, essa prática não apenas reforça sua mentalidade de abundância, mas também mantém um fluxo financeiro saudável. "Ser grato 1.000 vezes por dia é o segredo da minha prosperidade", afirma.

Essa abordagem ressoa com um princípio essencial – a gratidão como um componente indispensável da riqueza.

Eu, porém, gosto de usar a expressão latina "Gratias tibi, Domine!" (Obrigado, Senhor!) ou "Deo Gratias" (Graças a Deus!), que tem raízes profundas na tradição cristã. Essas expressões são formas de reconhecer que tudo o que temos – seja abundância ou escassez – pode ser recebido com gratidão e usado para um propósito maior.

Enquanto o "Arigato Money" ensina a agradecer ao dinheiro como um meio de circulação e fluxo de energia, o "Deo Gratias" nos lembra que a prosperidade não é somente resultado do esforço humano, mas também um presente de Deus que deve ser administrado com sabedoria e generosidade.

Seja qual for a expressão que utilizamos, o essencial é incorporar o hábito da gratidão como uma chave para transformar nossa relação com a riqueza. Afinal, lidar com o dinheiro é algo que devemos aprender a administrar, mas também a respeitar.

Mas não se engane... você não vai se tornar milionário apenas agradecendo cada vez que seu salário cai na conta ou ao pagar pelo pão na padaria. Da mesma forma, juntar R$ 300 por mês durante vinte anos não fará de você um grande investidor. Com uma rentabilidade conservadora, esse valor mal chega aos R$ 100.000 – uma quantia significativa, mas longe da verdadeira independência financeira.

A verdade é que não é a gratidão nem a taxa de rendimento dos seus investimentos que vão mudar sua vida financeira, e sim sua capacidade de gerar mais dinheiro e administrar melhor o que ganha. O caminho para a liberdade financeira exige aportes frequentes e crescentes, e para isso você precisa aumentar sua renda e gastar muito menos do que ganha.

E o que a autossugestão pode fazer por você nesse contexto? Ela não multiplica seu saldo bancário por magia, mas pode desbloquear crenças limitantes que sabotam seu crescimento financeiro. Muitas pessoas carregam ideias distorcidas sobre dinheiro, como "quem enriquece explorou alguém" ou "dinheiro é sujo". Por mais que isso seja verdade em algum nível e contexto, essas convicções, repetidas ao longo dos anos, formam uma barreira invisível contra o sucesso.

A autossugestão ajuda a reprogramar seu subconsciente para enxergar a riqueza como algo legítimo e alcançável. Quando você altera sua linguagem interna – substituindo frases como "não sou bom com dinheiro" por "eu sei lidar com dinheiro usando minha inteligência" –, está construindo uma nova identidade financeira. E isso impacta diretamente suas ações e resultados.

Porém, palavras sem ação são apenas ruído. Dizer "Vou dobrar minha renda neste ano" sem um plano concreto é o mesmo que desejar fortuna sem mover um dedo. Para transformar afirmações em realidade, você precisa de três passos essenciais:

1. **Definir metas claras e mensuráveis**, estabelecendo exatamente quanto quer ganhar e em quanto tempo.
2. **Adquirir novas habilidades**, aumentando seu valor no mercado e expandindo suas oportunidades.

3. **Criar e fortalecer conexões**, entendendo que grandes oportunidades surgem quando você está inserido no ambiente certo.

A prosperidade financeira não começa nos números, mas na mente e no vocabulário. As palavras que você usa para descrever dinheiro, riqueza e trabalho determinam não apenas como você os enxerga, mas também como age em relação a eles.

Por isso, treine seu subconsciente. Pratique a gratidão, não como uma fórmula mágica, mas como um reforço positivo para sua mentalidade. E a cada dinheiro que entrar em sua vida, fruto do seu trabalho e esforço, diga: "Deo Gratias!".

Diário da prosperidade

Escrevo desde os 15 anos e já dediquei tempo considerável compondo versos, contos, romances, artigos, livros de não ficção, reflexões, ideias soltas – mas nada foi tão poderoso quanto escrever diários de riqueza. Quando comecei a praticar a escrita como um ritual de autossugestão, percebi que as palavras não apenas registram pensamentos, mas também parecem moldar a realidade.

Manter o que eu chamo de "Diário da Prosperidade" ou "Caderno da Abundância" tem sido uma experiência libertadora. Nesse tipo de diário, além de organizar minha mente, manifesto aquilo que quero ver brotar e crescer.

Afirmações de gratidão, manifestações de prosperidade, expressões de confiança, descrições de sonhos preenchem suas páginas, criando um espaço onde minha mente pode se alinhar com aquilo que desejo construir. Escrever nesse diário é mais que um exercício de registro, é um ato deliberado de programação mental.

Como vim tratando desde o início, as palavras são mais do que símbolos no papel. Elas "carregam energia", imprimem direção e influenciam nossas emoções. E quando escrevemos sobre o que desejamos, sobre o que somos gratos e sobre os passos que estamos dando, criamos uma espécie de *mapa mental* que nos guia para novos caminhos dentro da realidade.

A ciência já atestou que a repetição de ideias fortalece conexões neurais, tornando certos comportamentos e crenças mais naturais. Se nossa mente pode ser condicionada por padrões negativos, por que não treiná-la para o crescimento e a abundância?

Se você quer transformar sua relação com o dinheiro, suas oportunidades e sua mentalidade, ter um diário voltado para a prosperidade pode ser um grande diferencial. Aqui está um método simples para começar:

1. **Escolha um caderno especial.** Pode ser um diário bonito, um planner ou até um simples caderno, desde que tenha um significado para você.
2. **Defina um horário para escrever.** Pela manhã, antes de começar o dia, ou à noite, antes de dormir, são os melhores momentos para reforçar sua mentalidade.
3. **Escreva declarações de gratidão.** Liste pelo menos três coisas pelas quais você é grato todos os dias. Isso pode incluir desde pequenas conquistas até aspectos fundamentais da sua vida.
4. **Registre seus objetivos e intenções.** Escreva o que deseja alcançar, mas sempre no tempo presente, como se já fosse realidade. Exemplo: "Estou conquistando R$ 31.000 de faturamento com meu negócio".

5. **Afirmações de abundância.** Use frases como:
    - *O dinheiro flui para mim de fontes inesperadas e positivas.*
    - *Recebo a prosperidade em todas as áreas da minha vida.*
    - *Cada dia me torno mais capacitado para gerar riqueza e impactar o mundo positivamente.*
6. Releia suas palavras. Leia suas anotações com frequência e sinta a energia do que escreveu. Isso reforça os padrões mentais e mantém o foco.

A abundância não começa na conta bancária, começa na mente. O "Diário da Prosperidade" é um convite para enxergar oportunidades, treinar a gratidão e abrir espaço para o novo. Se quiser experimentar, pegue um caderno e escreva agora mesmo.

Mantenha o hábito.

E então veja a transformação.

PILOTO Nº 14

Dez princípios da mente milionária alinhados ao poder das palavras

As pessoas que constroem fortunas têm padrões de pensamento e hábitos financeiros que as diferenciam. Mais do que isso, elas sabem usar suas palavras para moldar a realidade. Cada pensamento e cada frase dita tem impacto direto na maneira como agem e se posicionam diante da vida financeira.

Aqui estão os princípios fundamentais da mente milionária e como usar a linguagem de forma estratégica para alinhar sua mente à prosperidade:

1. Riqueza começa com a forma como você fala consigo mesmo

A maneira como você pensa e fala sobre dinheiro influencia diretamente suas ações. Se você diz "dinheiro é difícil de ganhar" ou "sou ruim com finanças", seu subconsciente cria barreiras invisíveis que bloqueiam o crescimento financeiro.

Exercício de uso das palavras:

- Substitua expressões negativas sobre dinheiro por frases fortalecedoras. Repita diariamente frases como:

"O dinheiro vem até mim de forma abundante e natural. Eu sou uma pessoa próspera e sei fazer meu dinheiro crescer."

2. Você é o único responsável pelo seu sucesso financeiro

Pessoas prósperas assumem total responsabilidade por sua vida financeira. Elas não culpam o governo, a família ou o mercado. Se algo não está funcionando, ajustam suas estratégias, em vez de se vitimizarem.

Exercício de uso das palavras:

- Sempre que se pegar reclamando e culpando fatores externos, corrija sua fala. Diga:

"Eu sou responsável pelos meus resultados financeiros. Tenho poder para mudar minha realidade e encontrar soluções."

3. Criação de múltiplas fontes de renda

Depender de uma única fonte de renda é um risco. Pessoas financeiramente inteligentes buscam diversificar seus ganhos, investindo, empreendendo e criando formas passivas de lucro.

Exercício de uso das palavras:

- Todos os dias, reflita sobre formas de expandir sua renda e escreva em um caderno:

"Quais são as três novas formas de fazer dinheiro que posso explorar? Como posso gerar valor e ser bem remunerado por isso?"

4. Tempo vale mais do que dinheiro

O dinheiro pode ser recuperado, mas o tempo, não. Pessoas prósperas usam o tempo de forma eficiente, delegam tarefas e evitam desperdiçá-lo com atividades que não agregam valor.

Exercício de uso das palavras:

- Antes de se envolver em qualquer tarefa, pergunte-se:

"Isso está me aproximando da vida financeira que desejo?". Se a resposta for não, busque reestruturar sua rotina.

5. Educação financeira é a chave

Os milionários nunca param de aprender. Eles estudam finanças, investimentos e negócios para tomar melhores decisões.

Exercício de uso das palavras:

- Comprometa-se a aprender algo novo todos os dias e afirme:

"Estou sempre aprendendo e expandindo meu conhecimento financeiro. O que posso estudar hoje para me tornar mais próspero?"

6. O dinheiro deve trabalhar para você

Em vez de apenas trabalhar para ganhar dinheiro, os financeiramente inteligentes colocam seu dinheiro para trabalhar para eles, investindo em ativos que se valorizam e geram renda passiva.

Exercício de uso das palavras:

- Crie um mantra financeiro e repita diariamente:

"Meu dinheiro trabalha para mim e cresce continuamente. Estou construindo uma vida de liberdade financeira."

7. Pensamento de longo prazo

Pessoas bem-sucedidas sabem que riqueza se constrói ao longo do tempo. Elas evitam impulsividade e tomam decisões estratégicas para o futuro.

Exercício de uso das palavras:

- Sempre que sentir ansiedade por resultados imediatos, repita:

"Estou plantando as sementes da minha prosperidade. A cada dia, dou um passo sólido em direção à riqueza."

8. Controle de gastos e inteligência financeira

Os ricos não gastam dinheiro impulsivamente. Eles controlam suas finanças, evitam dívidas desnecessárias e fazem escolhas financeiras conscientes.

Exercício de uso das palavras:

- Antes de qualquer compra, pergunte-se:

"Essa compra está alinhada com meus objetivos financeiros ou é apenas um desejo momentâneo?"

9. Cerque-se de pessoas que pensam grande

Seu ambiente influencia sua mentalidade. Estar rodeado de pessoas que falam negativamente sobre dinheiro pode ser um bloqueio para sua prosperidade.

Exercício de uso das palavras:

- Analise suas conversas diárias e veja se elas estão alinhadas com o crescimento financeiro. Se perceber negatividade, corrija:

"Eu me conecto com pessoas que falam sobre oportunidades, soluções e crescimento financeiro."

10. Crie valor para o mundo

A verdadeira riqueza vem da capacidade de gerar valor para outras pessoas. Quanto mais problemas você resolve, mais prosperidade atrai.

Exercício de uso das palavras:

- Todos os dias, pergunte-se e escreva:

“Como posso agregar mais valor para as pessoas hoje? Como posso tornar minha presença no mundo mais significativa?”

A prosperidade não é tão somente um destino, mas um estado mental e semântico. O que você diz sobre dinheiro e sucesso influencia diretamente seus resultados.

Se quiser transformar sua realidade financeira, comece transformando suas palavras. Fale como uma pessoa rica, pense como uma pessoa rica, trabalhe como uma pessoa rica e, inevitavelmente, você se tornará uma.

A melhor forma de lidar com a riqueza

Agora que apresentei a você os dispositivos mais poderosos dos meus arquivos secretos de riqueza, posso dissertar sobre o que acredito ser a melhor forma de lidar com o dinheiro (e fama e sucesso e poder).

Marcos é um dos meus principais clientes e tem mais dinheiro do que você e eu possamos imaginar. Todas as vezes que brinco com ele sobre o tamanho de sua conta bancária, ele diz que "dinheiro é bom, mas que a verdadeira riqueza é família e boa saúde". Ele reforça a importância de servir aos outros e afirma que só se tornou próspero levando isso ao pé da letra. Nunca percebi nele traço de avareza, pelo contrário: está sempre disposto a compartilhar o que sabe e o que tem.

Conheci pessoalmente muitos de seus funcionários, e todos afirmaram, de maneira ou outra, que é um bom homem, uma pessoa incrível. Durante a pandemia de COVID-19, ele acolheu em alguns de seus imóveis funcionários que ficaram sem moradia. Já vi pessoas chorando por terem que deixar de trabalhar em uma de suas empresas.

De todos os orçamentos que enviei a ele até hoje, nunca reclamou do preço, e, na época em que não pude mais atendê-lo, ele compreendeu a situação e se dispôs a continuar me pagando até que eu estivesse disponível novamente.

Marcos pode ser um tipo raro, mas mostra que é possível ser muito rico e muito generoso. Ele mostra que entendeu o que escreveu Albert Schweitzer: "A quem o sofrimento pessoal é poupado, deve sentir-se chamado a diminuir o sofrimento dos outros".

Que lições podemos tirar de sua história?

Desde os primórdios da civilização, o homem tem perseguido a riqueza. Antes que o ouro e a prata se tornassem símbolos de poder, a riqueza era medida em recursos mais elementares: terra fértil, rebanhos numerosos, reservas de alimento para enfrentar tempos incertos.

O desejo de prosperidade material não surgiu com o capitalismo moderno; ele está inscrito no coração da humanidade, pulsando desde os tempos das primeiras trocas entre tribos, dos grandes impérios e das antigas rotas comerciais que costuravam o mundo conhecido.

Se no início a riqueza era sinônimo de sobrevivência, logo se tornou um símbolo de status. Nos palácios da Mesopotâmia, no esplendor de Tebas e nos fóruns de Roma, acumulá-la significava poder. Reis e faraós foram enterrados com seus tesouros, na esperança de levá-los para o além. Mercadores fenícios cruzavam mares tempestuosos em busca de especiarias e tecidos valiosos. O homem sempre acreditou que possuir mais era garantir um futuro seguro – e, em muitos casos, a chave para a imortalidade do nome e do legado.

A riqueza, porém, sempre foi uma espada de dois gumes. Ao mesmo tempo que construiu cidades, ergueu catedrais e financiou obras-primas, também alimentou guerras, destruiu impérios e condenou homens ao orgulho e à ruína. A questão nunca foi simplesmente "como obter riqueza?", mas "como lidar com ela sem ser consumido?".

Diante dessa busca incessante, as grandes tradições religiosas e filosóficas da humanidade tiveram que se posicionar. Algumas condenaram a riqueza de forma radical, outras a exaltaram, mas quase todas, em maior ou menor grau, ofereceram uma perspectiva sobre como o homem deve relacionar-se com o dinheiro.

Na tradição judaica, prosperidade é não apenas aceitável, mas frequentemente vista como um sinal de bênção divina. A Torá (Bíblia hebraica) traz exemplos de patriarcas e reis que foram abençoados com riquezas, como Abraão, Isaac, Jacó e o Rei Salomão. No entanto, a posse de bens materiais vem sempre acompanhada de um princípio essencial: **a responsabilidade moral e social sobre sua administração**.

O livro de Deuteronômio enfatiza que é Deus quem dá ao homem o poder de gerar riqueza (Devarim 8:18), mas ao mesmo tempo alerta contra o orgulho e o esquecimento de que toda prosperidade deve ser usada com propósito.

Para o Budismo, a busca desenfreada por riqueza é uma forma de apego que leva ao sofrimento. Siddhartha Gautama, que nasceu príncipe, abandonou a opulência ao perceber que o desejo incessante por mais era a raiz da insatisfação humana. Buda não pregou a miséria, mas ensinou o "Caminho do Meio" – nem a indulgência do luxo, nem a privação extrema. O dinheiro pode ser útil, desde que não nos domine, desde que não o tornemos um fim em si mesmo.

No Islã, a riqueza é vista como um teste. Allah concede bens aos homens, mas exige deles uma administração sábia e justa. O Zakat, uma das cinco obrigações do muçulmano, determina que parte da renda deve ser doada aos necessitados. O Islã não demoniza o dinheiro, mas reforça que ele deve ser compartilhado e utilizado para o bem da comunidade. A riqueza não é um privilégio, mas uma responsabilidade.

O Cristianismo sempre olhou para a riqueza com ambiguidade. Mesmo compartilhando com judaísmo o exemplo dos patriarcas e reis que foram prósperos, alerta contra a servidão ao dinheiro. Para muitos dos primeiros cristãos e Pais da Igreja, a pobreza é um ideal, uma condição recomendável para a salvação, pois o acúmulo de riqueza apresenta riscos espirituais. Segundo essa visão, a posse de bens materiais pode corromper a alma e nos afastar de Deus. Cristo foi enfático ao dizer que "é mais fácil um camelo passar pelo fundo de uma agulha do que um rico entrar no Reino de Deus" (Mateus 19:24), "Ninguém pode servir a dois senhores, pois odiará um e amará o outro, ou se dedicará a um e desprezará o outro. Vocês não podem servir a Deus e a Mamon[29]"

29. Mamon é um termo que se refere a dinheiro, riqueza, cobiça, avareza ou ganância. Na Bíblia, é uma referência à riqueza que pode se tornar um ídolo para as pessoas. Mamon pode ser personificado como um demônio do dinheiro, um falso deus ou um dos sete príncipes do Inferno. Ele é frequentemente associado à corrupção dos valores e ao desvio do caminho correto em busca de ganhos pessoais.

(Mateus 6:24). São palavras duras e que, ao contrário do que se pensa, não podem ser relativizadas. Fica claro que a busca pela riqueza não pode substituir a busca pelo Reino de Deus.

Porém, o próprio cristianismo propõe uma solução para lidar com a riqueza – *generosidade*. O dinheiro deve ser um meio para o bem, um instrumento de auxílio ao próximo. A riqueza é uma ferramenta para aliviar o sofrimento, sustentar causas justas e promover a dignidade humana. Essa perspectiva se reflete no conceito de administração fiel: o cristão é um mordomo, e não um dono absoluto dos seus bens. O que possui não pertence apenas a ele, deve ser usado para cumprir os propósitos do Criador de todas as coisas. Jesus ilustra essa ideia na Parábola dos Talentos (Mateus 25:14-30), em que o servo que multiplica os recursos recebidos é elogiado, enquanto aquele que os enterra por medo da perda é repreendido.

Cristo ensina que dar é mais bem-aventurado do que receber (Atos 20:35), e a generosidade se torna uma expressão de fé e confiança em Deus. Quem doa com alegria reconhece que sua segurança não está em riquezas acumuladas, mas na providência divina.

Esse princípio também fica evidente na Parábola do Bom Samaritano (Lucas 10:25-37), em que o samaritano, sem hesitar, usa seus recursos para ajudar um desconhecido, cobrindo os custos de seu tratamento e estadia. A lição aqui não é apenas sobre bondade, mas sobre o uso ativo da riqueza para aliviar o sofrimento e praticar a justiça. Por mais estranho que isso possa parecer até mesmo para um investidor experiente, o melhor investimento é na caridade.

Conquanto muitos ignorem, no mundo contemporâneo essa lição continua relevante. A riqueza pode financiar escolas, hospitais, projetos de impacto social, e auxiliar os mais necessitados. Empresas podem operar com ética, e empreendedores podem prosperar sem perder de vista sua responsabilidade moral (fique tranquilo que isso nada tem a ver com comunismo ou socialismo). A questão central não é ter ou não ter dinheiro, mas, sim, como lidar com ele. Se a riqueza é acumulada por egoísmo e avareza, ela se torna um peso. Mas quando é empregada para edificar, servir e transformar vidas, torna-se uma bênção.

É preciso se afastar da falsa segurança que muitos depositam no dinheiro, pois a verdadeira prosperidade não está na conta bancária, está no impacto positivo que o dinheiro pode gerar quando usado com propósito, gratidão e generosidade. Portanto, aqui está um resumo de como lidar melhor com a riqueza, baseado em pensamentos e atitudes de ricos, como Marcos:

1. **Enxergar a riqueza como um meio, não como um fim.** O dinheiro é uma ferramenta, não um propósito de vida. Quando ele se torna o centro de nossas decisões, corremos o risco de sacrificar valores, relações e até nossa própria paz mental.
2. **Praticar o desapego e a gratidão.** Acumular por acumular não traz satisfação. A verdadeira riqueza está na liberdade, na capacidade de viver sem ser refém do medo da perda. Cultivar gratidão pelo que já se tem impede que a busca por mais se torne uma obsessão.
3. **Buscar equilíbrio entre ambição e virtude.** Não há nada de errado em desejar prosperidade. Mas essa busca deve ser alinhada com princípios sólidos. A pergunta não deve ser somente "quanto dinheiro posso ganhar?", mas "como posso ganhar dinheiro de forma ética e contribuir para um mundo melhor?".
4. **Compartilhar e investir no que importa.** As grandes tradições espirituais apontam para um mesmo caminho: a generosidade. O melhor investimento que se pode fazer é

> na caridade. A riqueza que não flui se estagna. Investir em conhecimento, ajudar os outros e criar algo de valor são formas de manter o dinheiro em movimento e evitar que ele se torne uma prisão.

A busca pela riqueza nunca deixará de existir. Ela está enraizada no instinto humano. Mas a sabedoria nos ensina que não é a posse do ouro que define um homem, e sim o que ele faz com o ouro. Riqueza pode ser sinônimo de liberdade, de realização, de impacto positivo no mundo – ou pode ser uma jaula invisível que escraviza aqueles que a idolatram. A verdadeira questão não é se devemos buscar a prosperidade material e financeira, mas *como* devemos buscá-la – e, sobretudo, o que faremos quando a encontrarmos.

Como tudo na vida, é preciso sabedoria para lidar com dinheiro. Ninguém precisa ser milionário ou bilionário, ninguém é obrigado a empreender, ninguém precisa aplicar esforço para ser um novo Andrew Carnegie, Henry Ford, Jeff Bezos ou Warren Buffett. Mas sendo categórico: todos deveriam desenvolver uma "mentalidade de riqueza", já que ela é a responsável por livrar os homens de uma vida miserável.

"Não há beleza na miséria", escreveu um poeta. Deus ama os pobres porque são filhos e vivem em desamparo; e Deus abençoará os ricos que reduzirem a injustiça. "Bem-aventurado é aquele que considera o pobre; o Senhor o livrará no dia do mal" (Salmo 41,1). "Porventura não é também que repartas o teu pão com o faminto, e recolhas em casa os pobres desamparados? Que vendo o nu, o cubras, e não te escondas da tua carne? Então romperá a tua luz como a alva, e a tua cura apressadamente brotará. E a tua justiça irá adiante de ti; e a glória do Senhor será a tua retaguarda. Então clamarás, e o Senhor te responderá; gritarás, e ele dirá: Eis-me aqui" (Isaías 58,7-9). "A água apaga o fogo ardente e a esmola expia o pecado. O benfeitor será recompensado mais tarde, quando escorregar encontrará apoio" (Eclesiástico 3, 30-31).

A verdadeira mentalidade de riqueza vai além de acumular bens materiais – trata-se de enxergar o dinheiro como uma ferramenta de transformação e assumir a responsabilidade que esse poder exige. Ela envolve a compreensão de que o sucesso financeiro é um meio para um fim maior: viver com propósito, ajudar aos outros e contribuir para um mundo mais justo.

Ter uma mentalidade de riqueza significa ser capaz de enxergar além da escassez e entender que o dinheiro é uma ferramenta para construir um legado, seja ele através de oportunidades criadas, de apoio aos necessitados, seja de investimentos que gerem impacto positivo. Desenvolver essa mentalidade requer a habilidade de tomar decisões inteligentes, de trabalhar com ética e integridade e de perceber que o dinheiro é uma energia que circula e se multiplica quando compartilhada de maneira sábia.

Quando conseguimos gerar valor para os outros, naturalmente criamos abundância em nossas próprias vidas, cumprindo, assim, o verdadeiro propósito do sucesso financeiro: usar nossas conquistas para beneficiar a comunidade, fortalecer as relações e continuar a edificar nossa jornada pessoal.

Justiça, satisfação, realização de sonhos, obtenção de conhecimento, propósito, superação dos traumas, construção de obras magnânimas... a mentalidade de riqueza é o ponto de partida para tudo isso.

Compreende? Não é só pelo dinheiro. É uma questão mental, que possibilita, inclusive, continuar sendo rico se a conta bancária estiver vazia.

Aliás, você já ouviu falar que um homem que morre rico morre desonrado? Esse era o pensamento de Andrew Carnegie, o homem mais rico de sua época. É fato conhecido por muitos que foi Carnegie quem incentivou Napoleon Hill, na época apenas um jovem jornalista, a escrever sobre os princípios do sucesso. Mas poucos conhecem a história do próprio Carnegie e o que ele pensava sobre riqueza.

Uma figura lendária em seu próprio tempo, Carnegie personificou o sonho americano – o imigrante que passou da miséria à riqueza. Teve uma infância com poucos recursos. Seu pai era um pobre tecelão, e sua mãe, uma dona de casa protetora. De origem escocesa, sua família emigrou para os Estados Unidos em busca de melhores condições. Aos 13 anos, o menino, sem tempo para estudar, cumpria uma jornada de doze horas por dia ganhando um dólar por semana como aprendiz de tecelão na Pensilvânia. Aos 15, ingressou em uma empresa de ferrovias, a Pennsylvania Railroad. Aprendeu com seu chefe, Thomas Scott, o espírito do empreendedorismo. Em 1865, demitiu-se do emprego para fundar sua própria empresa, a Companhia de Aço Carnegie.

Aplicando seus conhecimentos, investiu pesado no processo Bessemer de fabricação de aço e atingiu o total domínio da indústria metalúrgica da cidade de Pittsburgh. Após a Guerra Civil Americana, o magnata passou a ditar preços para o aço, para os vagões de trem e para o mercado imobiliário criado pelas rotas ferroviárias nos EUA.

Andrew Carnegie vendeu a empresa siderúrgica Carnegie para o banqueiro J. P. Morgan por 480 milhões de dólares e tornou-se o homem mais rico do mundo em sua época. Carnegie passou seus últimos anos de vida como filantropo. A partir de 1901, a atenção se desviou da acentuada perspicácia empresarial para o espírito altruísta, em que se dedicou a projetos filantrópicos.

Sua primeira doação foi realizada em sua terra natal, Dunfermline. Ajudou a construir 2.800 bibliotecas nos Estados Unidos, além de museus e salas de concerto, montou fundações, fez doações para instituições de educação, construiu o famoso Carnegie Hall e o Palácio da Paz, em Haia. Seus esforços se manifestaram em várias formas de filantropia. Em 1910, criou a Carnegie Endowment for International Peace, instituição não lucrativa direcionada ao entendimento diplomático das nações.

Em 1898, escreveu o manual *O Evangelho da Riqueza*, no qual defendia a riqueza como um fundo de confiança a ser administrado em benefício da comunidade. Carnegie sentia que tinha uma obrigação com a sociedade que lhe havia oferecido tantas oportunidades. Segundo ele, ciência, educação e paz eram as condições mais importantes para o progresso.

Casou-se, em 1887, com Louise Whitfield, fazendo-a assinar um contrato pré-nupcial aceitando a doação da maior parte da sua riqueza às propostas educacionais e de caridade. Morreu em Lenox, Massachusetts (EUA), aos 83 anos, em sua mansão. Cumpriu sua missão social doando, em vida, mais de 350 bilhões de dólares.

"O homem que morre rico morre desonrado", dizia.

INSIGHTS

Seis capitais tão valiosos quanto dinheiro

Pense na palavra "capital". No contexto dos negócios, logo a associamos a dinheiro, certo? Porém, existe muito mais do que isso. No universo do sucesso e dos negócios, o capital não se limita ao financeiro. Existem diversos tipos de capitais que você pode usar para alavancar seus resultados. Quais são eles?

1. **Capital de tempo.** O tempo é um dos maiores recursos que você possui. Quando você aprende a usá-lo com inteligência, é possível acelerar sua jornada para o sucesso. No início, quando eu não tinha dinheiro para investir, meu tempo era meu maior ativo. Usei-o para aprender tudo sobre marketing, vendas e redação. Da mesma forma, ao construir sua carreira, você pode usar seu tempo para aprender, crescer e implementar estratégias que gerem resultados.
2. **Capital de rede.** A rede de contatos é um recurso indispensável. Suas conexões – clientes, parceiros ou mentores – podem ser a chave para o seu crescimento. Muitas das oportunidades que aproveitei na carreira surgiram a partir de indicações. Como uma pessoa influente, você precisa entender que ninguém cresce sozinho. Valorizando suas conexões e criando relacionamentos sólidos, você cria uma rede que alimenta seu sucesso.
3. **Capital intelectual.** O conhecimento é um capital que pode multiplicar todos os outros. Investir em seu aprendizado é essencial para se destacar no mercado. Usei meu

tempo para adquirir capital intelectual, e isso me permitiu não só entender o marketing, mas também dominar técnicas avançadas que me trouxeram sucesso. Você não precisa ter todas as respostas, mas buscar sempre aprender com os melhores e colocar esse aprendizado em prática é o que diferencia os grandes de todos os outros.

4. **Capital físico.** Para quem está no mundo dos negócios digitais, o capital físico é simples: um bom notebook e conexão de internet. Mas, no mundo físico tradicional, esse capital pode ser representado por equipamentos, infraestrutura e qualquer recurso material que o ajude a produzir. Mesmo no digital, ter as ferramentas certas é essencial para operar de forma eficiente e escalar seus resultados.
5. **Capital de prestígio.** A sua reputação e autoridade no mercado têm um valor imensurável. Você precisa construir sua imagem e mostrar ao mundo que é um especialista. Pessoas como Warren Buffett e Jeff Bezos construíram suas fortunas não apenas com dinheiro, mas também com o capital de prestígio que adquiriram ao longo dos anos. A confiança que os outros têm em você e no seu trabalho é um capital poderoso que você deve nutrir com dedicação e esforço.
6. **Capital de instigação.** Considero este o combustível que alimenta a sua jornada: o desejo ardente de seguir em frente. Sem um objetivo claro e um propósito forte, é fácil se perder no caminho. É preciso saber o que você realmente quer e ter a coragem de agir. Esse capital é a energia necessária para transformar todos os outros em ações concretas. Quando você realmente quer algo, a motivação é sua força de movimento.

Use esses capitais de forma estratégica e você verá sua carreira decolar. Não se limite a apenas um tipo de capital. Aproveite tudo o que você já tem, e busque conquistar o que falta. Seu futuro depende da maneira como você usa seus recursos para alcançar seus objetivos.

EPÍLOGO

"O segredo da fortuna consiste na alegria de que dispomos."

– RALPH WALDO EMERSON

Você sabe o nome do maior filósofo que o Brasil já teve? Não? Deveria. Em 3 de janeiro de 1907, em Tietê, São Paulo, nascia esse homem que muitos chamariam de gênio, mas que preferiria, provavelmente, ser chamado de pragmático.

Falo de Mário Ferreira dos Santos. Talvez você não tenha ouvido falar dele, mas deixe-me dizer: a contribuição dele para a filosofia e para o pensamento prático do Brasil foi imensurável, embora ele tenha ficado longe dos tradicionais círculos acadêmicos.

Estamos falando de um homem que escreveu quase uma centena de livros, fundou editoras, traduziu clássicos e, mais importante, cruzou fronteiras que separavam as grandes disciplinas do conhecimento. Ele não se contentou com uma visão estreita do mundo. Escreveu sobre tudo: ciências filosóficas, epistemologia, ontologia, teoria social, teologia, retórica e, sim, até mesmo sobre literatura de desenvolvimento pessoal. Tudo isso com uma clareza insuperável.

Porém, Mário não estava interessado em apenas discutir as ideias de forma abstrata. Ele era um homem de ação. Acreditava que o pensamento deveria ser concreto, real e aplicável. Em um de seus escritos, "Constrói tua Vitória", ele nos dá um manual, um verdadeiro tratado de autossuperação, vontade, otimismo e realização. Não fala de conceitos inalcançáveis. Fala de como usar a filosofia para enfrentar as adversidades diárias da vida.

Alguns podem olhar para isso e pensar: "Ah, parece apenas autoajuda". Pois bem, você pode até chamar assim. Mas o que Mário nos ensinou foi que a verdadeira grandeza não vem da especulação vazia. Ele nos mostrou que a filosofia pode ser uma ferramenta prática, algo que podemos usar para nos sobrepormos aos desafios da vida e nos conquistarmos no processo.

Isso não diminui sua grandiosidade intelectual. Ao contrário, ele era tão grande justamente porque sabia que a verdadeira sabedoria se reflete na ação. Ferreira sabia algo que muitos esquecem: saber é inútil se não for usado para algo real. Algo transformador. E, se você se comprometer a viver com essa filosofia prática, de concretizar cada ideia que surge em sua mente, enxergará o mundo de uma forma que a maioria nunca verá.

O filósofo acreditava que a verdadeira grandeza do homem está em superar as adversidades. Quando, usando apenas sua mente, ele consegue acessar o mais profundo do conhecimento, enxergando o que está além da visão comum, e compreende as causas das coisas, descobre que existe uma fonte primordial de tudo. Ao respeitar e reconhecer essa fonte, o homem se eleva e, ao fazer isso humildemente, ultrapassa seus próprios limites e se supera.

Seu pensamento confrontava aqueles que, sob a máscara do intelectualismo pessimista, menosprezam a força transformadora do otimismo. Para ele, o pessimismo era a mais barata das filosofias, uma postura cômoda diante dos desafios da vida:

"Há quem diga até que o otimismo é uma atitude de filosofia barata. Mas há algo mais barato que o pessimismo? Olhem para o mundo. Quantos os que se queixam, quantos os que se angustiam, açulados pela imaginação doentia; quantos proclamam angústias (as famosas angústias físicas e metafísicas de tantos intelectuais!). Quantos procuram mágoas para explorá-las? Há coisa mais barata por este mundo?"

Ao contrário desses intelectuais angustiados que se satisfazem em apontar problemas sem oferecer soluções, Mário defendia que, sob a luz da liberdade, o homem deveria agir, se fortalecer e se superar.

Usando minha linguagem, a ideia de que somos autômatos, destinados a seguir um caminho traçado sem possibilidade de mudança, é uma grande falácia. Muitos acreditam que nossa natureza, boa ou ruim, justa ou injusta, já está definida desde o nascimento e que não podemos alterar isso. Eles rejeitam a ideia de que podemos melhorar ou mudar, acreditando que tudo já está determinado.

Essa teoria é uma distorção dos conhecimentos científicos. Acredito firmemente na liberdade do ser humano. Seja sob uma perspectiva religiosa, que afirma a liberdade humana, seja sob a ótica da ciência moderna, a escolha e a liberdade são inegáveis.

Ao observar a evolução dos seres vivos, notamos que, com o tempo, os animais mais desenvolvidos, como os seres humanos, ganharam um cérebro mais complexo, capaz de tomar decisões e fazer escolhas. O que distingue o ser humano de outros animais não é sua capacidade de adaptação ao mundo, mas sua habilidade de adaptar o mundo a si mesmo.

Aqueles que tentam reduzir o homem a um simples animal não reconhecem a principal característica humana: a racionalidade, a capacidade de pensar, comparar, medir e, acima de tudo, escolher. Essa habilidade é o que permite ao homem superar dificuldades, moldar seu ambiente e se tornar o que deseja.

A literatura otimista e a história de grandes feitos humanos comprovam que o ser humano tem poder de escolha. Muitos, graças à prática dos ensinamentos desse tipo de literatura, conseguiram superar obstáculos enormes e conquistar grandes vitórias.

Assim, podemos dizer que Mário Ferreira dos Santos se alinha a uma tradição de pensadores que enxergam a grandeza humana não na lamentação, mas na superação. Sua abordagem lembra a de Samuel Smiles, Orison Swett Marden e William Walker Atkinson, autores que ele próprio citou. Guardadas as proporções, também há paralelos com Napoleon Hill, Dale Carnegie e Norman Vincent Peale, que popularizaram o pensamento positivo e a mentalidade de realização no século 20. Além disso, sua visão sobre autodisciplina e domínio interior ressoa com a filosofia dos estoicos, como Sêneca e Epicteto.

Como afirmou Luiz Gonzaga de Carvalho Neto em *Leitura dos Clássicos*: "Existem também clássicos da autoajuda, existem alguns que são de fato excepcionais e que têm valor permanente". Entre esses clássicos perdidos, "Constrói Tua Vitória" permanece como um testemunho do otimismo aliado à ação concreta. E é com esse espírito que seguimos para o fim deste livro…

Já pensou bem sobre onde está a sua verdadeira fortuna?

A maioria das pessoas imagina que a verdadeira riqueza está no dinheiro. Em um mundo onde o valor das coisas é muitas vezes medido pelo dinheiro, muitos acreditam que quem tem dinheiro tem tudo – saúde, felicidade, prestígio, poder. E, sim, o dinheiro pode, de fato, abrir muitas portas e proporcionar coisas que de outra forma seriam difíceis de alcançar.

No entanto, será que o dinheiro é a única fonte de satisfação verdadeira e duradoura? Se você não tem dinheiro, deve se considerar um infeliz? É isso que você deve acreditar? Claro que não. Essa atitude, de se afligir pela falta de dinheiro, não leva a nada. Tampouco o conformismo, que sugere que as coisas jamais podem ser diferentes.

Existem, de fato, muitas injustiças no mundo, e sabemos que muitos enriquecem através de meios duvidosos. A diferença entre os ricos e os pobres é, muitas vezes, brutal. E, enquanto há injustiça, também há aqueles que, por meio de sua luta e trabalho, buscam transformar suas vidas e a de outros.

Contudo, o que realmente nos corrói é a comparação constante com o outro. O ditado "a grama do vizinho é sempre mais verde" reflete bem isso. Quando olhamos para a vida dos outros e a desejamos, estamos deixando de enxergar as riquezas e as oportunidades que já existem em nossa própria vida. Quem sente essa inveja precisa reconhecer que algo não está bem. A inveja é uma doença emocional.

E como se cura isso? Comece por olhar para dentro. Será que tudo o que você tem é inútil? Claro que não! Se olhar com atenção, encontrará muitas riquezas que já fazem parte da sua vida.

Isso não significa que você deva se contentar com o pouco se há mais a ser conquistado – de forma alguma. Nunca devemos nos conformar com a escassez ou com a miséria. Mas isso não significa que o pouco que você tem seja sem valor.

A verdadeira riqueza está dentro de você. Você tem algo que pode ser ampliado, transformado, melhorado. A inveja dos outros é, na verdade, a inveja de algo que você não precisa.

Você deve se concentrar no que é bom em sua vida, nas pequenas vitórias e, com humildade, usar isso como alicerce para grandes conquistas. Amar o que você tem, mesmo que pareça pouco, é o primeiro passo. Não calunie a si mesmo. Ame-se com suas imperfeições, pois são elas que podem se tornar sua maior força.

Se você é pobre, mas é digno e honesto, então você é rico.

Lembre-se sempre: o verdadeiro vencedor é aquele que soube transformar suas fraquezas em forças, aqueles que não se deixaram derrotar pela adversidade, mas usaram-na como combustível para alcançar grandes vitórias.

“Mais ouro foi extraído da mente dos homens do que da terra em si.”

NAPOLEON HILL, *QUEM PENSA ENRIQUECE*, 1937

BÔNUS

UM GUIA PODEROSO DE COMUNICAÇÃO, PERSUASÃO E INFLUÊNCIA

"É indispensável que conquistemos este mundo, não com as armas do ódio e da violência e sim com as do amor e da persuasão."

ÉRICO VERÍSSIMO

Todos somos vendedores. Todos os dias, em muitos momentos, estamos vendendo alguma coisa: nossos ideais, nossos valores e até a nossa imagem. Quando você entra em uma sala cheia de pessoas, sem nem perceber, está vendendo algo. Está vendendo uma ideia sobre quem você é, o que representa, o que faz e, em muitos casos, o que deseja que os outros façam.

O que diferencia quem alcança o sucesso no mundo dos negócios daqueles que ficam na mediocridade? A *intencionalidade*. Os verdadeiros vendedores sabem que estão sempre vendendo, mesmo quando não dizem uma única palavra.

Não, a chave não é ser o melhor falador, o mais carismático ou o mais extrovertido. Esqueça a figura caricata do mercador! Estamos falando de algo muito mais sutil e sofisticado: entender os estímulos que fazem as pessoas agirem como desejamos que elas ajam.

A persuasão está no centro de tudo. Não importa se você está tentando convencer um cliente a comprar seu produto, fazer sua esposa concordar com um plano de fim de semana ou até convencer seu chefe a lhe dar um aumento – a habilidade está em compreender como as pessoas pensam, o que as motiva e como articular um discurso que as leve a dizer *sim*.

Podemos chamar isso de "a arte de influenciar pensamentos, atitudes e comportamentos por meio da comunicação". Sendo aplicada em diferentes áreas da vida, seja no dia a dia de trabalho, em negociações comerciais, seja até mesmo em interações pessoais, a persuasão é indispensável para o sucesso nas relações.

Muitas vezes confundida com manipulação, persuasão não é controlar ou enganar. Pode ser uma forma muito honesta e clara de comunicação, que gera benefícios mútuos para quem persuade e para quem é persuadido. Gosto de compará-la com as armas de fogo: podem ser usadas para destruir ou para proteger. Tudo depende de quem as usa e com qual intenção.

O mundo moderno nos coloca em constante contato com a persuasão. Seja em campanhas políticas, publicitárias, redes sociais, seja interações cotidianas, estamos sempre sendo persuadidos e influenciados, consciente ou inconscientemente. Por isso, dominar a persuasão é essencial não apenas para convencer pessoas, mas também para garantir nossa sobrevivência social e profissional. Ignorar ou resistir a isso coloca-o em desvantagem.

Com este pano de fundo, podemos nos aprofundar no verdadeiro poder da persuasão e em como você pode usá-la para transformar sua vida e os seus negócios.

Os princípios da persuasão

A primeira e mais importante coisa que você deve entender é que o cérebro humano está programado para economizar energia sempre que possível. Isso significa que ele constantemente busca atalhos e simplificações para processar informações e tomar decisões de maneira eficiente.

Segundo a visão científica, ao longo da nossa evolução como espécie, o cérebro humano foi moldado para lidar com uma grande quantidade de informações diariamente, e, para gerenciar esse fluxo, busca maneiras rápidas de processar o que é relevante e descartar o que não é. É aí que a persuasão se torna uma ferramenta poderosa.

Ao usarmos certos estímulos, podemos **influenciar o processo de decisão de alguém** sem exigir que ele gaste muita energia mental. Em outras palavras, em vez de forçar uma pessoa a avaliar cada detalhe de uma escolha ou situação, a persuasão oferece um caminho mais fácil para que ela tome uma decisão economizando tempo e esforço.

Por exemplo, quando um argumento é estruturado na publicidade de forma clara, com apelo emocional e, em seguida, com lógica, o cérebro o aceita com mais facilidade, uma vez que ele já filtra automaticamente o que parece confiável e eficiente. Por isso o jargão: "As pessoas compram com emoção e justificam com a razão".

Resumidamente, nosso cérebro usa mecanismos automáticos que o ajudam a economizar energia na tomada de decisões. Para evitar o esgotamento mental, apoia-se em processos como *heurísticas* (atalhos mentais) e respostas automáticas.

Essas heurísticas podem ser manipuladas pela persuasão: quando uma oferta parece "escassa" ou "urgente", por exemplo, o cérebro rapidamente interpreta essa situação como um estímulo importante, acionando uma decisão rápida e sem muito esforço.

As Armas da Persuasão de Cialdini

A psicologia da persuasão foi amplamente explorada pelo Dr. Robert Cialdini, que, para formar sua tese, passou anos infiltrando-se em organizações que utilizavam técnicas de influência, como vendedores, negociadores e profissionais de marketing. Essa experiência de "pesquisa participante" lhe permitiu observar diretamente como as táticas eram usadas no mundo real. Ele queria entender não apenas a teoria, mas também a prática da persuasão.

Nesse processo, Cialdini identificou seis princípios básicos que influenciam o comportamento humano: "reciprocidade", "compromisso e coerência", "aprovação social", "autoridade", "gosto" e "escassez". Décadas mais tarde, listou mais um: unidade. Esses princípios oferecem uma base sólida para entender como as pessoas tomam decisões e como você pode influenciá-las positivamente.

1. **Reciprocidade:** as pessoas tendem a retribuir quando recebem algo de valor. Se você ajuda alguém ou oferece algo de forma genuína, é mais provável que essa pessoa sinta a necessidade de retribuir o favor. Isso pode ser útil em situações profissionais, como quando você oferece um desconto inicial a um cliente ou uma consultoria gratuita, esperando construir um relacionamento que resultará em negócios futuros.
2. **Compromisso e coerência:** uma vez que alguém se compromete com uma ideia ou ação, é mais provável que mantenha a coerência em suas decisões futuras. Se você conseguir que uma pessoa se comprometa com um pequeno acordo ou um passo inicial, ela estará mais inclinada a seguir adiante com decisões maiores e mais importantes no futuro.

3. **Aprovação social:** as pessoas tendem a seguir o que outras pessoas estão fazendo, especialmente quando estão incertas. Mostrar exemplos de outros clientes satisfeitos ou mencionar que uma grande quantidade de pessoas já tomou determinada ação pode ajudar a persuadir novos clientes ou parceiros a fazerem o mesmo.
4. **Autoridade:** as pessoas confiam em especialistas ou figuras de autoridade. Ao se posicionar como uma pessoa que tem conhecimento ou experiência no assunto em questão, você aumenta a probabilidade de influenciar as decisões dos outros.
5. **Gosto (ou afeição):** as pessoas tendem a ser persuadidas por aqueles de quem gostam. A construção de relacionamentos positivos, baseados em empatia e respeito, facilita o processo de persuasão, pois as pessoas são mais receptivas a quem elas consideram confiável e amigável.
6. **Escassez:** a percepção de que algo é raro ou limitado aumenta seu valor. Quando as pessoas acreditam que uma oportunidade está se esgotando, tendem a agir rapidamente, para não perder a chance. Esse princípio é amplamente utilizado em marketing e vendas.
7. **Unidade:** as pessoas se sentem mais inclinadas a ser persuadidas por aqueles que percebem como parte de seu grupo ou comunidade: uma família, uma nação ou um grupo social.

Emoções e decisões

Outro princípio fundamental da persuasão é o impacto das emoções. Gostamos de acreditar que nossas decisões são guiadas pela lógica, mas, na realidade, elas são amplamente moldadas por nossos sentimentos.

As emoções não apenas influenciam nossas escolhas – elas muitas vezes as determinam. A persuasão se aproveita desse mecanismo natural, tocando nos gatilhos emocionais que nos levam à ação.

Algumas das emoções mais poderosas que influenciam nossas decisões são:

1. **Medo:** o medo é uma das emoções mais poderosas que influenciam o comportamento humano. É uma emoção primitiva que nos alerta sobre perigos e riscos. No contexto da persuasão, o medo pode ser utilizado de maneira ética para motivar as pessoas a evitarem consequências negativas. Por exemplo, campanhas de saúde pública frequentemente apelam para o medo ao mostrar os riscos do tabagismo ou da falta de exercícios físicos.
2. **Alegria:** a alegria é uma emoção que nos motiva a buscar experiências positivas e recompensadoras. Produtos e serviços que são associados a sensações de felicidade e prazer tendem a ser mais atraentes para as pessoas. No campo da persuasão, mostrar como algo pode melhorar a vida de alguém, trazendo felicidade e satisfação, é uma estratégia eficaz. Promoções de férias, por exemplo, muitas vezes usam imagens de pessoas sorrindo, relaxadas e felizes para criar essa conexão emocional.
3. **Tristeza:** a tristeza, embora seja uma emoção negativa, também desempenha um papel importante na tomada de

decisões. Sentir tristeza pode despertar empatia e compaixão, fazendo com que as pessoas se sintam mais inclinadas a ajudar os outros. Organizações de caridade, por exemplo, frequentemente usam imagens e histórias comoventes para persuadir as pessoas a fazerem doações ou a se envolverem em causas sociais.

4. **Raiva:** a raiva, quando bem direcionada, pode ser um motivador poderoso. Quando as pessoas se sentem indignadas com injustiças ou se sentem frustradas, são impulsionadas a agir para corrigir essas situações. No entanto, o uso da raiva deve ser cauteloso, pois, se não for canalizado corretamente, pode gerar reações negativas ou conflituosas.
5. **Confiança:** a confiança é fundamental para persuadir alguém a seguir determinado curso de ação. Quando uma pessoa confia em você, está mais inclinada a aceitar suas sugestões e recomendações. Construir confiança envolve transparência, consistência e uma comunicação clara e honesta. Se uma pessoa sente que pode confiar em você, suas defesas emocionais são baixadas, e a persuasão ocorre de maneira mais natural.
6. **Culpa:** a culpa é uma emoção que pode ser usada para persuadir, especialmente em situações em que a pessoa acredita que deve corrigir algo. Ela pode ser eficaz, por exemplo, ao persuadir alguém a fazer uma ação beneficente, como doar tempo ou dinheiro para uma causa que ajude outras pessoas.
7. **Esperança:** a esperança é uma emoção que inspira e motiva. Ao oferecer às pessoas uma visão positiva de futuro, você as incentiva a agir de acordo com a possibilidade de algo melhor. A persuasão com base na esperança frequen-

temente envolve mostrar às pessoas que há uma solução para seus problemas e que elas têm o poder de fazer algo para alcançar essa solução.

Em muitas situações, nossas decisões são movidas por uma combinação dessas emoções. Ao compreender como elas influenciam o comportamento humano, você pode utilizar a persuasão de maneira eficaz, apelando para as emoções corretas em diferentes situações.

No campo profissional, por exemplo, saber que seus colegas ou clientes estão sendo guiados por emoções como confiança, medo ou esperança pode ajudá-lo a moldar sua comunicação de uma forma que ressoe com essas emoções e os ajude a tomar decisões mais rapidamente e com maior clareza.

A emoção que governa todas as outras

A "curiosidade" desempenha um papel fundamental em nossas vidas. Sua localização no cérebro é complexa, mas parece ser mediada pela amígdala e pelo hipocampo, ambos parte do sistema límbico. É o "gatilho" que nos leva a explorar o mundo ao nosso redor. Ela não é exclusiva dos humanos; é observada em muitos animais, como cães e gatos, cujos donos conhecem bem essa característica.

O que dizer sobre primatas usando ferramentas? Isso também é resultado da curiosidade natural, que nos impulsiona a investigar, aprender e inovar.

Na comunicação e no comportamento humano, a curiosidade é uma ferramenta poderosa. Ela desperta o interesse, mantém a atenção e nos impulsiona a buscar respostas. Ao deixar parte da informação oculta ou ao sugerir algo sem revelar tudo de imediato, é possível estimular o desejo de descobrir mais. Esse princípio simples, mas extremamente eficaz, é usado em diversas áreas, desde a ciência até a arte da persuasão.

Um exemplo clássico de discurso que se vale da curiosidade é uma técnica utilizada frequentemente em apresentações de vendas, como esta:

> "Hoje eu vou te revelar algo que pode transformar completamente a maneira como você pensa sobre [assunto]. Mas antes, deixe-me te contar uma história que talvez você nunca tenha ouvido. Em 2005, um pequeno erro cometido por uma pessoa influente gerou um impacto tão grande que levou a uma mudança no mercado que, até hoje, continua afetando as grandes corporações..."

Esse tipo de discurso usa a curiosidade de forma estratégica, criando uma expectativa sem revelar completamente o que vai ser dito, incentivando a audiência a continuar prestando atenção para descobrir como a história se desenrola e qual é a revelação que será feita.

Como comunicar usando linguagem emocional

Uma das técnicas mais eficazes para desenvolver uma conexão emocional com qualquer pessoa é usar uma linguagem simples e direta, a mesma que usamos no dia a dia. Nossos desejos, medos e impulsos mais imediatos não são moldados por frases complicadas ou discursos longos. Eles se conectam com palavras que são claras e diretas, que despertam sentimentos sem margem para mal-entendidos.

Muitas das nossas emoções – como ansiedade, inveja ou amor – são facilmente evocadas com frases curtas e simples, como:

- "Estou preocupado com você."
- "Preciso te ver."
- "Você está com fome?"
- "Vamos dançar."
- "Eu odeio ele."
- "Quero te ajudar."
- "Não consigo parar de pensar em você."
- "Lembrei de você."
- "Você viu o que aconteceu?"
- "Estou aqui para você."
- "Posso confiar em você?"
- "Estou tão orgulhoso de você."

O ponto essencial aqui é que essa forma de se comunicar atinge a todos. Não é uma técnica restrita a um grupo específico. Até que chegue o dia em que nos comuniquemos com robôs, estamos falando com seres humanos, e os seres humanos são guiados por suas emoções.

Por muito tempo, acreditava-se que usar esse tipo de linguagem emocional funcionava apenas para vender produtos como sorvetes, cosméticos ou carros esportivos, e que não tinha lugar em diálogos mais sérios ou contextos profissionais. Felizmente, essa visão está mudando, porque, em qualquer área, estamos sempre nos comunicando com pessoas movidas por emoções.

Como persuadir a si mesmo

Autopersuasão é a habilidade de influenciar a si mesmo para alcançar metas e mudar comportamentos. É um processo consciente de direcionar os próprios pensamentos, crenças e ações para moldar atitudes e, assim, criar uma mudança interna. Ao contrário da persuasão tradicional, que visa influenciar outra pessoa, a autopersuasão foca a maneira como você se comunica consigo mesmo para construir crenças e tomar decisões que o aproximem de seus objetivos.

A autopersuasão é fundamental porque **nossas crenças internas moldam a forma como agimos no mundo**. Se você constantemente se alimenta de pensamentos negativos ou limitantes, seu comportamento refletirá essas crenças, e você pode se autossabotar sem perceber. No entanto, ao usar a autopersuasão de maneira positiva, você pode reprogramar sua mente para desenvolver uma mentalidade voltada ao sucesso, confiança e realização pessoal.

Assim como a persuasão usada com outras pessoas, a autopersuasão depende de alguns princípios básicos: a repetição, a escolha das palavras certas e o poder das emoções. Quando você repete afirmações ou pensamentos positivos e os associa a emoções intensas, seu cérebro começa a aceitar essas novas crenças como realidade, o que influencia diretamente suas ações. Um exemplo clássico é o uso de afirmações positivas que usamos em capítulos anteriores, em que você se persuade diariamente de que é capaz de alcançar seus objetivos, criando um ciclo de autoconfiança e autossuperação.

Persuadir a si mesmo depende de quais ideias você deseja fixar na mente. Por exemplo, se você está buscando aumentar sua autoconfiança, pode focar afirmações que reforcem sua capacidade e valor, como "Eu sou capaz de superar desafios com fé, esperança, liderança e iniciativa". Se o objetivo é desenvolver disciplina, você pode se concentrar em pensamentos como "A cada dia, estou me tornando mais disciplinado e focado nas minhas metas".

Da mesma forma, se quiser mudar crenças limitantes sobre o sucesso financeiro, pode usar frases como "Eu me preparo para lidar com o dinheiro de maneira sábia". A chave é identificar as áreas que precisam de reforço ou transformação e usar a autopersuasão para moldar essas crenças de forma positiva.

Se a intenção é desenvolver sua espiritualidade, você pode se concentrar em afirmações e ideias que fortaleçam sua conexão com o divino, sua fé e o equilíbrio interior. Por exemplo, pode usar frases como "Estou profundamente conectado ao meu propósito espiritual e confio na orientação divina em todas as áreas da minha vida". Ou "Cada dia me aproximo mais de minha verdadeira essência espiritual e cultivo paz interior".

A repetição constante dessas ideias faz com que elas se enraízem em sua mente subconsciente, gradualmente influenciando suas emoções, decisões e comportamentos, levando-o a agir de maneira mais confiante, disciplinada e alinhada com seus objetivos. Você pode usar toda a primeira parte deste livro para realizar este trabalho.

Como persuadir os outros

A persuasão não se limita ao ambiente de negócios; ela também é fundamental em nossas relações pessoais. Em um relacionamento saudável, seja romântico, familiar, seja de amizade, a capacidade de persuadir sem manipular é essencial para a construção de confiança e cooperação.

Por exemplo, em uma discussão com um parceiro, persuadir pode significar apresentar seus sentimentos e necessidades de forma clara e compassiva, sem culpar ou manipular a outra pessoa. Quando você comunica seus pontos de vista de forma aberta e empática, a outra pessoa se sente mais inclinada a entender e colaborar. A mesma dinâmica se aplica em amizades ou relações familiares: usar a persuasão para alcançar um entendimento mútuo, e não para dominar ou controlar.

No ambiente profissional, a persuasão pode ser a chave para liderar uma equipe, fechar um negócio ou resolver conflitos. Um bom líder, por exemplo, usa a persuasão para inspirar e motivar seus colaboradores, em vez de forçar a obediência. Da mesma forma, em uma negociação de negócios, o uso da persuasão para encontrar um terreno comum – em vez de insistir apenas em seus próprios interesses – pode levar a acordos que beneficiam todas as partes.

A persuasão, quando utilizada em benefício próprio de forma ética, não significa manipular os outros para alcançar suas metas. Pelo contrário, trata-se de desenvolver uma comunicação clara, honesta e eficaz, que possa ajudá-lo a atingir seus objetivos com integridade. Aqui estão algumas maneiras de usar a persuasão para seu benefício pessoal e profissional:

- **Fortaleça sua autoconfiança:** a maneira como você se comunica consigo mesmo influencia diretamente como os outros o percebem. Afirmações positivas e uma mentalidade focada no sucesso são fundamentais para desenvolver uma presença persuasiva. Quando você acredita em seu próprio valor, essa confiança se traduz na forma como você fala e age, tornando-o mais convincente em todas as suas interações.
- **Ouça mais do que fala:** um dos segredos da persuasão eficaz é a capacidade de ouvir. Quanto mais você entender os desejos e necessidades das outras pessoas, mais fácil será apresentar suas ideias de uma forma que ressoe com

elas. Faça perguntas, demonstre interesse genuíno e ofereça soluções que correspondam aos objetivos da outra pessoa.

- **Comunique-se com clareza:** a clareza é uma das chaves da persuasão. Seja específico sobre o que você está propondo e evite ambiguidades. Quando você comunica suas ideias de maneira simples e direta, sem rodeios, as chances de influenciar positivamente aumentam. Isso é particularmente importante no ambiente profissional, onde negociações claras e objetivas são essenciais.
- **Seja genuíno:** a persuasão eficaz é baseada na autenticidade. Não tente ser alguém que você não é, ou prometer coisas que não pode cumprir. As pessoas podem perceber rapidamente quando algo não é autêntico, e isso prejudica sua capacidade de influenciar. Mostre-se como você realmente é, e seja honesto sobre o que você pode oferecer.
- **Aplique os princípios da persuasão de forma ética:** use os princípios de Cialdini em situações que promovam benefícios mútuos. Se você oferece algo de valor, como uma dica útil, uma oportunidade exclusiva ou uma forma de ajuda, esteja certo de que isso criará uma relação de confiança, e o efeito será uma influência positiva sobre os outros.

21 palavras persuasivas que podem ser eficazes em discursos, negociações, copywriting ou em qualquer comunicação cujo objetivo seja influenciar positivamente e capturar a atenção:

1. Você – torna a mensagem pessoal e direta.
2. Agora – cria urgência e incentiva ação imediata.
3. Grátis – sugere algo sem custo, o que aumenta o valor percebido.
4. Novo – apela para a curiosidade e a inovação.
5. Garantia – transmite segurança e confiança.
6. Rápido – enfatiza eficiência e agilidade.
7. Exclusivo – cria um senso de privilégio ou oportunidade única.
8. Fácil – simplifica o processo e remove barreiras psicológicas.
9. Resultados – foca os benefícios tangíveis.
10. Seguro – tranquiliza o receptor e reduz incertezas.
11. Comprovado – fortalece a credibilidade da oferta ou argumento.
12. Descubra – desperta a curiosidade e incentiva a exploração.
13. Porque – justifica uma ação ou decisão, fornecendo uma razão.
14. Inovador – associa-se a algo criativo e avançado.
15. Sucesso – apela ao desejo universal de alcançar resultados positivos.
16. Melhor – destaca superioridade em relação a outras opções.
17. Economize – atrai pelo benefício financeiro.
18. Excepcional – transmite algo raro e de alta qualidade.

19. Imediato – cria um senso de ação instantânea.

20. Transforme – sugere mudança e melhoria.

21. Segredo.

Essas palavras são eficazes porque se conectam emocionalmente com as pessoas e incentivam ação, confiança e desejo. Ao usá-las de forma estratégica e ética, você pode melhorar sua capacidade de persuasão.

Entusiasmo: uma arma de persuasão poderosa

Ralph Waldo Emerson disse certa vez: "Nada de grandioso jamais foi alcançado sem entusiasmo". Andrew Carnegie sabia bem disso. Ele contou a Napoleon Hill que o motivo de pagar US$ 1 milhão por ano a Charles Schwab para administrar suas siderúrgicas era a capacidade de Schwab de despertar o entusiasmo dos trabalhadores.[30] O próprio Schwab dizia: "A pessoa pode ter êxito em praticamente qualquer coisa pela qual sinta entusiasmo sem limites".

O entusiasmo pode ser aprendido. Qualquer pessoa pode aprender a gerá-lo dentro de si. Aliás, a definição de entusiasmo implica que ele tem que vir de dentro. A palavra deriva dos termos gregos *theos* (deus) e *en* (dentro).

A maioria de nós tem uma timidez natural que precisa ser superada antes de podermos obter sucesso em qualquer coisa que exija de nós certa dose de persuasão e influência. Pessoalmente, descobri duas maneiras de superar o medo: a primeira era escrever sobre o assunto que eu pretendia abordar até ficar seguro sobre o tema. A segunda era controlar a minha voz quando estivesse passando a mensagem. De alguma forma, essas duas técnicas me ajudaram a desenvolver o entusiasmo.

Da infância à adolescência, fui o típico garoto tímido que tinha medo de puxar assunto e fazer amizade. Aos dezessete, decidido a vencer esse obstáculo, me inscrevi em um curso de férias em uma faculdade para desenvolver minha oratória. Na época, eu ainda sonhava em ser jornalista e sabia que a timidez poderia atrapalhar minha carreira na comunicação. O curso, voltado para estudantes que, como eu, queriam melhorar suas habilidades de falar em público, foi um divisor de águas.

30. HILL, Napoleon. *Quem Convence Enriquece*. Porto Alegre: Citadel, 2017.

No mesmo dia que prestei vestibular para jornalismo, entrei em uma livraria e encontrei *Como Falar em Público e Influenciar Pessoas no Mundo dos Negócios*, de Dale Carnegie. Aquele livro parecia ter sido colocado ali, naquele momento específico, para mim. Decidi comprá-lo e, enquanto esperava o resultado do vestibular, mergulhei nas lições de Carnegie. Foi uma experiência reveladora. Suas ideias sobre como a confiança na comunicação podia transformar não só a vida profissional, mas também a pessoal, me abriram os olhos para a verdadeira importância da comunicação eficiente.

Um princípio de Dale Carnegie que nunca abandonei é "Predisponha sua mente para o sucesso". Nas palavras do autor: "A maior lição que já aprendi é a extraordinária importância daquilo que pensamos. Se eu souber o que você pensa, saberei o que você é, pois os seus pensamentos fazem de você aquilo que você é. Transformando os nossos pensamentos, poderemos transformar nossas vidas".

Você, leitor, que busca aumento de confiança e uma comunicação mais eficaz, precisa começar agora a mudar a forma como vê suas chances de sucesso. De agora em diante, seus pensamentos devem ser seus aliados, não seus críticos. Pense positivamente sobre suas habilidades e suas oportunidades, acredite na transformação que pode acontecer quando você se compromete com uma nova visão de si mesmo.

Combinando conhecimentos como esse com o básico de oratória do curso de férias, fui percebendo que o sucesso na comunicação depende não apenas da técnica, mas também do entusiasmo. Anos depois, já atuando como vendedor direto, percebi que nenhum cliente potencial seria capaz de perceber que eu estava tremendo ou suando por dentro se eu empregasse um tom de voz firme e entusiasmado.

Como fazer isso? As cinco regras abaixo podem ajudar:

1. **Fale com volume.** Emposte a voz de maneira que os outros possam ouvi-lo e perceber claramente que se trata de uma pessoa autoconfiante.
2. **Fale rápido e se concentre no interlocutor.** Olhe nos olhos da outra pessoa, de maneira a inspirar confiança, e mantenha os pensamentos em ordem.
3. **Faça pausas para dar ênfase.** Dê uma paradinha no momento de uma vírgula ou de alguma interrupção natural e enfatize as palavras importantes.
4. **Tenha uma voz sorridente.** Um tom de voz ranzinza ou antipático não demora a matar o entusiasmo. Um sorriso no rosto faz a mente pensar que você está alegre.
5. **Module a voz.** Uma fala arrastada e monótona é chata e desagradável. Volta e meia abaixe a voz, de modo que o interlocutor tenha que se esforçar para ouvir, e a seguir eleve o tom de voz em algumas palavras e frases antes de voltar ao tom normal.

Exemplos de frases escritas ou faladas com entusiasmo

1. "Estou realmente animado para compartilhar isso com você, porque acredito que pode fazer uma grande diferença!"
   ➔ Por que funciona: transmite emoção e cria expectativa positiva.

2. "Você vai adorar essa ideia/proposta. Mal posso esperar para ver como isso vai te beneficiar!"
   ➔ Por que funciona: projeta o benefício emocional e gera entusiasmo no ouvinte.

3. "Isso é exatamente o que precisamos para alcançar nossos objetivos. Vamos fazer acontecer!"
   ➔ Por que funciona: cria senso de urgência e confiança na realização.

4. "Eu estou extremamente confiante de que essa é a solução perfeita para o que você precisa."
   ➔ Por que funciona: reforça confiança e credibilidade na sua solução.

5. "Acredito que esta é uma oportunidade única, e eu mal posso esperar para ver aonde ela vai nos levar!"
   ➔ Por que funciona: apela para a emoção e desperta o senso de oportunidade.

Dez modelos para enriquecer sua comunicação no dia a dia

1. Como fazer amigos e se conectar rapidamente

A primeira impressão é vital, e as palavras certas podem quebrar o gelo instantaneamente. Para conquistar a simpatia e criar uma conexão genuína, o segredo está em mostrar interesse autêntico pelo outro. A técnica aqui é a reciprocidade emocional – ao elogiar ou reconhecer algo positivo, a pessoa se sente compelida a retribuir a gentileza.

Modelo de frase: "Admiro a forma como você pensa sobre isso, poderia me contar mais?".

Por que funciona: ao elogiar a perspectiva da outra pessoa e pedir que ela fale mais, você demonstra interesse genuíno. Isso cria uma sensação de valor e estabelece uma conexão emocional imediata. Além disso, as pessoas gostam de falar sobre si mesmas; você está permitindo isso de forma respeitosa.

2. Como influenciar alguém a ajudá-lo no trabalho

No ambiente de trabalho, persuadir colegas a colaborar requer uma abordagem sutil que soe não como uma imposição, mas como um convite. O uso da regra da concessão funciona muito bem aqui – ao pedir uma ajuda específica e significativa, você abre espaço para colaboração mútua.

Modelo de frase: "Eu gostaria de usar sua experiência para melhorar este projeto. O que acha de nos reunirmos para pensar em algumas ideias?".

Por que funciona: ao pedir ajuda com base na experiência da pessoa, você faz com que ela se sinta valorizada. Você também envolve o outro no processo, o que aumenta a chance de receber apoio.

3. Como vender um produto usando a escassez

O princípio da escassez é uma das técnicas de persuasão mais eficazes. Ao criar a sensação de que algo é raro ou limitado, você aumenta o valor percebido e desperta um senso de urgência no cliente.

Modelo de frase: "Esta é uma oferta exclusiva que só estará disponível até o final desta semana. Você odiaria perder essa oportunidade".

Por que funciona: quando as pessoas sentem que algo está prestes a acabar, o medo de perder a oportunidade (*FOMO – Fear of Missing Out*) as motiva a agir rapidamente. A escassez aumenta a percepção de valor e cria um senso de urgência.

4. Como ganhar a atenção em uma apresentação

A técnica de suspense pode ser sua maior aliada ao iniciar uma apresentação. Quando você começa com uma afirmação intrigante ou uma pergunta inesperada, captura imediatamente a curiosidade do público.

Modelo de frase: "Se eu pudesse mostrar a vocês como aumentar suas vendas em 30% com uma única mudança simples, vocês estariam interessados?".

Por que funciona: essa abordagem envolve imediatamente a audiência, porque você apresenta algo relevante (aumento de vendas) e o faz de forma que parece acessível (uma única mudança). As pessoas ficam curiosas para descobrir qual é a solução.

5. Como negociar melhor

A técnica do compromisso incremental é um clássico na arte da negociação. Ao quebrar o objetivo maior em pequenos compromissos, você aumenta a chance de receber um "sim" no final.

Modelo de frase: "Que tal começarmos com uma pequena adaptação neste contrato? E, se funcionar bem, podemos discutir outros ajustes mais adiante".

Por que funciona: ao dividir a negociação em etapas menores, você torna o compromisso inicial menos assustador. Uma vez que a outra parte concorda com uma mudança pequena, é muito mais provável que aceite mudanças maiores mais tarde.

6. Como gerar simpatia

A técnica da semelhança é uma das mais eficazes para criar afinidade. As pessoas tendem a gostar mais de quem elas acham que compartilha valores ou interesses semelhantes.

Modelo de frase: "Também adoro viajar para lugares históricos! Qual foi a última viagem inesquecível que você fez?".

Por que funciona: ao encontrar uma semelhança com a outra pessoa, você cria uma ponte emocional que gera simpatia instantânea. As pessoas se conectam mais facilmente quando percebem que têm algo em comum.

7. Como motivar uma equipe no trabalho

A motivação não surge de promessas de recompensas apenas, mas de um senso de propósito e pertencimento. A técnica de inclusão envolve fazer a equipe sentir que sua contribuição é essencial para o sucesso.

Modelo de frase: "Nós estamos contando com o seu talento para fazer a diferença neste projeto. Sua participação é imprescindível para atingirmos nosso objetivo".

Por que funciona: ao destacar a importância do papel de cada membro, você desperta um sentimento de pertencimento e propósito. Isso não apenas motiva, mas também aumenta o comprometimento com o projeto.

8. Como lidar com objeções

Uma objeção nem sempre é um "não". Às vezes, é um pedido implícito por mais informações ou clareza. Usar a técnica de acordo parcial pode desarmar objeções e abrir caminho para um diálogo construtivo.

Modelo de frase: "Eu entendo sua preocupação sobre o preço. E se eu mostrasse como esse investimento traria um retorno significativo em longo prazo, isso ajudaria a resolver a questão?".

Por que funciona: você reconhece a objeção da outra pessoa, validando sua preocupação. Ao mesmo tempo, redireciona o foco para os benefícios de longo prazo, o que pode mudar a perspectiva sobre o custo.

9. Como fortalecer relacionamentos pessoais

A técnica da validação emocional é fundamental para fortalecer laços. Muitas vezes, as pessoas querem ser ouvidas e compreendidas antes de receberem conselhos ou soluções.

Modelo de frase: "Eu entendo o quanto isso foi difícil para você. Deve ter sido um desafio enorme lidar com tudo isso".

Por que funciona: validar as emoções de alguém cria uma conexão instantânea. A pessoa se sente compreendida e respeitada, o que fortalece o relacionamento.

10. Como fazer com que as pessoas confessem a verdade

A técnica da escolha múltipla é excelente para descobrir a verdade em situações delicadas. Em vez de fazer uma pergunta aberta, você oferece opções que guiam a pessoa a ser honesta.

Modelo de frase: "Você acha que isso aconteceu porque você estava muito sobrecarregado ou porque algo não ficou claro no processo?".

Por que funciona: ao dar à pessoa opções, você diminui a resistência e facilita que ela confesse o que realmente aconteceu, sem sentir que está sendo confrontada diretamente.

Comece a aplicar essas técnicas hoje mesmo e veja como pequenos ajustes em sua comunicação podem gerar grandes mudanças nos seus resultados.

A arte de persuadir com histórias

Não se pode falar de persuasão sem destacar o poder transformador das histórias. As narrativas têm uma habilidade única de influenciar e convencer, tocando nossa mente e emoções de forma profunda.

Em um dos meus livros mais recentes, o best-seller *StorySelling*, aprofundo esse conceito no contexto das vendas demonstrando como histórias bem contadas podem alterar resultados, criar conexões e até transformar realidades. Neste capítulo, compartilho algumas lições e descobertas que adquiri ao longo de vários projetos, para que você possa aplicar essas técnicas em diferentes situações e maximizar seu impacto de influência e persuasão.

Quando uma boa história é contada, algo extraordinário acontece no cérebro humano. Uma pesquisa inovadora no campo da neurociência ilustra bem esse fenômeno: cientistas de Princeton, liderados por Uri Hasson, realizaram um experimento em que uma narradora contava uma história enquanto era monitorada por uma máquina de ressonância magnética. Ao mesmo tempo, um grupo de voluntários ouviu a mesma história, e os cérebros dos ouvintes foram escaneados. Os resultados foram surpreendentes: sempre que a narradora ativava áreas emocionais, como a ínsula, as mesmas regiões se acendiam nos cérebros dos ouvintes. O córtex frontal, responsável pelo raciocínio, também se sincronizava com o da narradora. Em outras palavras, ao contar uma história, a narradora "plantava" ideias e emoções nos cérebros dos ouvintes, criando uma conexão tão intensa que seus pensamentos e sentimentos se alinhavam quase que magicamente.

Esse fenômeno é evidente quando a história é contada em um idioma que os ouvintes compreendem. Por exemplo, quando a narradora falou em inglês – língua que todos dominavam –, a sincronização cerebral foi perfeita. No entanto, ao contar a mesma história em russo, idioma desconhecido para os participantes, essa conexão desapareceu. Eles conseguiam perceber a emoção na voz, mas, sem entender as palavras, o acoplamento entre as mentes simplesmente não ocorria. Isso demonstra que, para que uma narrativa seja verdadeiramente impactante, ela precisa ser compreendida e absorvida pelo público, transferindo experiências e sentimentos de forma direta e poderosa.

O poder das histórias vai muito além da esfera emocional; ele também é um motor de transformação social e empresarial. Muitos profissionais de negócios já descobriram que uma narrativa bem construída pode ser muito mais envolvente do que uma apresentação repleta de dados e gráficos.

Hoje a ciência confirma que histórias bem contadas modificam atitudes, crenças e comportamentos, influenciando decisões e gerando resultados concretos. Em ambientes corporativos, por exemplo, iniciar uma apresentação com uma história envolvente pode cativar o público, estabelecer uma conexão emocional e garantir que a mensagem principal seja lembrada semanas depois.

Como seres sociais, dependemos uns dos outros para nossa sobrevivência e felicidade. Uma década atrás, um laboratório identificou que a ocitocina – um hormônio associado à empatia e à sensação de segurança – é liberada quando experimentamos interações positivas e recebemos gestos de bondade. Essa substância química desempenha um papel crucial, sinalizando ao nosso cérebro que é seguro se aproximar dos outros e cooperar. Inspirados por essa descoberta, pesquisadores se perguntaram se poderiam "hackear" esse sistema por meio de narrativas gravadas em vídeo, em vez de interações presenciais. Ao coletarem amostras de sangue antes e depois da apresentação de histórias centradas em personagens, observaram que a ocitocina era consistentemente sintetizada. Além disso, a quantidade liberada correlacionava-se diretamente com a disposição dos indivíduos em ajudar os outros, como ao fazer doações para instituições de caridade relacionadas à narrativa.

Em estudos subsequentes, aprofundaram o entendimento sobre como as histórias motivam a cooperação voluntária. Descobriram que, para que uma narrativa realmente mobilize os espectadores, ela deve primeiro capturar sua atenção – um recurso escasso em nosso cérebro hiperestimulado – e desenvolver uma tensão emocional ao longo do enredo. Quando essa tensão é mantida, os ouvintes compartilham as emoções dos personagens e, mesmo após o término da história, continuam a imitar esses sentimentos e comportamentos. Essa explicação pode ser percebida em filmes de ação: a sensação de euforia que se experimenta após ver um herói salvar o mundo ou a motivação para praticar exercícios após assistir a uma batalha épica.

Para os negócios, as implicações são claras: histórias centradas em personagens com conteúdos ricos em emoção e significado resultam em uma compreensão mais profunda das ideias que se deseja transmitir, além de promover uma melhor memorização dessas mensagens. Por isso, recomendo que toda apresentação ou proposta comece com uma história envolvente, que responda às perguntas: por que os clientes deveriam se importar? Como essa ideia mudará vidas? Que impacto emocional essa solução poderá gerar? São esses os elementos que transformam uma simples apresentação em uma experiência persuasiva e memorável.

Minhas pesquisas têm mostrado que as histórias têm um papel vital dentro das organizações. Pessoas são muito mais motivadas pelo propósito transcendente de suas empresas – por exemplo, a forma como elas melhoram vidas – do que pelo objetivo meramente transacional de vender bens e serviços. O propósito transcendente é mais bem comunicado por meio de narrativas, como as que descrevem as lutas e vitórias de clientes reais. Quando o público sente a dor do cliente e experimenta o alívio proporcionado pela solução apresentada, uma conexão emocional profunda é estabelecida. Joseph Campbell, com seu estudo dos mitos e arquétipos, mostrou que histórias duradouras seguem um arco dramático, no qual um personagem enfrenta desafios e descobre habilidades ocultas que o capacitam a triunfar. Essa estrutura narrativa, comprovada cientificamente, é a base que torna as histórias tão poderosas.

Além disso, cada organização tem seu próprio mito de fundação, sua história de origem. Compartilhar esse conto é uma forma eficaz de comunicar o propósito transcendente e inspirar os colaboradores a agir de forma alinhada com a missão da empresa. Quando os fundadores compartilham as paixões, os riscos e as barreiras que superaram, eles não apenas inspiram, mas também reforçam a identidade e a cultura organizacional.

Portanto, ao desejar motivar, persuadir ou ser lembrado, comece sempre com uma história de luta e triunfo. Seja na sua apresentação de negócios, em um discurso público, seja até mesmo em um diálogo pessoal, uma narrativa bem construída captura corações e mentes, criando uma conexão que transcende o simples ato de comunicar.

Em suma, o poder das histórias reside em sua capacidade de transformar a percepção e mobilizar ações. Elas são o elo entre o pensamento e a ação, a emoção e a razão, e o individual e o coletivo. Ao dominar a arte do *storytelling*, você não apenas transmite informações, mas também inspira, emociona e transforma realidades. Afinal, como vimos, as histórias podem sincronizar cérebros, estimular a empatia e abrir caminhos para a cooperação e a inovação. E, no final das contas, elas nos lembram de que o sucesso não é apenas um acúmulo de dados ou uma série de decisões racionais – ele é, fundamentalmente, uma jornada emocional, conduzida pelo poder das palavras.

Portanto, ao sair deste livro, leve consigo a convicção de que cada história contada é uma oportunidade para criar mudanças. Que cada narrativa pode ser o ponto de partida para um novo capítulo, tanto na sua vida quanto na daqueles que você influencia. Use as palavras com intenção, construa suas narrativas com clareza e, acima de tudo, permita que o poder das histórias transforme seu mundo, assim como já transformou incontáveis vidas ao longo dos séculos.

AGRADECIMENTOS

Ao Senhor Todo-Poderoso, fonte eterna de sabedoria, por me conceder a dádiva da vida e a capacidade de buscar a Verdade; a Cristo, meu Salvador, exemplo supremo de amor, compaixão e sacrifício, que me ensinou que o verdadeiro poder está na humildade e na capacidade de transformar o mundo por meio do serviço aos outros; ao Espírito Santo, o Consolador, que constantemente opera em minha vida, renovando minha mente e enchendo meu ser de esperança.

À minha família, meu maior tesouro: Pati, Pit, Beni e Bia. Vocês me impulsionam a buscar sempre o melhor. Obrigado pelos sorrisos, palavras e gestos de carinho. Feliz por compartilhar a jornada com vocês.

Ao meu amigo e sócio, Pedro Martins. Com você, aprendi que amizade é tão desnecessária quanto a filosofia, a arte e o próprio universo (pois Deus não precisava criar nada disso). Ela não tem valor de sobrevivência; pelo contrário, é uma daquelas coisas que dá valor à existência.

Ao Marcial Conte Junior, o editor. Agradeço por me proporcionar tantas oportunidades de brilhar. Com você, aprendi que o sucesso daqueles ao meu redor é também o meu sucesso. Sua dedicação e visão transformaram sua plantação em um terreno fértil de conhecimento, permitindo que milhões colhessem sabedoria e inspiração.

Aos meus líderes espirituais: Bp. Márcio Meira e Min. Gabriel Lopes; a dois dos meus teólogos favoritos, Rev. Gyordano Montenegro e Rev. Marcondes Soares, por me fazerem repensar minha relação com as riquezas várias vezes.

Aos meus mestres, de todos os tempos, vivos ou mortos: C.S. Lewis, G.K. Chesterton, Olavo de Carvalho, Mário Ferreira dos Santos, José Ortega y Gasset, A. D. Sertillanges, Jordan B. Peterson, Gustavo Bertoche e Rodrigo Oliveira.

Aos meus gurus de desenvolvimento pessoal: Nassim Nicholas Taleb, Napoleon Hill, Bob Proctor, Og Mandino, Jim Rohn, Jamil Albuquerque e Joe Dispenza.

Aos meus amigos que muito me ensinaram sobre a mentalidade de riqueza: Marcos Trindade, Auge Capusso, Tiago Flores Dias, Rafael Rez e Raphael Costa.

A todos que, de alguma forma, contribuíram para que esta obra tomasse forma. Não existe livro escrito (e produzido) por uma pessoa só.

Aos meus irmãos e irmãs em todas as partes do mundo. Vocês que carregam dentro de si a presença de Deus, que possam usar o poder das palavras – aquelas que erguem impérios e dão vida aos sonhos, aquelas que libertam das amarras e dissipam toda escuridão.

“Ab imo pectore!”

Nota: este livro passou por várias revisões autorais ao longo de seis meses. Durante esse período, reescrevi diversos capítulos ao perceber que a linguagem poderia ser mais acessível. Ao final, optei por remover o tom filosófico e teológico, visando tornar o conteúdo compreensível para um público ainda maior. Contudo, coloco o que originalmente seria o prólogo, o preâmbulo e a introdução. Eles se tornaram APÊNDICES. Aqui você entenderá a raiz do poder das palavras e como elas se relacionam com a realidade de maneira profunda e transformadora. Encare como um presente para que você se aprofunde mais no conhecimento.

APÊNDICE 1

VERBO – A FONTE DE TODO PODER

"Vocês sabem, o homem, em suas palavras, não morre; nelas ele é imortal, pois elas falarão ainda depois de sua morte. Quantas palavras imortais se dizem ainda no meio de nós, que nos foram legadas por aqueles que morreram há muito tempo e que, às vezes, permanecem vivas nos lábios de todo um povo! Como é poderosa a palavra, mesmo a palavra de um homem comum! Mais ainda, então, a Palavra de Deus. Ela viverá através dos tempos e permanecerá sempre viva e efetiva."

— SÃO JOÃO DE KRONSTADT

A história da humanidade está repleta de exemplos do poder transformador das palavras. Quando Winston Churchill proferiu um de seus discursos mais memoráveis durante a Segunda Guerra Mundial, exaltando "O melhor momento",[31] suas palavras não apenas inspiraram uma nação, mas também moldaram o destino do mundo, fortalecendo o espírito de resistência em um dos momentos mais críticos da história. Quando Martin Luther King Jr. proferiu "Eu tenho um sonho",[32] não estava apenas expressando um desejo – estava construindo um novo imaginário social, capaz de influenciar gerações inteiras.

Não sei para você, mas para mim exemplos como esses são fascinantes. E tornam-se ainda mais fascinantes quando temos uma compreensão mais profunda sobre a origem da força que as palavras podem gerar. Se voltarmos ao início de tudo, encontraremos a maior declaração de poder já registrada:

"No princípio criou Deus o céu e a Terra. A terra era um caos informe. Sobre a face do abismo, a treva. E o alento de Deus revoava sobre a face das águas. Disse Deus: 'Exista a luz'. E a luz existiu."

(*GÊNESIS 1:1-3*)

31. Discurso proferido por Winston Churchill na Câmara dos Comuns do Reino Unido em 18 de junho de 1940, pouco mais de um mês depois de assumir o cargo de primeiro-ministro à frente de um governo de coalizão multipartidário. Churchill concluiu o discurso com a frase "Vamos, portanto, nos preparar para nosso dever e nos comportar de tal forma que, se o Império Britânico e sua Comunidade durarem mil anos, os homens ainda dirão: 'Este foi seu melhor momento'".

32. Original: "*I have a dream*". Discurso realizado por Martin Luther King no dia 28 de agosto de 1963, nos degraus do Lincoln Memorial, em Washington, D.C., como parte da Marcha sobre Washington por Trabalho e Liberdade. Foi um momento decisivo na história do movimento dos direitos civis das pessoas negras nos Estados Unidos.

Este não é um mero registro poético, mas uma grande revelação: Deus criou a realidade pela Palavra.[33] O hebraico original traz a expressão *Yehi 'or*, traduzida para o latim como "Fiat Lux" – literalmente, um comando: "Exista a luz!". Ou seja, Deus está falando no vazio e ordenando que a luz venha a existir. Assim, de acordo com os autores da narrativa de Gênesis, Ele criou os céus e a Terra e tudo o mais que existe simplesmente "expressando". Gosto de associar isso com a criação artística: a obra revela algo do criador, do mesmo modo que a arte reflete a alma do artista. Assim, o mundo é um "discurso divino", um "texto sagrado vivo", em que cada detalhe da existência carrega a marca da intenção da pessoa que o criou. A interpretação desse evento cósmico, carregada de simbolismo, nos leva a ver a palavra como uma "força criadora".

No entanto, é importante entender que Deus não cria pela matéria – como nós fazemos ao combinar elementos químicos para produzir plástico ou ao misturar ingredientes para assar um bolo, por exemplo –, mas pelo *Verbo*, expressando sua vontade de maneira soberana e absoluta. A palavra, nesse contexto, não apenas descreve a realidade, mas a convoca à existência. Essa visão encontra reforço no que escreveu São Tomás de Aquino:

"Nós falamos com palavras; Deus fala com palavras e coisas."[34]

Isso ressoa em um nível profundo dentro de nós. E a conexão se intensifica ainda mais no Novo Testamento, quando o apóstolo João

33. Santo Agostinho de Hipona, em seus escritos *Cidade de Deus*, vê o versículo 3 de Gênesis como indicando "Deus não apenas criou o mundo, mas também o criou com a Palavra" (*Firman* = palavra).

34. *Paráfrase.* Fonte: Suma Teológica, 1ª questão, Artigo 10: "O autor da Sagrada Escritura é Deus, em cujo poder está dar significação não só às palavras, o que também o homem pode fazer, mas ainda às próprias coisas".

revela que a Palavra de Deus não é apenas uma ideia abstrata, mas a própria expressão viva do Verbo.

"No princípio era o Verbo, e o Verbo estava com Deus, e o Verbo era Deus."

(JOÃO 1:1)

O termo grego utilizado para "Verbo" é *Logos*, que pode ser traduzido tanto como "Palavra" quanto como "Razão". Mas aqui João não está simplesmente falando da razão abstrata ou de um conceito filosófico: está apontando para o poder operativo da Palavra, para a força criadora que trouxe todas as coisas à existência.

O que isso significa para nós, hoje?

Bem, se no princípio era a Palavra, e a Palavra estava com Deus e era Deus, então o Logos divino antecede a criação do mundo – e, por consequência, o mundo antecede a linguagem humana.

Esse é um ponto essencial: a Palavra de Deus é criadora e infalível; já a palavra humana é derivada e limitada. Se nossas palavras tivessem o mesmo poder criador do Verbo divino, bastaria dizer "Rinoceronte, exista!" para que um rinoceronte surgisse no nosso jardim. Mas sabemos que não é como acontece.

Ainda assim, muitas pessoas acreditam que repetir afirmações positivas ou visualizar desejos pode, por si só, trazer algo à existência. Esse pensamento confunde o poder da palavra com algum tipo de magia barata. Não é isso que eu particularmente acredito, e seria um estupro de consciência eu dizer o contrário.

A verdadeira transformação não está na mera manipulação da linguagem em si, está na restauração da integridade do ser. E essa restauração só pode vir daquilo que já tem integridade plena: a realidade última, Deus. Portanto, "o segredo" está não em repetir palavras esperando resultados mágicos, mas em alinhar a linguagem com a ordem real do universo – ou seja, a Verdade.

Se a palavra humana ainda carrega algum poder transformador, é porque ela pertence a um ser que, apesar da "queda",[35] ainda traz em si uma centelha do Logos. O que é a queda? É a transição humana de um estado de inocência e obediência a Deus para um estado de culpa e desobediência a Ele. Antes dessa queda, a linguagem era pura e transparente. Quando Adão nomeia os animais (Gênesis 2:19-20), ele não impõe significados arbitrários; ele percebe a verdade essencial de cada criatura e a expressa de forma perfeita.

Após a queda, essa clareza se perdeu. A linguagem tornou-se opaca, ambígua e vulnerável à manipulação. Isso se manifesta claramente no episódio da Torre de Babel (Gênesis 11:1-9), quando Deus confunde as línguas e dispersa os homens.

O ponto é que, mesmo corrompida, a palavra humana não perdeu completamente seu poder. Afinal, ela é submetida ao "eu profundo", à alma imortal. E por mais que o homem, enquanto viva, permaneça no contexto da citada queda, existe dentro dele uma força estruturante, que unifica percepções, pensamentos e experiências.

Se o "eu profundo" tem uma potência formadora e modeladora, então ele pode, de fato, influenciar o curso das coisas. Isso acontece não porque a palavra humana seja uma força criadora independente, mas porque, quando alinhada à essência, pode funcionar como um instrumento de transformação.

---

35. Nas religiões abraâmicas, os primeiros seres humanos, mistificados como Adão e Eva, viviam com Deus em um paraíso, mas são enganados ou tentados por outra criatura a comer frutos de uma árvore que Deus lhes tinha proibido de comer. Quando o fizeram, sentiram vergonha sobre sua nudez e foram, consequentemente, expulsos do paraíso. Acredita-se que a queda degenerou todo o mundo natural, incluindo a natureza humana e fazendo com que o ser humano nasça em pecado, o que o torna incapaz de alcançar a vida eterna sem a intervenção da graça de Deus.

O próprio Cristo ensinou que a palavra pode mover montanhas (Mateus 17:20) e que seremos julgados por aquilo que proferimos (Mateus 12:37). Portanto, se a linguagem foi corrompida pela queda, ela pode ser restaurada pelo alinhamento com o Verbo.

É nesse contexto que *Palavras que Enriquecem* é escrito. Por mais prático e útil que seja, ele soa como um chamado à consciência sobre o poder que carregamos ao nos expressarmos.

Apesar de não ter uma intenção estritamente religiosa e nem mesmo estar focado completamente na espiritualidade, fiz questão de começar este livro desta forma. Afinal, "o espírito tudo rege".[36] Os céticos argumentam que não existe livre-arbítrio, e que o que cremos não são escolhas conscientes, mas decisões automáticas tomadas pelo cérebro e determinadas pela genética, mas essa visão é puramente materialista (e tosca). Pensar assim é ver o homem como um computador de carne. Uma pessoa dotada de bom senso não pode acreditar nesse tipo de determinismo.

Embora o cérebro funcione como uma complexa rede de processos automáticos, existe algo além das sinapses e dos impulsos elétricos: uma essência consciente, dotada de vontade, intuição e criatividade. Os grandes profetas, sábios e filósofos da história creram nisso. Essa força interior é o que nos permite fazer escolhas e influenciar eventos dentro da realidade.

Declaração: *eu sou uma criação divina. Minha palavra carrega a força de criar e transformar. Eu falo com intenção, sabendo que minhas palavras são sementes que germinam e florescem na minha vida.*

36. "Eis aí efetivamente o principal. O espírito tudo rege. É ele que inicia, executa, persevera e conclui. Como ele preside a cada aquisição, a cada criação, ele dirige o trabalho mais secreto e mais exigente que opera sobre si o trabalhador por toda sua carreira." (SERTILLANGES, Antonin-Gilbert. *A vida intelectual – Seu espírito, suas condições, seus métodos*. Prefácio à segunda edição. São Paulo: É Realizações, 2013, p.13).

APÊNDICE 2

A RIQUEZA DOS HOMENS MADUROS

Se você deseja estar entre os milionários, aqueles homens que geram riqueza e constroem coisas grandiosas, é preciso adotar uma personalidade que não se contenta com a mera acumulação de bens. Se eu estivesse escrevendo para jovenzinhos em busca de renda extra, certamente não trataria do que estou tratando neste texto. Ao contrário, me contentaria em trazer clichês sobre conquista financeira e entregaria uma listinha de atividades para ganhar dinheiro rápido. Isso certamente satisfaria o apetite ganancioso de alguns, mas não daria uma visão verdadeira sobre o que é necessário para se tornar realmente bem-sucedido.

O objetivo aqui é outro – é incentivá-lo a construir uma vida de grandeza.

Por mais que saibamos que a sabedoria cristã enfatiza o contentamento e a humildade, Deus também chama homens para coisas grandiosas. Prova disso é o Templo de Salomão, uma das maiores e mais imponentes construções do Antigo Testamento. Mais do que um simples edifício religioso, a obra foi uma expressão de grandeza, de sabedoria divina e de prosperidade. Deus deu a Salomão a visão e os recursos necessários para construir algo extraordinário, que serviu como morada para a Arca da Aliança e um centro de adoração para o povo de Israel – coisas necessárias naquelas circunstâncias.

Serei enfático agora: se você deseja estar entre os grandes homens do mundo dos negócios, precisa desenvolver a sua personalidade. Napoleon Hill definia a personalidade como a soma das características espirituais, mentais e físicas de um indivíduo que o distinguem dos outros. Ela é o reflexo de quem você é em sua essência, composta por sua visão, seu caráter, seus princípios e a maneira como você se expressa no mundo. Não é algo com que nascemos, mas que se constrói ao longo da vida, que se desenvolve a partir das escolhas que fazemos, das experiências que vivemos e da forma como reagimos aos desafios que enfrentamos.

Goethe, um dos maiores poetas e filósofos da história, tinha uma visão profundamente rica sobre o poder da personalidade. Ele acreditava que **a maior força que existe é a personalidade humana**, algo que vai além da força física ou do intelecto. A personalidade, para Goethe, é a força capaz de transcender os limites impostos pelas circunstâncias.

Essa ideia reflete a percepção de que o verdadeiro poder de uma pessoa não está nas suas habilidades externas, como a força bruta ou o conhecimento técnico, muito menos nos bens que possui, mas na sua essência e no seu caráter, que se refletem na capacidade de influenciar o ambiente por meio de suas escolhas, ações e relações.

A personalidade é uma manifestação do que habitualmente chamamos de "gênio". Esse "gênio" não é algo reservado apenas para os grandes artistas ou filósofos, está disponível para qualquer ser humano que seja fiel a si mesmo, que tenha clareza de propósito e que se empenhe em viver de acordo com seus valores mais profundos. O gênio é aquele que se conhece verdadeiramente, que tem um poder de autotransformação e que, ao agir de acordo com sua essência, exerce uma força poderosa sobre os outros.

Olavo de Carvalho escreveu que, para você ter força na atuação pública, tem de ser você mesmo. "Tem de ser mortalmente sincero com você mesmo e com Deus. Ser aquilo que você é, sem se orgulhar de 'ser você mesmo'. Não, eu não me orgulho de ser eu mesmo, eu simplesmente sou. Eu não consegui ser outra coisa. Na medida que você aparece, não com uma personalidade forjada, não com uma máscara, mas com seu coração na mão – a sinceridade –, as pessoas te ouvem."

Donald Trump é um exemplo disso. Goste ou não, concorde ou não, ele parece se mostrar fiel ao que acredita, sem tentar se esconder atrás de uma fachada ou de uma personalidade forjada. Sua sinceridade brutal, muitas vezes vista como arrogância ou falta de tato, é, na verdade, uma forma de autenticidade que ressoou com uma grande parcela do público. Ele não se esforça para agradar ou para moldar sua imagem de acordo com o que os outros esperam dele. Pelo contrário, apresenta-se de forma direta, sem rodeios, o que gera uma conexão genuína com aqueles que compartilham de sua visão ou se sentem atraídos por sua abordagem intransigente.

Outra figura é a do Flávio Augusto da Silva, que sempre procurou se mostrar uma pessoa fiel à sua essência e aos seus princípios, sem se preocupar com a aprovação externa ou com as expectativas alheias. Conhecido por sua trajetória de sucesso como empreendedor e por sua atuação como influenciador, Flávio parece não se moldar ao que é esperado dele. Fala de maneira direta, sem medo de ser polêmico, e sempre com um foco claro no que acredita ser o melhor para o Brasil e para seus seguidores.

Essa força de personalidade é o que fez de Trump e Flávio Augusto os homens mais ricos entre seus pares; e isso se deve ao que conhecemos como personalidade.

Mas como desenvolver uma personalidade forte?

Não podemos falar disso sem citar *spoudaios*,[37] o homem maduro que Aristóteles queria formar quando escreveu a sua *Ética a Nicômaco*. É o "homem excelente", o "homem magnânimo", comedido, experiente, que desenvolveu as suas potencialidades, se conheceu e se dominou, também na esfera das paixões e sentimentos. "Não guarda rancor por ofensas que lhe façam", "tampouco é dado a conversas fúteis, pois não fala nem sobre si mesmo nem sobre os outros, porquanto não lhe interessam os elogios que lhe façam nem as censuras dirigidas aos outros."

---

37. No grego, *spoudaios* significa "sério" ou "uma pessoa séria". No contexto da filosofia aristotélica, é um termo que se refere a um homem de cultura, maduro e equilibrado, que tem domínio da razão. É também um homem que realizou as potencialidades da natureza humana, formando seu caráter na realização de virtudes intelectuais e éticas.

Trata-se da excelência do caráter humano por meio da virtude ética e do conhecimento pela experiência. Nas palavras de um dos maiores cientistas políticos do século 20, Eric Voegelin, *spoudaios* "é o homem que realizou no grau máximo as potencialidades da natureza humana, que formou seu caráter na realização das virtudes intelectuais e éticas".

Esse modelo de homem virtuoso é um conceito-chave na tradição da cultura ocidental, que perpassou a história desde o período antigo com os gregos e romanos, fortalecendo-se com a perspectiva dos ideais morais da religião cristã, a ideia do cavaleiro cordial durante a Idade Média, o estudo da *virtus* durante o humanismo cívico na Renascença. Modernamente, esse modelo ainda continua a irradiar seus efeitos, formando, assim, os grandes arquétipos da vida contemporânea, especialmente na figura de grandes empresários.

Dotado de magnanimidade, o homem maduro transcende os interesses pessoais imediatos, apontando para a grandeza de espírito, a generosidade e o desejo de alcançar grandes feitos com um propósito elevado. Esse homem, comedido e experiente, não age por interesses egoístas; busca sempre o bem maior. Ele é movido por um propósito transcendental, focando a contribuição ao coletivo, em uma esfera social, espiritual ou cultural. A magnanimidade pode gerar o desejo por grandes objetivos, mas de forma a enriquecer a humanidade como um todo, sem que haja a corrupção do ego[38] ou o desejo de enriquecimento pessoal como motor central.

Sempre gosto de associar a magnanimidade às obras grandiosas que foram realizadas ao longo da história. As grandes catedrais cristãs, por exemplo, são uma das expressões mais emblemáticas dessa grandeza

38. A "corrupção do ego" refere-se a uma distorção ou perversão da percepção e das atitudes de uma pessoa causada por um excesso de orgulho, vaidade, egoísmo ou desejo de poder. Quando o ego se torna corrompido, ela começa a agir de forma impulsiva e autodestrutiva, priorizando a satisfação pessoal e os próprios interesses, muitas vezes em detrimento dos outros ou dos valores mais elevados.

de espírito. Suas imponentes estruturas não foram construídas com o desejo de acúmulo de riquezas; seu propósito foi glorificar Deus e proporcionar aos fiéis um espaço sagrado de conexão espiritual.

Arquitetos, pedreiros e artesãos que dedicaram suas vidas à construção dessas obras não buscavam o lucro pessoal; visavam à realização de um ideal transcendental, uma contribuição para a humanidade. A cada pedra colocada, a cada vitral desenhado, o que se buscava era a construção não apenas de um edifício, mas de um símbolo de fé, de um legado de beleza que tocaria gerações por séculos. Da mesma forma, grandes obras de arte, como as pinturas de Da Vinci ou as esculturas de Michelangelo, não foram feitas com o objetivo de acumular bens, e sim para explorar o potencial humano de forma sublime.

Esses mestres viandaram pela busca da perfeição, não como um fim egoísta, mas como uma maneira de transmitir a experiência humana de uma forma mais pura e elevada. A obra de arte, nesse sentido, transcendia o momento presente e buscava criar uma marca na alma da humanidade.

Estou ciente de que o que trato aqui foge do padrão de livros de desenvolvimento pessoal, e digo que você tem todo o direito de ignorar o que foi dito e focar apenas a parte prática, que representa a maior parte deste livro. Mas esteja ciente que, se falta a noção de transcendência, cedo ou tarde as coisas vão desmoronar.

Fama, dinheiro, poder, aplausos – todos esses atributos custam muito mais à alma do que qualquer materialista possa imaginar. Pegando carona nas ideias de Jonas Fagá Jr., CEO da Tribus Global:

> "No fundo, essa é a minha principal discordância com a maioria dos meus amigos liberais. Não é tanto sobre o quanto você ganha, tem ou conquista, mas, sim, sobre COMO isso é feito. E, claro, sobre o uso que se faz de tudo isso. É exatamente aí que muitos liberais,

ao tentar racionalizar o 'como', extrapolam teorias econômicas que funcionam bem no campo das finanças, mas que, quando aplicadas a outras esferas da vida, se tornam desculpas esfarrapadas de adolescentes que se recusam a assumir responsabilidade ética, moral e espiritual pelos seus atos. Eles convencem as paredes do quarto e dormem tranquilos, acreditando que estão no caminho certo. Mas a verdade é que todos vamos morrer um dia, e, nesse momento, toda a nossa vida será julgada. Seja por nós mesmos, pelos outros ou por Deus. É aí, e só aí, que as coisas realmente se tornam claras. Quando esse dia chegar para você, haverá paz ou ranger de dentes?"

Eu não tenho nada contra o enriquecimento, pelo contrário, sou entusiasta da prosperidade, pois sem ela não haveria o progresso humano. E se não pensasse assim, não escreveria livros como este. Mas defendo que a riqueza com fins meramente egoístas deva ser evitada e que a riqueza para fins altruístas seja o único caminho para o homem maduro. Andrew Carnegie, o grande mentor de Napoleon Hill, e o homem mais rico do seu tempo, concordava com esse ideal.

> **Declaração:** *eu sou um homem de grandeza, comprometido em construir coisas que transcendam o ego e contribuam para o bem da humanidade. Minha personalidade é forjada pela sabedoria, integridade e um propósito elevado.*

APÊNDICE 3

SOBREVIVER OU PROSPERAR?

“Se não tivéssemos o inverno, a primavera não seria tão agradável; se não experimentássemos a adversidade de vez em quando, a prosperidade não seria tão bem-vinda.”

— ANNE BRADSTREET

Você está vivendo como um animal faminto em busca da próxima refeição ou como um artista trazendo vida à sua arte? Porque só há essas duas opções... sobreviver ou prosperar.

Sobreviver é o estado básico e primitivo. O foco está em suprir necessidades primárias, como segurança, comida e abrigo – coisas que os bichos, movidos pelo instinto, buscam todos os dias.

Prosperar, por outro lado, é ir além das necessidades primárias. É a busca por realização, conexão e propósito, algo que só um ser dotado de consciência elevada pode desejar.

Sobreviver nos mantém em um ciclo de repetição, no qual há pouco espaço para evolução, alegria ou descobertas. Quem entra no *modo de sobrevivência*[39] fica constantemente ocupado com apenas suprir suas carências, sem conseguir romper com a rotina para crescer, aprender ou experimentar algo novo.

Nesse estado, a vida torna-se previsível e mecânica, girando em torno das mesmas preocupações: pagar contas, manter um emprego, lidar com obrigações diárias, enfrentar desafios imediatos... não há espaço para reflexão, planejamento de longo prazo ou desenvolvimento pessoal. Esse modo de vida sustenta a existência, mas não a preenche de significado.

Prosperar, por outro lado, é transcender a mera sobrevivência e transformar a vida em um caminho de crescimento e realização. É assumir o papel de protagonista, expandindo horizontes, cultivando novos aprendizados e desafiando limitações autoimpostas. Isso ocorre

---

39. O "modo de sobrevivência" é uma resposta automática e instintiva do cérebro que é acionada quando nos encontramos em situações de perigo ou estresse intenso. Quando estamos nesse modo, nosso corpo libera hormônios do estresse como o cortisol e a adrenalina, e a atividade cerebral se concentra na parte mais primitiva do cérebro, responsável por nossas funções de sobrevivência.

quando ativamos nosso *modo criativo.*[40] Quem prospera não se contenta em apenas existir – busca criar, evoluir, deixar um legado.

A analogia do artista é perfeita porque, assim como um criador transforma sua visão em uma obra única, prosperar significa traçar ativamente o próprio caminho, em vez de simplesmente reagir em busca das necessidades básicas da vida.

Vale ressaltar que **a verdadeira prosperidade vai além das conquistas materiais**. Quem pensa que ser próspero é apenas ter dinheiro e gozar de bens, ou mesmo exercer poder, ainda não entendeu o propósito da vida. Estamos falando de um estado de plenitude, no qual cada experiência enriquece a jornada e cada desafio se transforma em um impulso para coisas maiores. Enquanto sobreviver é repetir o passado, prosperar é projetar o futuro e viver o presente com intensidade.

A menos que sejamos contaminados por ideais pessimistas, tomados por um conformismo paralisante ou escravizados por circunstâncias extremas, não queremos apenas sobreviver. Queremos prosperar. E prosperar inclui o desejo de ter a última palavra sobre eventos e acontecimentos que nos cercam.

Mas como prosperar e ter a última palavra em um mundo cheio de aleatoriedade, incertezas e eventos fora do nosso controle? A sensação de não ter nenhum poder sobre os acontecimentos é, em geral, insuportável. E quando nos sentimos impotentes, podemos cair na infelicidade. E, infelizes, entrar no modo de sobrevivência. Uma vez nesse estado, começamos a viver de forma reativa, tomando decisões sob o domínio do **medo** e da **urgência**. Esse ciclo nos drena a energia

40. O "modo criativo" é um estado mental em que a mente deixa de operar sob o piloto automático da sobrevivência e passa a explorar novas possibilidades com liberdade e intenção. Quando ativamos o modo criativo, não apenas enxergamos novas oportunidades, mas também nos tornamos capazes de transformar desafios em degraus para a evolução. É nesse estado que descobertas acontecem, talentos são refinados e o propósito se manifesta com mais clareza.

criativa e obscurece nossa capacidade de enxergar além do imediato, roubando-nos o potencial de crescimento.

Entretanto, há aqueles que, mesmo diante das circunstâncias mais adversas, conseguem transcender essa condição e, mesmo que tudo em volta pareça desmoronar, encontram maneiras de acessar a prosperidade. Para demonstrar isso, trago um exemplo inspirador, extraído da vida de um dos maiores fenômenos da literatura moderna – J. K. Rowling.

Muito antes de se tornar a autora de uma das sagas mais vendidas da história, Joanne Rowling viveu um período de extrema dificuldade. No início dos anos 1990, após um casamento fracassado e com uma filha recém-nascida para criar sozinha, a britânica viu-se desempregada, sobrevivendo com auxílios do governo e lutando contra a depressão. Para muitos, essa seria a receita perfeita para o conformismo e a estagnação – um cenário em que apenas sobreviver já parecia um grande desafio.

Mas, em vez de se render ao desespero, Rowling **ativou o modo criativo**. Usando o tempo que tinha, ia até cafeterias e escrevia compulsivamente, enquanto sua filha dormia no carrinho ao lado. Mesmo sem garantias de que seu trabalho renderia frutos, persistiu.

Em 1995, após concluir o manuscrito de *Harry Potter e a Pedra Filosofal*, ela teve seu livro rejeitado doze vezes antes de finalmente receber um adiantamento modesto da Bloomsbury, uma pequena editora de Londres. Curiosamente, a decisão de publicação veio após a filha do presidente da editora, de apenas 8 anos, insistir para ler o segundo capítulo. Mesmo assim, Rowling foi aconselhada a buscar um emprego fixo, pois a escrita de livros infantis dificilmente lhe renderia sustento.

A história tomou outro rumo.

O livro foi publicado em 1997 com uma tiragem inicial de apenas mil cópias, muitas distribuídas para bibliotecas. Em poucos meses, porém, começou a vencer prêmios literários e chamou a atenção da

Scholastic, que adquiriu os direitos de publicação nos Estados Unidos por 105 mil dólares – um valor surpreendente para um autor iniciante.

A partir daí, o sucesso foi meteórico. Cada novo livro da série quebrou recordes de vendas, tornando Rowling a primeira autora a ganhar três vezes seguidas o Nestlé Smarties Prize e acumulando diversos outros prêmios de prestígio.

Ao longo dos anos, *Harry Potter* consolidou-se como um fenômeno global, com os últimos volumes vendendo milhões de cópias em um único dia. A saga foi traduzida para 65 idiomas e transformou-se em uma das franquias mais valiosas do mundo, estimada em 15 bilhões de dólares.

Mais do que um sucesso comercial, Rowling reacendeu o interesse pela leitura entre crianças e adolescentes, provando que a imaginação e a persistência podem transformar realidades e criar legados.

Em 2004, a *Forbes* a nomeou como **a primeira pessoa a se tornar bilionária exclusivamente através da escrita**, além de classificá-la como a segunda mulher mais rica do entretenimento e a 1.062ª pessoa mais rica do mundo. Rowling também figura entre as pessoas mais influentes de seu tempo, tendo sido eleita em 2013 a 13ª mulher mais poderosa do Reino Unido pela BBC Radio 4.

O patrimônio imobiliário da criadora de Harry Potter reflete seu sucesso. Em 2001, ela adquiriu a Killiechassie House, uma propriedade vitoriana à beira do Rio Tay, na Escócia, por cerca de 1,5 milhão de libras. Além disso, possui uma residência luxuosa no bairro de Kensington, em Londres, avaliada em 4,5 milhões de libras, localizada em uma rua com segurança 24 horas. Assim, mais do que uma escritora, Rowling tornou-se **um ícone de prosperidade**, mostrando que a imaginação e a determinação podem transformar realidades.

Um detalhe que foge aos olhares de muitos, mas não deste que vos escreve: foi fazendo bom uso das palavras que Rowling transcendeu sua condição de sobrevivência e entrou no modo criativo. Ela as utilizou como instrumentos de reinvenção, projetando não apenas um universo fantástico que a tornaria famosa, mas também **um futuro no qual poderia prosperar**. Harry Potter nasceu primeiro em sua mente e em suas páginas, antes de conquistar o mundo. Ela não apenas escreveu uma história – ela construiu um destino.

A história de Rowling nos ensina que palavras não são apenas ferramentas de comunicação, são forças criadoras. Palavras são poderosas quando usadas com propósito e intenção. Elas estruturam pensamentos, dão forma à imaginação e materializam ideias que antes existiam apenas na mente. Observe o mundo ao seu redor: muito do que você vê nasceu na mente de alguém, foi idealizado e articulado por palavras. Cada inovação, cada transformação significativa, cada grande conquista da humanidade começou com alguém formulando uma ideia e verbalizando essa ideia.

No entanto, não basta apenas pronunciar palavras: é preciso que elas sejam intencionais, carregadas de significado e, claro, acompanhadas por ação. A palavra escrita de Rowling não era só um exercício de fuga da realidade, era um compromisso com a sua visão. Quando escrevemos, verbalizamos ou afirmamos algo de forma contínua, estamos treinando nossa mente e direcionando nossas ações para que essa realidade se concretize.

Quer uma boa notícia? Assim como Rowling encontrou nas palavras um meio de prosperar, você também pode usá-las para redefinir sua jornada. **Pois se há algo que diferencia os que apenas sobrevivem daqueles que prosperam é a forma como utilizam a linguagem, interna e externamente.** Pensamentos negativos repetidos tornam-se crenças limitantes; afirmações positivas e consistentes transformam-se em ações poderosas. A escolha das palavras que usamos diariamente define não apenas o que pensamos sobre o mundo, mas também como o mundo nos percebe e responde. Essa é uma coisa que as pessoas mais bem-sucedidas do mundo sabem.

ANEXO

TRECHOS DE “CONSTRÓI TUA VITÓRIA” – MÁRIO FERREIRA DOS SANTOS

Citação 1

"A grandeza do homem está em superar as condições que lhe são adversas. Quando, pela sua mente, munido apenas do pensamento, penetra no que há de mais profundo, invade o que se lhe oculta aos olhos, e consegue descobrir os nexos das causas remotas e da causa primeira de todas as coisas, descobre ele que há uma fonte de todas as coisas que, pela sua iminência e pelo seu imenso valor, ele respeita e ama. Só quando o homem consegue elevar-se acima da sua contingência e alcançar esse ser supremo, e humildemente lhe presta a homenagem que ele merece, então o homem consegue ultrapassar os seus próprios limites, porque no mesmo instante em que os vence, ele supera a si mesmo."

Nota: esse trecho faz uma ponte direta com o que foi tratado no Apêndice 1, onde exploramos o conceito de alma imortal. Nesse trecho, Mário enfatiza que a verdadeira grandeza do ser humano está em sua capacidade de superar desafios e transcender suas próprias limitações. Sugere que, por meio do pensamento e da reflexão profunda, podemos compreender as conexões ocultas da realidade e a causa primeira de todas as coisas, o que remete à busca por um princípio supremo. Ao reconhecer essa fonte e agir com humildade diante dela, não apenas vencemos as adversidades externas, mas também superamos a nós mesmos, alcançando um nível superior de existência e autodomínio.

Citação 2

"Somos, assim, verdadeiros autômatos, estamos desde todos os tempos determinados a sermos aquilo que o destino gravou no seu grande livro da existência. Tudo quanto fazemos, dizem esses autores, não podíamos deixar de fazer.

Quem é bom ou quem é mau, quem é justo ou quem é injusto, quem é alegre ou quem é triste, já nasceu assim e levará pelo resto da vida essa carga aos ombros que nunca mais o abandonará.

Desta forma, esgrimem contra a literatura otimista e moral de todos aqueles que desejam colaborar numa vida melhor para os seus semelhantes. Louvam suas intenções porque as julgam belas e dignas, mas negam que possam conseguir os resultados almejados, porque tudo já está determinado e os acontecimentos que se sucedem não podem ser impedidos ou modificados no seu curso.

Tal teoria é a maior mentira e a maior falsificação que se tem feito dos conhecimentos científicos. Nós afirmamos intransigentemente a liberdade do homem.

Coloquemo-nos em qualquer ponto de vista. Se formos religiosos, se admitirmos os princípios éticos das religiões, a liberdade humana está intrinsecamente admitida. Se nos filiarmos ao chamado materialismo e nos basearmos nas conquistas da ciência moderna, não poderemos de forma alguma negar ao homem uma escolha e uma liberdade.

Se, colocados deste ponto de vista, analisarmos a evolução psíquica nos seres vivos, se penetrarmos num museu de história natural, verificaremos ali, como já disse Monod, toda a história da liberdade. Os seres primitivos superiores tinham a espinha dorsal mais desenvolvida que o cérebro. Mas, à medida que os animais vão atingindo formas mais elevadas, o cérebro vai crescendo à custa da espinha dorsal.

A liberdade, para um materialista honesto, já não pode ser negada porque ela é a maneira de ser dos seres mais desenvolvidos que são os homens, cuja parte cortical do cérebro é a sede da escolha, do julgamento, da preferência de algo a algo.

Querer reduzir o homem a um simples animal vertebrado seria confundi-lo com qualquer irracional. O homem, contudo, é racional, pensa, mede, compara, escolhe. Essa qualidade é que o fez homem, que o tornou homem, que lhe permite enfrentar as situações difíceis, vencê-las, adaptando o mundo mais a si mesmo do que ele ao mundo, pois o homem é um animal que adapta o mundo a si mesmo em vez de adaptar-se ao mundo.

A inteligência superior de que dispõe lhe permite analisar cada instante e escolher fazer isso ou aquilo.

Os que querem transformar o homem num simples autômato negam ao homem a sua hominilidade, negam ao homem a sua característica mais elevada, que é a de ser homem, de ser racional, de poder escolher, de poder dominar a natureza como a domina através da sua ciência e da sua técnica, de poder construir o seu mundo de acordo com os seus desejos.

É fundamentada nessa qualidade do homem que se constrói toda a literatura otimista.

A vida de cada ser, a história humana, nos comprova com fatos empolgantes que realmente o homem conhece uma escolha.

E os exemplos surgidos dessa própria literatura otimista, na qual se inscreve este livro, são suficientes para provar que ela não é uma ingenuidade, pois muitos, milhares, milhões foram aqueles que, graças à leitura desses livros e à prática de seus conselhos, conseguiram vencer as maiores batalhas que a vida lhe ofereceu."

Citação 3

"Já pensaste bem em que consiste a tua fortuna?

Certamente, todos sabem em que consiste a fortuna desejada, aquela que aspiram alcançar, aquela que desejariam um dia obter. Como hoje a medida da fortuna é comumente considerada o dinheiro, não são poucos, mas a maioria, que desejam a fortuna pelo dinheiro.

Quem tem dinheiro, acrescentam, tem todas as possibilidades na vida, de gozar os maiores benefícios. Não resta dúvida de que, na ordem atual que prepondera no mundo, é o dinheiro o 'abre-te sésamo' para muitas satisfações. O dinheiro pode oferecer e oferece muita coisa que a simples vontade e a boa vontade, sem o auxílio dele, não conseguem.

Mas perguntamos: é só o dinheiro que nos poderá dar as grandes satisfações desejadas na vida?

Quem não tem dinheiro, quem não conseguiu obter essa espécie de fortuna, deve torturar-se a ponto de se considerar um infeliz, um derrotado, um vencido?

Naturalmente, tal atitude seria um desespero ao qual não aconselharíamos ninguém que se entregasse.

Nem tampouco proporíamos que o conformismo à sua situação fosse a melhor norma.

Fechar os olhos às grandes injustiças da vida, à situação de muitos a quem a 'chance' permitiu que tivessem melhores probabilidades que outros e gozassem dos favores da fortuna, não o aconselharíamos.

Mas, longe de nós também está afirmar que esse fato deva amargurar a vida.

Uma análise da vida como ela é, do regime imperante, pode mostrar a ti, leitor, que o que acontece no mundo é quase sempre fruto do acaso, da falta de escrúpulos.

Como muita gente sem escrúpulos enriquece, é natural que a riqueza seja hoje motivo de desdouro e de antipatia dos pobres e explorados, porque todos sabem que a riqueza de quase todos os poderosos é construída sobre a miséria de muitos.

Este livro não é uma obra de sociologia nem muito menos de política, e aqui não cabe uma crítica dos problemas sociais.

No entanto, não se pode deixar de salientar que os partidos de esquerda exploram exageradamente essas diferenças sociais para a sua propaganda, aumentando, assim, muitas das angústias humanas.

Em princípio, aceitamos que na sociedade existem clamorosas injustiças e que muitos são vítimas da crueldade dos que dominam.

Mas todos aqueles que desejam uma transformação das coisas, que aceitam que a história humana deve continuar e que a ordem social existente é a melhor para os ricos, mas a pior para os pobres, e se lutam e desejam que ela seja transformada, devem, no entanto, não amargurar a sua vida por não terem o que outros têm.

Uma das maiores amarguras que muitos sofrem é essa.

Existe uma frase popular bem expressiva: 'O rádio do vizinho sempre é o melhor'.

Realmente, muitos têm seus olhos voltados somente para o que é dos outros.

Tudo quanto pertence aos outros parece ser melhor.

Mas ora, quem sente assim já tem a possibilidade de encontrar um caminho para se libertar dessa perspectiva tão danosa.

E dizemos por quê: quem sente assim pode concluir, logo, que está 'doente'. Ver o que é dos outros como sempre melhor é um sintoma de que algo não está bem. Portanto, precisa, desde já, prestar atenção a essa 'doença'.

E como curar-se?

Será, perguntemos em primeiro lugar, que tudo o que tens não presta? Nem tua vida?

Ora, examina bem e verás quão injusto estás sendo para ti mesmo. Se 'quiseres' ver, descobrirás em tua vida muitas fortunas. Não para que te satisfaças com o que tens, se és pobre e necessitado. Nunca aconselharíamos aos necessitados que se conformem com sua miséria e deixem os ricos e poderosos usufruírem de suas fortunas arrancadas aos pobres. Isso seria uma clamorosa injustiça. Mas daí julgar que tudo o que se tem de nada vale é um passo muito largo e uma atitude extremamente injusta para consigo mesmo.

Procurar dentro de nós, em nós e à nossa volta, as fortunas que a vida nos oferece é um trabalho fácil e útil.

Cada um de nós tem em si uma grande fortuna, que pode ser maior, que pode ser aumentada. O que nos angustia é a inveja. Invejar os que, pela falta de escrúpulos, pelo aproveitamento das necessidades humanas, enriqueceram, é invejar o que não merece inveja. Seria como invejar o ladrão que enriqueceu. Invejar não é um grande mal quando invejamos comedidamente, quando invejamos o que é bom, o que é belo. Mas ficar apenas na inveja é um erro. A inveja, quando construtiva, quando nos leva a olhar e valorizar o que temos, quando nos impulsiona a nos elevarmos e vencermos nossas fraquezas, é uma força poderosa.

Ama o pouco que tens e não calunies a ti mesmo. Ama-te a ti mesmo com tuas fraquezas e com tuas faltas. Se o que tens é pouco e mereces mais, luta pelo que mereces. Mas luta com dignidade, com hombridade, com orgulho, com altivez, sem nunca caluniares a ti mesmo nem denegrires tuas vitórias. És pobre? Mas és honesto? És digno? Então és rico. Tens sempre uma força que ninguém há de vencer e que, por seu turno, vencerá as dificuldades. E lembra-te de uma grande verdade da vida: os verdadeiros vitoriosos foram os que souberam fazer de suas fraquezas sua força. Foram aqueles que não se deixaram amargurar por suas faltas e as transformaram em estímulos para obter grandes vitórias.

Procede com eles."

SOBRE O AUTOR

Nasci em 1989, em Belford Roxo, periferia da região metropolitana do Rio de Janeiro. Segundo dados da ONU, Belford Roxo já foi eleita a cidade mais violenta do mundo. Cresci em um ambiente altamente hostil, convivendo com a feiura urbana e vendo de perto a barbárie e a desigualdade.

Tive uma infância dura e difícil. Meu pai era lancheiro, e minha mãe, diarista, e o salário dos dois mal dava para nos alimentar. Morávamos de aluguel e vivíamos nos mudando de casa, cada uma pior que a outra.

Entre 1994 e 1999, morei em duas favelas, Morro da Palmeira e Morro da Bacia (em um município vizinho). No primeiro morro, a casa ficava quase ao lado da boca de fumo. Ainda pequeno, vi armas, drogas, violência. No segundo, fomos alguns dos primeiros moradores, ou seja, estávamos formando a comunidade – ou, em outros termos, "encabeçando a favela".

Tenho muitas lembranças desse tempo. Uma delas é de quando precisava ficar sozinho tomando conta do meu irmão, eu com 8, ele, 5 anos. Isso aconteceu algumas vezes enquanto minha mãe encarava horas e horas em lotações para limpar casas de famílias ricas no Centro do Rio e meu pai rodava a cidade em busca de bicos como pedreiro. Lembro com detalhes outras situações vividas nessa época, algumas das quais prefiro ocultar, por ainda serem capazes de me partir o coração.

Ano de 1999. Nesse ano, "descemos para o asfalto" e fomos morar de favor na casa de um tio, irmão da minha mãe, num lugar chamado Heliópolis, bairro relativamente menos violento se comparado com as comunidades por onde passamos. Em Heliópolis, passei a maior parte da infância e adolescência. Foi uma época boa, apesar das dificuldades financeiras ainda constantes. Fiz amigos, rodei pião, soltei pipa, joguei bola, namorei as menininhas... enfim, tornei-me um garoto comum de periferia.

Depois de um tempo, porém, comecei a preferir atividades solitárias, como desenhar e ouvir música. Sempre tive queda para a arte, apesar de não ter nenhum exemplo ou incentivo em casa, e estou certo de que essa inclinação artística me salvou em muitos momentos.

Outro detalhe é que sempre estudei em escola pública. Por oito anos, fui aluno de um CIEP, o famoso "Brizolão". Lá eu briguei, namorei, tomei advertência, fugi, pichei muros. Não fui o que podemos chamar de bom aluno – queria saber apenas de meninas, skate e rock and roll, e estava pouco me lixando para as matérias escolares.

Fui arteiro até certo ponto; só não me envolvi com drogas e crimes pesados. Quanto a isso, meu pai foi meu maior herói, deixando claro que eu não teria um bom destino se me envolvesse com esse tipo de coisa. Minha mãe também pegava no pé, alertando-me sobre os riscos dos "tecos" e dos "becks".

A educação religiosa que recebi também me ajudou a me manter longe de situações que pudessem prejudicar os outros e a mim mesmo. Como muitas famílias periféricas, fomos catequizados por cristãos pentecostais, membros da Assembleia de Deus. Apesar de ter me afastado desse ambiente, sou grato a Deus por ter colocado pessoas boas em nosso caminho. Pessoas que nos ajudaram não apenas espiritualmente, mas também materialmente, por meio de doações, cestas básicas e dinheiro para o gás.

Aqui destaco algo que ficou perceptível ao longo do tempo: uma mistura entre barbárie e civilidade, anarquia e religiosidade, rebeldia e submissão moldou meu caráter. No colégio, mesmo sendo da turma do fundão, adorava viajar nos livros. Odiava a escola, mas amava estudar, por isso matava aulas – principalmente de matemática – para ficar lendo na biblioteca. Do mesmo modo, apesar da ousadia adolescente e das aventuras delinquentes, a fé em Deus prevalecia. Gostava de frequentar os cultos na pequena congregação e ouvir sermões sobre Jesus.

Sempre valorizei a liberdade mais que tudo, por isso fazia minhas próprias regras. Não gostava de seguir apenas por seguir os padrões estabelecidos pelas instituições: família, igreja e escola, apesar de amar as pessoas que nelas estavam. Eu queria apenas me sentir livre e tomar minhas próprias decisões. Para a minha sorte, não tomei decisões que poderiam levar à morte.

Ao esconder-me na biblioteca, conheci Machado de Assis, Carlos Drummond de Andrade, Clarice Lispector e outros autores que mostraram um caminho fascinante. Passei a gostar de aprender com os livros, envolvido pelo silêncio que passeava pelos corredores da sala de leitura.

Ao longo da vida, quando a realidade cruel da periferia ameaçava me engolir, os livros foram meu refúgio, e as palavras, minha salvação. Cada página lida se transformava num portal de esperança e aprendizado, ajudando-me a transcender a violência, a pobreza e as limitações impostas pelo meu ambiente.

Foi na quietude da biblioteca que descobri um universo em que o conhecimento e a imaginação tinham o poder de reescrever meu destino. Assim, as palavras deixaram de ser apenas sons ou letras; elas passaram a ser a luz que iluminava meu caminho e me dava força para sonhar e lutar por um futuro melhor.

Hoje posso afirmar com convicção que os livros não só me salvaram, mas também transformaram profundamente quem eu sou. Eles me ensinaram que, mesmo em meio ao caos, há sempre uma centelha de beleza e sabedoria a ser encontrada, capaz de reconstruir a alma e reconfigurar o próprio ser.

Essa descoberta me impulsionou a buscar a liberdade de pensar e agir, a trilhar um caminho em que a linguagem, em toda a sua força criativa, se torna a ferramenta essencial para a transformação pessoal e para a conquista da verdadeira prosperidade.

BIBLIOGRAFIA

Bíblia do Peregrino. Tradução de Luís Alonso Schöekel. São Paulo: Editora Paulus. 2017.

CIALDINI, B. Robert. *As Armas da Persuasão.* Rio de Janeiro: Sextante, 2012.

BARRETT, Feldman Lisa. *How Emotions Are Made: The Secret Life of the Brain.* Mariner Books, 2017.

DISPENZA, Joe. *Como se tornar sobrenatural: como pessoas comuns estão fazendo o incomum.* Porto Alegre: Citadel Editora, 2021.

DISPENZA, Joe. *Quebrando o hábito de ser você mesmo: como descondicionar sua mente e criar uma nova vida.* Porto Alegre: Citadel Editora, 2021.

EKER, Harv T. *Os segredos da mente milionária.* Rio de Janeiro: Sextante, 2010.

HILL, Napoleon. *A ciência do sucesso.* Porto Alegre: Citadel Editora, 2018.

HILL, Napoleon. *Atitude mental positiva.* Porto Alegre: Citadel Editora, 2018.

HILL, Napoleon. *O Manuscrito Original – As Leis do Triunfo e do Sucesso de Napoleon Hill.* Porto Alegre: Citadel Editora, 2019.

HILL, Napoleon. *Quem convence enriquece.* Porto Alegre: Citadel Editora, 2017.

HILL, Napoleon. *Quem pensa enriquece.* Porto Alegre: Citadel Editora, 2021.

MURPHY, Joseph. *O poder do subconsciente.* Rio de Janeiro: Best-seller, 2024.

NEWBERG, Andrew; WALDMAN, Robert Mark. *Words Can Change Your Brain: 12 Conversation Strategies to Build Trust, Resolve Conflict, and Increase Intimacy (Reprint).* Penguin, 2014.

NEWBERG, Andrew; WALDMAN, Robert Mark. *How God Changes Your Brain: Breakthrough Findings from a Leading Neuroscientist.* Ballantine Books, 2010.

O LIVRO DE ORAÇÃO COMUM. Edição Contemporânea. Jaboatão dos Guararapes: Igreja Anglicana no Brasil, 2021.

PEALE, V. Norman; ISMAIK, Abdullah Hasan. *O poder do pensamento positivo.* Edição expandida e comentada para o século XXI. Editora Cultrix, 2023.

PROCTOR, Bob. *Penso e acontece: o poder de transformar as suas ideias em realidade.* Porto Alegre: Citadel Editora, 2023.

RIBEIRO, Lair. *Uma venda não ocorre por acaso.* Minas Gerais: Editora Leitura, 2004.

SERTILLANGES, Antonin-Dalmace. *A vida intelectual: seu espírito, suas condições, seus métodos.* São Paulo: É Realizações, 2010.

REFERÊNCIAS

Citação de abertura. ROTHFUSS, Patrick. *The Name of the Wind, 2007.*

Citação de abertura. WITTGENSTEIN, Ludwig. *Tractatus Logico-Philosophicus, 1921.*

Prefácio. Citação. LISPECTOR, Clarice. As três experiências. *Jornal do Brasil,* Rio de Janeiro, 11 maio de 1968.

Prefácio. Citação. GASSET, Y Ortega. *Meditaciones del Quijote*, 1914.

Prefácio. Citação. DISPENZA, Joe. *Quebrando o hábito de Ser você mesmo:* como descondicionar sua mente e criar uma nova vida. Porto Alegre: Citadel Editora, 2021.

Prólogo. Citação. THOREAU, David Henry. *A desobediência civil* (1849). São Paulo: Edipro, 2020.

Arquivo nº 1. Citação. PROCTOR, Bob. *Proctor Gallagher Institute* (site oficial).

Arquivo nº 2. Citação. ALLEN, James. Encontrada em *Thinking for a Change: 11 Ways Highly Successful People Approach Life and Work,* John C. Maxwell.

Arquivo nº 3. Citação. WOLF, Virginia. *The Moment and Other Essays (1947).* Nota: Trecho do discurso *The Leaning Tower*, maio de 1940, Brighton, Inglaterra.

Arquivo nº 4. Citação. DEMÓCRITO DE ABDERA. Citação atribuída sem fonte confirmada.

Arquivo nº 5. Citação. SANTA TERESA DE JESUS. Citação atribuída sem fonte confirmada.

Arquivo nº 5. Citação. ROHN, Jim. Official Facebook Page of Jim Rohn (5 de março de 2013).

Arquivo nº 6. Citação. CARVALHO, Olavo de. Curso em 6 aulas. Colonial Heights, VA, 14 a 19 de setembro de 2009.

Arquivo nº 7. Citação. EINSTEIN, Albert. "What Life Means to Einstein: An Interview by George Sylvester Viereck". *The Saturday Evening Post,* 26 out. 1929.

Arquivo nº 8. Citação. GOETHE, Johann Wolfgang von. Citação atribuída sem fonte confirmada.

Arquivo nº 9. Citação. CARLISLE, K. Thomas. Encontrada em *O Poder do Pensamento Positivo*, Norman Vincent Peale e Hasan Abdullah Ismaik.

Arquivo nº 10. Citação. LISPECTOR, Clarice. *A descoberta do mundo.* Rio de Janeiro: Rocco, 1999. Nota: trecho da crônica "Escrever".

Arquivo nº 12. Citação. TWAIN, Mark. *The Tragedy of Pudd'nhead Wilson and the Comedy Those Extraordinary Twins,* 1894.

Arquivo nº 13. Citação. ASSIS, Machado de. Citação atribuída sem fonte confirmada.

Epílogo. Citação. EMERSON, Waldo Ralph. Citação atribuída sem fonte confirmada.

Bônus. Citação. VERÍSSIMO, Érico. *Olhai os Lírios do Campo (1938).*

APÊNDICE 1. Citação. São João de Kronstadt (1908). Por Mons. Dom Paulo Jorge de Laureano – Vieira y Saragoça (Mar. Alexander I da Hispânea). Arcebispo Primaz Katholikos.

APÊNDICE 3. Citação. BRADSTREET, Anne. *Meditations Divine and Moral.*

APÊNDICE 3. Biografia de J. K. Rowling. SMITH, Sean. *J.K. Rowling:* uma biografia – o gênio por detrás de Harry Potter. Lisboa: Estampa; 1ª edição (1 janeiro 2002).

Todas as citações de Napoleon Hill foram extraídas das seguintes obras:

HILL, Napoleon. *O Manuscrito Original* – As Leis do Triunfo e do Sucesso. Porto Alegre: Citadel Editora, 2019.

HILL, Napoleon. *Quem Pensa Enriquece.* Porto Alegre: Citadel Editora, 2021.

HILL, Napoleon. *Mais Esperto que o Diabo.* Porto Alegre: Citadel Editora, 2014.

HILL, Napoleon; STONE, W. Clement. *Atitude Mental Positiva.* Porto Alegre: Citadel Editora, 2015.

Sites usados como fontes para os insights: Forbes, Exame, Infomoney e PEGN.